風景構成法の事例と展開

心理臨床の体験知

皆藤 章 KAITO Akira ＋ 川嵜克哲 KAWASAKI Yoshiaki 編

誠信書房

口絵１　風景構成法①（図２－１）

口絵２　風景構成法⑥（図２－６）

口絵 3　風景構成法⑦（図 2－7）

口絵 4　風景構成法⑧（図 2－8）

口絵５　風景構成法①（図３－１）

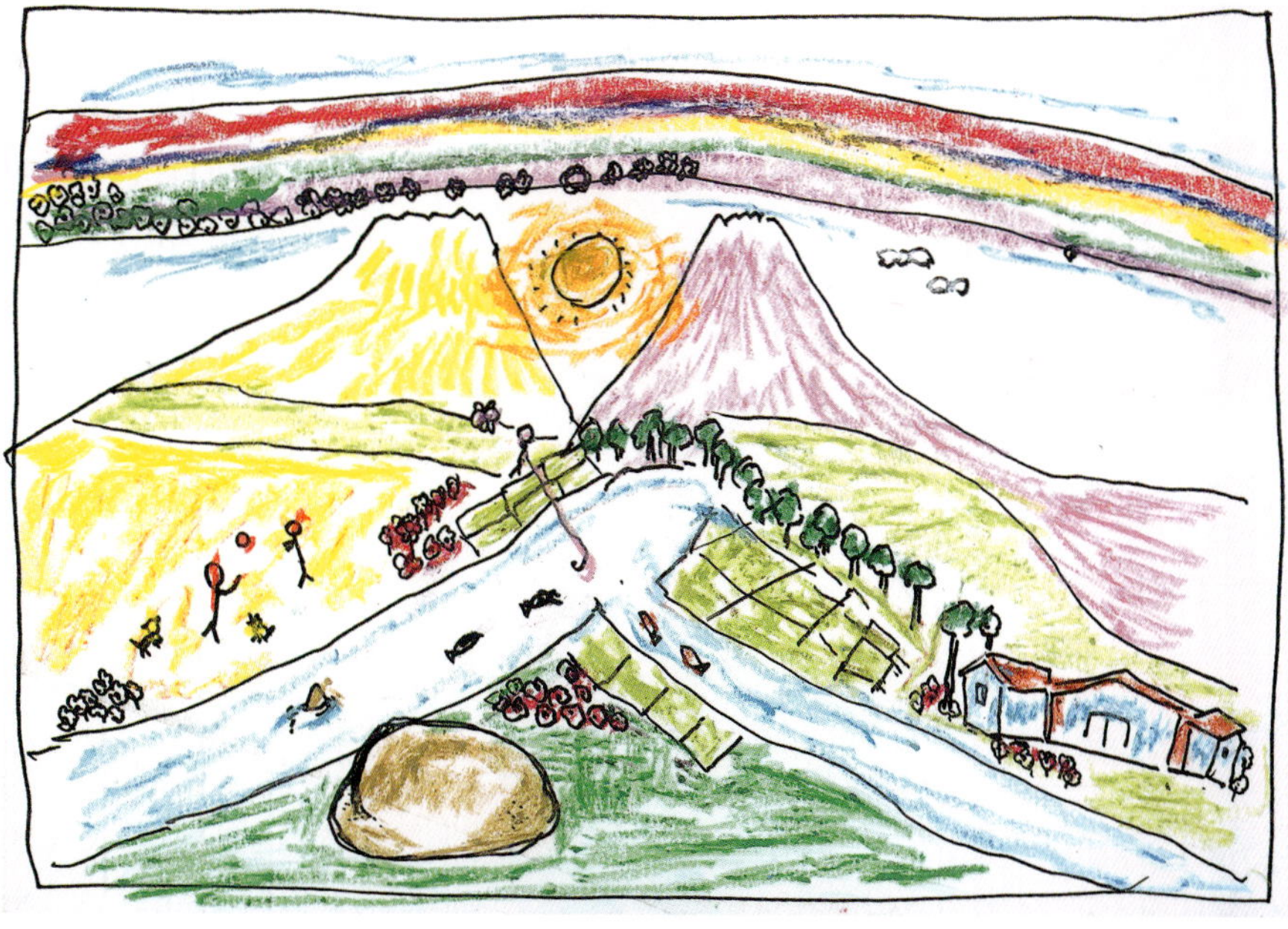

口絵６　風景構成法②（図３－２）

口絵７　風景構成法⑥（図３－６）

口絵８　風景構成法⑧（図３－８）

口絵 9　風景構成法②（図 4 - 6）

口絵 10　風景構成法③（図 4 - 8）

口絵 11　風景構成法⑥（図 4 - 13）

口絵 12　風景構成法⑦（図 4 - 14）

口絵 13　風景構成法③（図 5 − 3）

口絵 14　風景構成法⑤（図 5 − 5）

口絵 15　風景構成法⑥（図 5 - 6 ）

口絵 16　風景構成法⑦（図 5 - 7 ）

序　文

拙著『風景構成法――その基礎と実践』（誠信書房）は一九九四年に出版されたが、幸いにも多くの読者を得て、モノグラフとして今日でも風景構成法に関心を抱く心理療法家にひもとかれている。筆者にとって存外の喜びである。その影響もあって、風景構成法に関する次の書物を、という声をあちこちからいただいた。しかし、その誘いに強く抵抗する時期が数年続いた。この辺りの詳細については第1章に述べておいたが、臨床心理学／心理臨床学関連の書物が氾濫する渦中にあって、風景構成法が早計な理解のもとにひとり歩きしていく危険性を痛感したことも、その理由のひとつになっている。早計な理解とは、端的に言えば風景構成法の形骸化である。風景構成法が心理療法家の姿勢を抜きに用いられていく方向である。この技法と筆者とは二十年あまりのつきあいになる。心理療法家としての筆者とともに歩んできた技法と言える。このような風景構成法が誤用されることに筆者は自責の念を禁じ得ないし、それは何より悲しいことである。

そうした危惧は、ここ十年あまりに渡って、心理療法が転換期を迎えているとの筆者の実感からもたらされている。心理療法のみならず、約十年間で人間の生活は大きく変化した。情報技術の飛躍的な発展を瞥見すれば、そのことはたちどころに了解できるであろう。また、近代科学的方法論は転換を迫られ、それは現在も進行中である。心理療法は人間の営みに密接に関わる実践領域であるから、このような生活の変化の影響を受けることは必至と言える。この転換期にあたって、心理療法家は自身の心理療法観を問い直す必要があるのではないかと実感してきた。そうした姿勢こそが、近代科学が産んだ操作性の影に脅えることなく、人間存在にたいして真摯かつ謙虚に向き合うことに繫がるのではないかと筆者は考えてきたのである。そして、数年前にこのような点を指摘して、自身の心理療法観を問い直しつつ一書を著し世に問うた。(1)

このような筆者の姿勢は風景構成法にも反映されていった。すなわち、風景構成法について論じることは、この技法を用いる心理療法家の姿勢・心理療法観を問うことであって、それはまた「心理療法とは何か」というテーマに接近することであると筆者は考えるようになったのである。したがって、風景構成法に関する書物を著すことは、心理療法について論じるものにならなければならない。

前書以来、ほんとうに数多くの風景構成法に関するワークショップ・研究会・講座・セミナーにコメンテイターとして参加してきた。現在もこれは続いている。そして、数多くの風景構成法を用いた事例に出会ってきた。その体験を通して、風景構成法を論じることは心理療法を論じることに繫がる、との筆者の考えが具体的になっていった。「風景構成法は心理療法の一技法である」。これは筆者がつとに強調することであるが、数多くの事例に接し議論することを通して、このことを筆者は体験的に知ろうとしてきた。本書がおもに事例とコメントによって構成されているのは、こうした理由による。本書に事例を寄せてくださったのは、ここ数年の間に筆者が出会った、さまざまな職業領域で風景構成法を実践しておられる方々である。風景構成法が多種多様な職業領域で実践されていることからして、こうした構成が必要かつ重要との認識からである。

志村礼子氏とは、山王教育研究所のセミナーでの出会いが最初であった。筆者にとって彼女の事例報告は衝撃的であり、同時に我が意を得たりの思いであった。そこでは、心理療法の一技法としての風景構成法がたおやかに実践されていた。クライエントが抱える過酷なテーマに、氏は実に繊細かつしなやかに向き合っておられた。その実践のトポスで風景構成法は、生命を吹き込まれたかのように、心理療法家とクライエントとの関係を生きていた。筆者にとって、現在の風景構成法と筆者との関係を支えてくれている出会いといって過言ではない。このようなこともあり、志村氏には、ご無理をいって二事例を寄せていただいた。近年、否応なく注目される児童臨床の領域での事例であるが、読者には、まず第2章をじっくりと読んでいただきたい。風景構成法の実践感覚を体験的に味わうことができるからである。そして、第4章でさらに深く、心理療法の一技法としての風景構成法を知ることになるであろう。

角野善宏氏との最初の出会いは、一九九六年に上智大学で開催された日本心理臨床学会第十五回大会である。そこにおいて、彼の事例発表に筆者が座長として関わることになった。振り返ってみると、座長どころかフロアそっちのけで彼と議論していたことが思い出される。それほど刺激的な出会いであった。急性分裂病者の治療過程に風景構成法を用いた事例は、風景構成法の本質をほとんどあますところなく伝えてくれるものであった。風景構成法は分裂病の心理療法を模索するなかから生まれてきたが、その事例では、風景構成法がほんとうに雄弁に分裂病の心理療法を語っていた。角野氏は、病院臨床に積極的に風景構成法を導入されておられる、病院臨床における風景構成法実践の第一人者である。第3章からは、病院臨床に生きる風景構成法の姿を見ることができるであろう。

加藤貴生氏は、家庭裁判所調査官である。筆者と家庭裁判所との縁結びをしたのは風景構成法であった。それは、およそ十年前、奈良家庭裁判所での風景構成法研究会に始まった[2]。以来、おもに関西を中心とした各地の家庭裁判所が企画する自庁研修に招かれ、調査官の方々とともに勉強を重ねているが、このような機会が絶えることなく与えられているのは、筆者にとって実にありがたいことである。ご承知のように、調査官が担当する事例は、心理療法的機能を担いながらも心理療法という構造で行なわれるものではない。この辺りについては第5章で氏が述べておられる。筆者は、家庭裁判所の事例において、風景構成法を挟んだ少年とのやりとりが実に生き生きと少年の心性を映し出すこと、そのことがもつ心理療法的意義を数多くの事例から実感してきた。加藤氏はその最前線におられる方である。第5章からは、調査官と少年とのやりとりに生きる風景構成法を体験することができるであろう。

ここで、編者のひとりとして断っておきたいことがある。以上紹介してきたように、本書の中核は、さまざまな職業領域における事例によって構成されている。それぞれの職業領域で心理療法家およびクライエントの呼称は異なっているのが現状であり、そのことが職業領域の特性を映し出し事例を活性化させていると筆者は考えるので、本書ではかかる呼称を統一せず、各執筆者の選択に一任することとした。たとえば「心理療法家」であれば、志村氏は「私」、加藤氏は「調査官」、角野氏は「治療者」と表現しておられる。

さて、先述した「心理療法とは何か」というテーマを、大学院生の時代からともに議論してきた心理療法家が本書共編者の川嵜克哲である。現在も、筆者は彼から心理療法についてつねに新鮮な刺激を受け多くを学んでいる。彼とは心理療法に関する基本的姿勢に共通するところが多いので、心理療法に関する議論も非常に刺激的に意味深く展開していく。お互いの見解の押し付け合いではなく、事例が生きる議論が展開できるという実感がある。筆者にとって、対談コメントという形式の最適任者である。また、第6章は前書に掲載した筆者の事例を彼が自身の視点から論じたものであるが、彼の心理療法に関する視線の深さと風景構成法に関する深い理解を知ることができるであろう。

また、カバー表紙の「二河白道図」は、第2章の対談コメントでも触れているが、京都大学大学院工学研究科の岡崎甚幸教授と柳沢和彦助手の箱庭療法学会における発表に筆者が座長として関わるなかで知った。筆者にとってこの図との出会いは、風景構成法にアプローチする新たな視角となる意味深いものであった。

本書は当初、先述した事例に筆者がコメントする構成で進めていたが、コメントを始めてみると風景構成法に終始するはずもなく、おのずと心理療法そのものに関わっていくことになった。加えて昨今の事例研究がコメンテイターの専門領域からの簡潔な発言が中心となっていることにたいして、冒頭に述べたような筆者なりの問題意識もあり、対談コメントという形式をとることになった。いささか型破りかもしれないが、各章の事例が生きる対談コメントになっていると密かに自負している。

本書には風景構成法の概論はいっさい触れられていない。筆者の意図である。本書を読まれて概論から始める必要を感じた読者は、冒頭に紹介した拙著をまず手にしていただきたい。おそらく、本書を丹念に読み進むには相当な時間が必要ではないかと思われる。しかし、本書はそういう性質のものである。筆者は、心理療法を巡る状況が安易な方法論に向かっているのではないかとの危惧を抱いているが、本書がそれに一石を投じることになれば、編者のひとりとして何より嬉しいことである。

二〇〇一年十二月二十一日

皆藤　章

目次

序文 i

第1章 風景構成法の実践——1

はじめに 1

1 技法としての風景構成法 2

A 風景構成法の成立 2

B 風景構成法と心理療法家の姿勢 2

2 心理療法と風景構成法 7

A 生きる心理療法 7

B 心理療法家の操作性 9

3 風景構成法（作品）へのコミット 12

A コミット 12

B 風景構成法作品との対話 14

おわりに 16

第2章 風景構成法実践の勘所
——実父による虐待を受けて育った中学生男子の事例から——17

はじめに 17

1　事例の概要　18
2　面接の過程　19
A　受理面接　20
B　Ⅰ期（第一回〜第十一回）
——父親から虐待されたという事実を自分のなかに納める試みを始める　21
a　風景構成法①（図2-1、口絵1参照）　21
b　風景構成法②（図2-2）　25
c　風景構成法③（図2-3）　26
d　風景構成法④（図2-4）　29
C　Ⅱ期（第十二回〜第二十一回）
——現実の父親との関わりのなかで自分をよりたしかなものにしていく　31
a　風景構成法⑤（図2-5）　31
b　風景構成法⑥（図2-6、口絵2参照）　34
D　Ⅲ期（第二十二回〜第三十一回）
——現実の生活のなかで自分の進む方向を模索し始める　37
a　風景構成法⑦（図2-7、口絵3参照）　37
b　風景構成法⑧（図2-8、口絵4参照）　38
おわりに　41

対談コメント――第2章について―― 44
■風景構成法へのコミット 44
■面接にたいするセラピストの基本姿勢 46
■風景構成法① 48
■風景構成法② 61
■第四回〜第六回 65
■風景構成法③ 67
■風景構成法④ 71
■風景構成法⑤ 75
■セラピストのコミット 80
■風景構成法⑥ 81
■風景構成法⑦ 85
■風景構成法⑧ 87
■全体を振り返って 91

第3章 病院臨床における風景構成法の実践―― 94
はじめに 94
1 事例の概要 95
2 治療経過 96

a　風景構成法①（図3－1、口絵5参照）　99
b　風景構成法②（図3－2、口絵6参照）　103
c　風景構成法③（図3－3）　106
d　風景構成法④（図3－4）　108
e　風景構成法⑤（図3－5）　109
f　風景構成法⑥（図3－6、口絵7参照）　112
g　風景構成法⑦（図3－7）　114
h　風景構成法⑧（図3－8、口絵8参照）　116
おわりに　117
対談コメント——第3章について——　119
■風景構成法と治療者像　119
■主症状を巡って　121
■風景構成法と治療者の姿勢　125
■風景構成法①　129
■「太陽」の表現を巡って　135
■風景構成法②　139
■風景構成法③　145
■風景構成法④　149
■風景構成法⑤　152

■風景構成法⑥　154
■風景構成法⑦　158
■風景構成法⑧　160
■今後のテーマ　163

第4章　児童臨床における風景構成法の実践――168
はじめに　168
1　事例の概要　169
2　面接過程　170
A　受理面接　171
B　I期（第一回～第十三回）
――風景構成法と箱庭が面接の中心になった時期　173
a　風景構成法①（図4－1）　173
b　箱庭①（図4－2）　176
c　箱庭②（図4－3）　177
d　箱庭③（図4－4）　178
e　箱庭④（図4－5）　180
f　風景構成法②（図4－6、口絵9参照）　180
g　箱庭⑤（図4－7）　183
h　風景構成法③（図4－8、口絵10参照）　183

i　箱庭⑥（図4－9）　185
j　箱庭⑦　186
k　箱庭⑧（図4－10）　188
l　風景構成法④（図4－11）　188
C　II期（第十四回〜第二十一回）
——プレイルームでの遊びや運動が面接の中心になった時期　190
a　風景構成法⑤（図4－12）　190
b　風景構成法⑥（図4－13、口絵11参照）　192
c　風景構成法⑦（図4－14、口絵12参照）　194
d　箱庭⑨（図4－15）　196
おわりに　197
対談コメント——第4章について——　199
■クライエントの抱えるテーマ　199
■ことばにするということ　206
■風景構成法①　208
■風景構成法①の再現としての箱庭①　215
■他技法の導入　218
■箱庭②　219
■箱庭③・④　222

■風景構成法② 225
■箱庭⑤ 227
■風景構成法③ 228
■箱庭⑥ 232
■箱庭⑦ 235
■箱庭⑧ 236
■風景構成法④ 237
■風景構成法⑤ 240
■風景構成法⑥ 243
■風景構成法⑦ 245
■身体の再発見 248

第5章　司法臨床における風景構成法の実践 250
はじめに 250
1　情報を体験として繋ぐ軸としての風景構成法 251
a　風景構成法①（図5-1） 252
b　風景構成法②（図5-2） 252
2　ほどよい関係性を保つ支えとしての風景構成法 254
3　事例の提示にあたって 255
4　事例一 256

A　概要　256
B　調査面接　258
a　風景構成法③（図5-3、口絵13参照）　259
C　試験観察経過　260
a　風景構成法④（図5-4）　264
b　風景構成法⑤（図5-5、口絵14参照）　267
5　事例二　270
A　概要　270
B　調査面接　271
a　風景構成法⑥（図5-6、口絵15参照）　272
C　試験観察経過　273
a　風景構成法⑦（図5-7、口絵16参照）　278
b　風景構成法⑧（図5-8）　282
まとめ　283
対談コメント——第5章について——　286
■家庭裁判所調査官の仕事と心理療法を巡って　286
■事例一　293
■風景構成法③　299
■非行とイニシエーション　303

■第一回審判〜第七回面接 307
■風景構成法④ 314
■第八回面接〜第十回面接 317
■風景構成法⑤ 318
■第二回審判 321
■事例二 322
■風景構成法⑥ 324
■母なるものの希求 327
■風景構成法⑦ 329
■風景構成法⑧ 337
■調査官と心理療法家 339

第6章 「幻聴事例」再考 341
はじめに 341
1 事例の概要 342
2 自我の強さ／弱さ 343
3 風景構成法①（図6-1） 349
4 クライエントの夢 354
5 治療者の夢 355
6 風景構成法②（図6-2） 358

7 風景として構成される「治療者 - クライエント」 360
8 風景構成法③・④（図6 - 3、図6 - 4） 364
注・参考文献 369
あとがき 375

第1章

風景構成法の実践

皆藤　章

はじめに

本稿の目的は、心理療法家としての現在の筆者と風景構成法との「関係」を提示することにある。したがって、そこに到る体験的根拠とプロセス、それによってもたらされた地平を論じることになるであろう。筆者自身の心理療法のなかに風景構成法がどのように位置づけられるようになったのか、その体験をことばにしていきたい。

当然のことながら、そこには筆者の心理療法観が含み込まれてくる。すなわち、筆者自身が心理療法家としてひいては人間として、その「生（死）」にいかなる姿勢をもって対峙しようとするのか、筆者自身が人間をいかに生きようとしているのか、といったことに、筆者が自身とつねに対話しながら上述の目的に添って論じていきたい。そしてまた、その対話にリフレクトされて、風景構成法もおのずとさまざまな様態でもって現前し語るであろう。このような、筆者も風景構成法も沈黙しない動的な交感を通して開かれる世界にことばを紡いでいきたい。

1　技法としての風景構成法

A　風景構成法の成立

周知のように、風景構成法は一九六九年、中井久夫によって創案された[1]。以来、現在に到るまでに、数多くの理論的・実証的研究が積み重ねられてきている。最近では、情報処理技術の飛躍的発展に伴いハイテクを駆使した実証的研究も行なわれている。本稿でそれらの研究をいちいち取り上げることはしないが、大筋についてはすでに他書に詳細に紹介・論述されているので、そちらを参照していただきたい[2]。

さて筆者は、この創案以来およそ三十年あまりに亘る歴史は、風景構成法が「風景構成法」として成立するプロセスであった、すなわち技法として成立するための精緻化の時代であったと考えている。そのプロセスのなかで数多くの有効な知見が提出され、それらを含み込んで風景構成法は成立した、心理療法における一技法としてたしかなポジションを獲得したと筆者は考えている。

もちろん筆者は、さらなる精緻化が必要であるとの見解には賛成であるし、今後も技法としての整備は続いていくと予想している。時代との相対を視野に入れた研究も進んでいくであろう。そうした試みはおそらく必要であろう。けれども、心理療法家であれば、そこに操作主義の影が機能していることを忘れてはならない。その影は、技法として成立した観のある風景構成法にも及んでいるように筆者には思われる。すなわち、実践感覚からして風景構成法は転換期を迎えていると感じられてならない。この点について実践的に考えていこう。

B　風景構成法と心理療法家の姿勢

風景構成法のモノグラフを一九九四年に刊行して以来、筆者は、風景構成法に関して心理療法に関して、自身なりに思索を巡らし実践を展開し続けてきた。その途上、心理療法のトポスで風景構成法を施行することに強いためらいを体験することがあった。そのためらいはかなり長期間続いた。なぜ逡巡するのだろう……。以前はほとんど躊躇なく施行できていたのに……。自身との対話が続いた。そして数年の間、心理療法のなかに風景構成法が導入されることはなかった。その一方で筆者には、風景構成法に関する学びの場を多くの心理臨床家とともにする機会がもたらされ、それは増加の一途を辿った。

ある事例研究会でのことであった。初回面接時に風景構成法を施行した心理療法家がその作品を提示して筆者にコメントを求めてきた。こうしたことは何もめずらしいことではない。初回面接時にクライエントの内的・外的状況を見立てるための一助として風景構成法が施行されることはごく自然な流れとして位置づけられ、頻繁に行なわれていた。もちろん、先に述べたように、そのことが筆者のなかで自然な流れとして位置づけられていたわけではないことを強調しておきたい。そうでないなら、逡巡などなかったであろう。

このときのように、事例研究会で風景構成法作品が提示され、「この作品はどうですか。何か分かりますか。専門家としてどう感じられますか」などといった問いを受けることは頻回であった。その事例研究会も例外ではなかった。けれども、筆者はコメントすることに強いためらいを抱いていた。素朴に、何のコメントもできない自身をそこに見出していた。誤解のないように付言しておきたいのだが、風景構成法に関する知識・体験を筆者は相当に積んできている。コメントできないのは筆者の知識・体験の乏しさという能力の問題ではなかった。そして、筆者の自問が始まった。

「この心理療法家は、そもそも初回面接時になぜ風景構成法を施行したのだろうか」
「初回面接時に施行した理由は何だろう?」
「なぜ風景構成法であって他の技法ではなかったのだろう?」

「この心理療法家自身は、作品についてどう思っているのだろう？」
「この心理療法家は、私から何を知りたいのだろう？」

これらの問いはすべて、当の心理療法家にしか答えられないものである。それならば、当人にそれを投げかけてみてはどうかという意見があるだろう。筆者もそう感じていた。けれども、かかる問いが成立することすら、ほとんどの心理療法家には予測外なのではないだろうか。心理療法の個別性という観点からこの問いに応じた心理療法家を筆者はほとんど知らない。その場では、おそらく返答は「見立ての一助として」といった一般論に終始すると予想できた。「風景構成法ははたしてそれでよいのであろうか」との自問が追い打ちをかけてきた。これにたいする筆者の答えは「否」であった。

筆者の問いは、風景構成法それ自体に投げかけられているのではなく、その技法を用いる「心理療法家の姿勢」に投げかけられている。心理療法家の姿勢、それは心理療法を実践・探求するうえで筆者を貫いている最重要テーマである。それは、個々のクライエントに対峙する個々の心理療法家の姿勢であり、心理療法の固有性・個別性であり、面接の一回性であると言ってよい。一般論で片づけることのできない世界体験に他ならない。心理療法家としての訓練段階において、スーパーヴァイザーから「あなたの前にいるクライエントはフロイトやユングが書物で述べている患者ではなく、いまそこに生きているひとりの人間なのだ」という語りを聴いた心理療法家は少なくないであろう。

それはともかく、実践的には、見立ての一助としてクライエントの病理なり病態水準を解説したり、言語応答の世界では看過しがちな今後の面接のポイントを指摘することが必要ではないかとの意見もあるだろう(3)。不思議な意見だと筆者には感じられる。心理療法におけるそうしたことの必要性は、あくまで個々の場合に拠るが、筆者も充分に承知している。そういうことを不思議と言っているのではない。

筆者が不思議に思うのは、他ならぬ風景構成法によってそうしたことが可能になると暗黙の前提でもって語る心理療法家の姿勢なのである。言い方を換えれば、そこで使用される技法が他ならぬ風景構成法であることの必然性が筆者には分からない。逆説的だが、必然性が最初から明白な面接などあり得るはずもない。これは心理療法そのものについても言えるだろう。しかし、だからこそ心理療法家の姿勢が問われてしかるべきではないかと筆者は考える。その事例研究会では、少なくともそうした心理療法家の姿勢は伝わってこなかった。

ここで、技法のもつ侵襲性との相関として風景構成法の適切性を指摘する見解はたしかにある。実践体験からして筆者も同感である。しかし、だからといって、見立ての一助として用いてもよいということにはならないであろう。短絡的すぎる。そこには、当該のクライエントとの面接にとって必要であるとの判断、すなわち心理療法の固有性・個別性にもとづいた必要性の判断がなければならない。それは当該の心理療法を「見立て」ることにも繋がる。それがなければ、侵襲性の低さという風景構成法の特性はいたずらにひとり歩きし、風景構成法の乱用に繋がる危険性が高まる。そこに心理療法家の操作性を窺うのは筆者だけではないだろう。もっと慎重に、なぜここで風景構成法を用いる必要があるのだろうかと問いかける体験があってよいと筆者は考える。繰り返し強調してきたように、筆者が問うているのは技法としての風景構成法の特性ではなく、この技法を用いる心理療法家の姿勢なのである。

心理療法家とコメントする立場にある私もまた、関係の一回性を生きていた。私は自身の姿勢を生きることしかできなかった。

「どんなことが、何が聞きたいですか」
「この作品について、先生の感じたことをおっしゃっていただければ……」

「……とくに言うことはありません」

気まずい空気がその場に流れ、しばらくの沈黙の後、プレゼンテーションは続いていった。しかし私には、このようにして自身の姿勢を伝える他には、その場の選択肢をもたなかった。

そうして、筆者はおのずと、自身の心理療法観を問い直し始めていった。必然的帰結であろう。自身の心理療法のトポスにおいて風景構成法が用いられるときにも、先述の自問に応えることのできない自分自身を体験していたのであるから。だからこそ、風景構成法はそこにおかれなかったのである。繰り返し強調するが、一般論の答えに窮していたわけではない。自身の心理療法観が問われていたのである。

風景構成法に限らず、心理療法のトポスに導入される技法は、導入する心理療法家の心理療法観を映し出す鏡である。したがって、心理療法のトポスにおいて心理療法家が何かを行なうときには、その行為に心理療法家の心理療法観が反映されている。

描画の領域でしばしば耳にするのは、「このクライエントは口数が少なくほとんど話さないから、絵でも描かせてみよう」との意図から描画法を導入するといった事態である。この場合、心理療法家に何のためらいもないとしたらお話にならない、と筆者は思う。そこには、クライエントが寡黙だから描画法を導入するという因果論的脈絡を生きる心理療法家の姿がみえる。描画法は、心理療法はクライエントの沈黙をあばくためにあるのではないという自明のことを前にするとき、そこにはもはや、「沈黙」を珠玉として心理療法のトポスをクライエントとともに生きる心理療法家の姿をみることはできない。そして、見える世界・ことばの世界こそが絶対であると信じて疑わない心理療法家の人間観がクライエントに押し付けられていく。そこに心理療法家の操作性を感じるのは筆者だけではないだろう。

以上のように、筆者は自身の心理療法観を問い直しつつ風景構成法に関わっていった。ときに、あまりにも多くの心理療法家がこうした試みから背を向けているように思われて、自身の姿勢が揺らぐこともあった。しかし、そのたびに筆者は、「風景構成法は何を求めて生きているのだろうか、何を求めて生きていくのだろうか」と自問し続けてきた。不思議な表現に聞こえるかも知れないが、風景構成法と対話していたと言うことができる。また、筆者自身の心理療法観の問い直しは、当然ながら、クライエントの語りを聴くことを通して続けられていった。

2　心理療法と風景構成法

すでに十数年前、二十一世紀は近代科学のパラダイムの変換が意図される時代になると河合隼雄は指摘した[4]。まさにそうした試みがさまざまな学問領域で起こってきている。このような大きな流れにおける心理療法の議論に立ち入ることはできないが、筆者も自身なりの問題意識をもって心理療法について論じてきた[5]。ここでは、これまでクライエントの語りにひたすら聴き入ることを通して体験してきたことを自身の心理療法観としてことばにしていく必要性を念頭におきつつ、本稿の目的に添って心理療法と風景構成法について論じていきたい。

A　生きる心理療法

ここ十数年、風景構成法に関する研究会がさまざまな職業領域で積極的に行なわれるようになってきており、筆者も機会があれば可能な限り参加している。ここで、心理療法を広く人間と人間の関わり合いにおける心理的作業という枠内に位置づけると、職業実践が異なればおのずと心理療法の目的・目標も異なってくる。たとえば、病院臨床においてはやはり「治す」「治る」ことが目標となる。司法臨床においては「矯正」なり「更生」

を目的とすることが多い。また近年、多くの民間クリニックやセンターなどで「癒し」ということばが頻繁に耳にされるようになっている。このようなさまざまな職業領域における研究会で、筆者は風景構成法に関するコメントを求められてきた。後述するが、筆者の実践する心理療法の目的・目標は、ここに述べたいずれでもない。したがって、筆者とは異なる目的・目標をもつ心理療法におけるクライエントの風景構成法作品にコメントを行ないながら、筆者は自身の心理療法の実践と共通する世界体験を模索していたと言うことができるであろう。

そうした模索から筆者が感じてきた体験を端的に述べると、技法としての風景構成法を語ってもその本質は伝わらない、ということである。それぞれの職業領域に応じて、それぞれの事例の展開に応じて、必要な技法論を語ってもその場限りなのである。さながら、「風景構成法の施行法」という冊子を置いて帰る気分であった。このことは、当初、筆者を相当に当惑させた。そして、職業領域が違うのだから仕方がないという合理化が筆者に生じていた。

ところが、そのうち、筆者自身が風景構成法を技法として自身の手の内においていたことに気づくようになった。この気づきは大きかった。以来、筆者は、技法としての風景構成法を語るのではなく、その技法を用いる心理療法家の姿勢についてコメントするようになった。心理療法において風景構成法は、心理療法家の手の内にあるのではなく、クライエントに差し出されて、すなわちクライエントと心理療法家の関わり合いのなかにおかれて初めて機能するのである。そのための心理療法家の姿勢をコメントすることは、風景構成法の本質を語ることに繋がっていった。それはまた、風景構成法によって何かが分かるとか理解されるとかいったことよりも、風景構成法を体験することそれ自体の重要性を指摘することでもあった。この意味では、風景構成法はクライエントと心理療法家の間におかれる「第三のもの」と言えるであろう。風景構成法それ自体が機能する世界体験をクライエントも心理療法家もともにする。その体験を通して関係性が深化・変容していくのである。

このように、心理療法の目的・目標が職業領域によって異なっても、風景構成法を用いる心理療法家の姿勢に共通するものがあることは、筆者をして「心理療法とは何か」との問いに立ち戻らせた。拙著にも述べたように、「クライエントの語りに謙虚かつ真摯に耳を傾けることこそが人間存在にアプローチする基本姿勢で」[6]あるとして、筆者はこの基本姿勢を大切に「心理療法の実践を積み重ねてきた」[7]。それは次のような展開を生んだ。

筆者は……安易に理論や方法論をもち込まず、心理療法に布置される影にこころの受容器を向けつつクライエントの語りに耳を傾けるという作業を続けてきた。それはまた、心理療法家としての基本姿勢を支える基盤を模索する作業でもあった。そのプロセスで、ここ数年、筆者は多くのクライエントの語りのなかに人間存在に共通する根源的テーマを感じ取るようになった。それは、いかにすれば症状や問題行動が消失・解決へと向かうのか、つまりどうすれば治るのかという問題ではなかった。クライエントの語りは、「症状や問題行動を抱えつつ、いったい私はどのように生きていけばよいのか」というテーマに収斂されていったのである。[8]

現在も筆者はおおむね以上のように考えており、これを「生きる心理療法」と呼んでいる。それは、「治す心理療法」でも「治る心理療法」でもない。そして、「生きる心理療法」の実践に必要なテーマについて論じ続けている。[9]風景構成法もこのような視座からその実践を行なっている。

B　心理療法家の操作性

心理療法における技法のもつ宿命と言ってしまえばそれまでであるが、ひとつの技法が成立すると、技法は技法として心理療法家の手の内に在ることになり、その技法を「いかに」心理療法に適用していくかに工夫が凝らされることになる。そのことの是非を問題にしようとしているのではない。そのことによって、技法のもつ生命感・動態が弱化する危険性を指摘したいのである。箱庭療法は端的にそうであるが、風景構成法にもその傾向が非常に強くあると筆者は実践体験から感じている。こうしたことは、本稿で繰り返し強調してきた心理療法家の姿勢の問題に繋がっている。この点について確認しておこう。

風景構成法の心理療法への適用について完璧な指針を作ることは不可能であると筆者は考えている。もちろん、ある程度の一般化はすでに提示されているし今後も精緻化は進んでいくであろう。しかし、心理療法が人間と人間の関わり合いの領域に生きる以上、そこに科学的方法論でもって結論が導き出されることはない。かつて物理学の領域で、科学による自然との対話について語ったプリゴジンとスタンジェールの次の語りが想起される[10]。

> 科学は自然との成功した対話に始まった。ところが、この対話から最初に得られたものは、沈黙する自然の発見であった。……自然との対話は、人間を自然に近づけるのではなく、自然から遠ざけてしまった。人間の理性の勝利が一転して悲しい現実となった。科学は、それが触れたあらゆるものの品位を下落させたように思われる。

この引用を踏まえて言えば、風景構成法を「いかに」心理療法に適用していくかというテーマが科学的方法論をもってある法則性を獲得するとすれば、そこには生命感・動態を失った、沈黙するクライエントの姿しかみることができないであろう。風景構成法に限らず、心理療法がこのような方向に向かっているとすれば、それは心理療法家の操作性と言えるのではないか。筆者は、心理療法に風景構成法を「いかに」適用するのかというテーマに関わるとき、まずもって心理療法家としての自身の姿勢を重要視している。「いかに」は科学が解くのではなく人間のテーマなのである。そこには、人間が「いかに」生きるのかに通底する心理療法家の関わりが求められていると筆者は考えている。

このようにみると、風景構成法が心理療法家の手の内に在るだけでは、それはたんなる技法にすぎない。そこには、心理療法家が主体となって風景構成法を使用していく世界の展開が予想される。そのプロセスは、心理療法家の操作性が影となって心理療法を覆っていく危険性を孕むものでもある。心理療法家はいたずらに操作性に呪縛されてはならない。分かろうとする、理解しようとする心理療法家の姿勢は、おそらく誤りではないだろう。しかし、その姿勢そのものへの誤解が大きくなっているように実感されてならない。

分かろう・理解しようとするとは、いったいどういうことなのであろうか。このような点を考慮しない心理療法家は操作性に呪縛される危険性に曝されていると筆者には思われる。それは、心理療法における危険性である。たとえば、クライエントの語りにたいして、「あなたの言うことはよく分かります」などと応じている心理療法家には筆者はどうしても首を傾けてしまう。それは、他者のことばがこちらの理解の文脈に乗りましたという意味であって、クライエントの語りが分かったことではない。「分かる」というのはそういう二者関係のなかで生じる事態ではなく、二者を超えた事態によって「もたらされる」体験なのである。この意味で、心理療法家の謙虚さがいっそう求められていると言えるであろう。

さて、心理療法家が風景構成法を操作的に用いるという方向性は、心理療法ひいては人間関係における変容にとって不可欠の、予期せぬ発見・驚きなどといった体験の契機が失なわれていく危険性と表裏一体である。この傾向が強まると、風景構成法は静態へと向かう。つまり、風景構成法は沈黙せざるを得なくなるのである。心理療法家が風景構成法作品から描き手の内界を理解しようとするわけであるから、風景構成法は語ることを必要としなくなる。はたして、風景構成法はそれでよいのであろうか。心理療法家の手持ちの駒のひとつとして生きることでよしとするのであろうか。

「この風景構成法作品から何が分かりますか」といった問いかけに、筆者は出会い続けなければならないのであろうか。それは、「この箱庭から何が分かりますか」との問いに酷似してもいる。もしも、このような問いに出会い続けなければならないのであれば、それはもはや筆者が関係を築いている風景構成法とは異なるものと言わざるを得ない。そのような問いは筆者の実践する心理療法のトポスには現われようがないからである。

3 風景構成法（作品）へのコミット

A コミット

ここまで筆者は、心理療法家の姿勢の重要性を強調してきた。それは、風景構成法という技法について語る以上に、その技法を用いる心理療法家の人間観にそれぞれが向き合う必要性を語ってきたと言うことができる。このような視座がもたらされたのは、あるクライエントとの出会いからであった(11)。また、先述したように多くの事例研究会に関わり風景構成法作品に接してきたことも大きく影響している。その際、筆者は次のように自身と対話してきた。すなわち、風景構成法作品に関わるとき、「作品が展開する世界を自分自身は充分に体験できていない」「それならば知識を積み重ねればよいのではないか」「そういう次元のことではない」。そうして、次のイメージが産まれた。「この風景構成法作品は独自のベクトルを私に指し示そうとしているのを痛切に感じる。しかしそれが何なのかがつかめない」。

心理療法に風景構成法を導入する際の体験、風景構成法作品に関わっていく際の対話・体験、これらが筆者をして風景構成法との関係の再構築へと導いたと言うことができる。これを次のように言い換えることもできる。すなわちクライエントは、心理療法において心理療法家との関係性を基盤として描画表現として開いた世界、風景構成法を通して心理療法家と「何か」を共有し、共有することによってさらに「風景を生きる」世界の体験を心理療法家とともにしていこうとしている。それはまた、関係性の深化へと向かう営みでもある。したがって、心理療法家にもその「何か」を共有する姿勢が必要になってくるのである。

このような地平に立つとき、風景構成法は筆者にとってもはや施行するものではなくなった。それは、クライエントとの関係性のなかに「差し出される」ものとなった。クライエントと心理療法家の関係性におかれる「第三のもの」である。差し出す主体は誰なのか。現象的にはそれは心理療法家であるが、心理療法的にはそれは両者を超えた「何か」としか言いようがない。心理療法のプロセスで、あるとき心理療法家は「何か」から自身を超えた声を聴く、そして風景構成法がもたらされる。体験的にはこのような表現がもっとも適切である。

また、風景構成法作品への関わりも当然ながら次元を異にするようになった。そこにはもはや「分かる・理解する」世界は現出しなくなってきている。誤解のないように強調するが、そうした世界が不必要だと言っているのではない。筆者は、筆者と風景構成法との「関係」を心理療法体験をもとに提示しているにすぎない。筆者が体験的に感得した風景構成法を語っているだけである。

風景構成法ひいては心理療法に関わる心理療法家のこのような姿勢を、本書では「コミット」と呼んでいる。本書にとって重要なことばだと思われるので、少し長くなるが、筆者の定義を引用しておきたい。[12][13]

コミットとは、事象のなかに心理療法家がイメージでもって積極的に入り込んだときの体験と、その体験を通してかぎりなく事象のなかに生きようとするあり方を言う。この意味で、コミットは心理療法の鍵概念である「受容」とは決定的に異なる。あえて実際的・現象的に表現すると、クライエントをめぐるコンステレーションを感得しながら、ときに世界に向けて怒りをぶつけるクライエントとともに世界の理不尽さの内に生きていたり、ときに安易に自己肯定するクライエントのその安易さに冷徹な意志を表明したり、ほとんどの人間がさして重要と思わない些細なことをクライエントが成し得たことに人間の尊厳を感じたり、クライエントの語りに敬虔な思いを抱いたり、といった心理療法家の体験が「コミット」に近いであろうか。

このように、筆者は、風景構成法作品に向き合うとき「これから何が分かりますか」という世界を生きているわけではない。「この世界はいかに生きてきて、いかに生きており、いかに生きていくのか」という、風景が生きる世界体験を生きようとしているのである。この意味で、「解釈」と「コミット」の違いもまた明瞭であろう。解釈とは、分かる・理解する世界のことばである。クライエントの内界を理解する姿勢である。厳密に言えば、そこは「Aである」と解釈するときに「Aでない」という可能性をつねに孕む世界である。「Aである」ことが絶対と誤解される危険性、二分法が抱える危険性と言うことができよう。これにたいし、コミットとは、心理療法家の体験が生きる世界のことばである。クライエントが「いかに生きるのか」に関わっていく姿勢である。風景構成法で言えば、生きる風景世界の体験をクライエントとともにする姿勢である。

B　風景構成法作品との対話

描かれた風景構成法作品を「いかに読みとるか」。この点については筆者も含めて多くの先行研究がなされている。けれども、現在の筆者は「いかに読みとるか」という、いわば心理療法家の側に立って作品に向き合うことはほとんどない。そのときに読みとれることは、やはり「解釈」に限りなく近くなり、風景が沈黙していく世界体験を味わってしまうからである。

これとは反対に、風景構成法作品に向き合いながら、作品が何かを語りかけてくるまで「待つ」という姿勢で関わっていたときもあった。こちらが完全に受動に近い状態になるわけである。この体験は筆者の感性を非常に豊かにしてくれたと思っている。一枚の作品を一時間あまり眺めていることもめずらしくはなかった。けれども、それではこちらが「受け取る」だけの姿勢になってしまう。作品を眺めながら、気づかないうちに、風景に入り込んでいる自身を見出すこともしばしばであった。それは、筆者自身がコミットする姿勢であった。この体験はいわば、風景構成法作品を素材にしたアクティヴ・イマジネーションと言うことができるであろう。

このような体験を経て、現在は「イメージでもってその風景に入ってみる」という姿勢で風景構成法作品に向き合っている。(14)「どのようにして入ればいいのですか」との質問を受けたことがあるが、まずは風景を眺めることから始めるしかないだろう。筆者はそこに「石拾い」のイメージを重ねている。河原に立って石を眺めるとき、無数の石が目に入ってくる。だが、この段階では石はやはり石でしかない。けれども、なおもしばらく眺めていると、気になる石が目についてくる。手にとって形状・感触・色彩などを確かめてみる。水に浸けて思わぬ色の変化に驚いたり失望したりといった体験をする。彼方の石が私を呼んでいるかのように感じられることもある。そこまで行って拾ってみる。この石はどうして私を呼んだのだろうと、石と対話してみる。石と私との関係が築かれてゆくプロセスである。そうしたことを通して、自分と石との固有の関係が築かれることがある。そのとき石は、一般的価値ではなく私との関係を通してもたらされたのである。このような行為全体に機能しているのはイメージである。風景を眺める体験も同様である。それが、「イメージでもって」と筆者が語る所以である。

このことと関連して、写真家の土門拳が風景を撮るときの体験を「深く知ること」と題して語っているのは、実に興味深い。そこには、風景と自分自身との交感が深くなされること、つまり風景との関係が築かれることの必要性、そのための自分自身の姿勢の重要性が強い生命力ある筆致で綴られている。(15)

……フレームの中にモノとして写し込まなくとも、心中に深く感ずるならば、その存在の影響は画面のどこかに出ないということはないのである。

概念的に知っているだけではダメだ。概念を飛び越えて深く、深く、知らなければダメだ。……モノを知るということはなまやさしいことではない。胸を広げてモノの突っかかってくる方向へ胸を広げて立ち向かってみるのである。……われわれが知るということに向かっては思い切って胸を開いて、「どすん」と立ち向かうものである。一直線に！　である。

「イメージでもってその風景に入ってみる」ということを筆者自身が体験するときを経て、筆者は相当に風景と対話してきたように思う。このような体験が現在の自身の心理療法を支えてくれていると言っても過言ではないだろう。風景構成法作品との対話とはまさしくそうした体験であると筆者は考えている。

おわりに

風景構成法の実践について、最近の筆者の考えを述べてきた。技法としての風景構成法ではなく、技法を用いる心理療法家の姿勢について論じてきた。先に、風景構成法の「転換期」と表現したのは、このような意味においてである。

このことと関連して、これまで筆者は、教師を対象とした講座・セミナーでは風景構成法を紹介することを極力控えてきた。教師が方法論を希求しているのは痛感しているので、技法だけがひとり歩きして学校現場に風景構成法が導入されることを恐れたからである。けれども、筆者の風景構成法にたいする姿勢が筆者なりのイニシエーションを経たと感じて、最近では思い切って教師の方々にも風景構成法を紹介するという試みを始めている。実際に風景構成法を体験しその感想を書いていただくと、そのほとんどに風景構成法作品を通した自分自身との対話が綴られていた。対話を通して涙を禁じ得なかった人も数多くいた。風景構成法が関係性に生きる力をみた思いであった。今後の風景構成法の展開を大いに期待したい。

第2章

風景構成法実践の勘所
――実父による虐待を受けて育った中学生男子の事例から

志村礼子

はじめに

私はいままで子どもの臨床に携わるなかで、面接の基本を「子どものなかにある可能性や成長の力を信頼すること」におき、いつも、「その子がその子らしく在るためにいま必要なことは何か」と考える姿勢を大事にしたいと思ってきた。面接の方法は、その子どもの年齢や関心に合わせ、そのときどきで、自分にとっても自然で無理のないものを選んで工夫してきた。なかでも子どもの絵は、ことばがなくても思いがけないたしかさで共感できることがあり、そのことに私はとても魅力を感じる。

とくに風景構成法は、こちらの誘いに応じて子どもがひとつずつ描いていく「やりとり」を基本にしていることやひとつのスタイルが決まっているので「プロセスのなかで、絵を通して子どもの在りようの微妙な変化が実感できること」など捨てがたい魅力がある。

風景構成法でのやりとりは、いわゆるフォーカシングにおけるフォーカサーとリスナーの関係によく似ているように思う。子どもは、提示されたものをひとつずつ、自分のいまの感じにリファーしながら描いていく。思うように描けずにため息をついたり、「これでいい！」と思わずにっこりして声をあげたりする。私もまた、そうやって描いていく子どもの傍らで、自分自身の、状況全体にたいすることばにはならないが、たしかに感じられる身体の感覚（フェルトセンス）に触れながら、自分のなかに湧いてくる自然な感じの流れにまかせ、「あーそうなんだ……なるほどね……」と、思いがけないため息になったり、それをことばにしたり……と、できるだけ自分の心の動きに正直に返していくようにしている。皆藤章は「心理療法のなかで描画を用いる場合、心理療法家は、面接室という庇護された空間のなかで、クライエントの描画活動を共同存在として体験しながら、クライエントが〈いかに生きるのか〉というテーマをクライエントとともに探究していくことになる」と述べている[1]。私にとって風景構成法は、そのように、まさに「面接のなかでともに体験されるもの」という感じがぴったりである。

ここで報告する事例は、児童相談所で、約二年間のプロセスをともにした「実父による虐待を受けて育った中学生男子の事例」である。母子並行面接で、母親の面接はケースワーカーが担当した。全体のプロセスは両者が複雑に絡み合いながら進むものであり、切り離せるものではないが、ここではとくに、風景構成法を用いた子どもの面接を中心に報告したい。彼との絵をはさんでのやりとりは、私が面接のなかで風景構成法を行なう意味を深く考える機会を与えてくれた。私はここで、できるだけ彼との具体的なやりとりを生かして報告したいと思う。

1　事例の概要

来所時、中学一年生の男子（以下、T君）。最初の相談申し込み票には「不登校」と書かれていたが、ケースワーカーのインテーク面接で母親は「幼児期からの父親による虐待の影響が心配。夜中に大声をあげて逃げまわるようなことが続いている」と語る。

家族は、インテーク当時、母親（三十八歳）、T君、妹（六歳）の三人で、父親（四十九歳、会社員）の暴力から逃げて母方祖母（六十五歳）のいる実家に戻ってきていた。母親、父親ともに高学歴である。

母親はインテーク面接のなかで、「結婚当初から夫の暴言や暴力があり、穏やかな夫婦生活はなかった」と自分自身も暴力を受けていたことを語り、T君についても、「生後二カ月ごろ、夜泣きに腹を立てた父親が顔を殴り、青あざができたのを始まりに、以後ことあるごとに殴られたり蹴られたりの暴力を受けてきた。父親が包丁を渡して死ねと迫ったこともある……」と家族のなかの長い暴力の歴史を語った。

T君が小学校五年生のとき、母親は、思い余ったT君から「お父さんと別れて欲しい」と言われて地域の虐待防止センターに相談し、数日間、母子三人でシェルターで生活する。その後、話し合いでやり直すことになり一度家に戻るが、父親の暴力はなくならず、ますます激しくなる。一年後、T君が小学校六年生のときに、母親は子ども二人を連れて実家に戻った。

T君は母親の実家から、近くにある中学に通うようになるが、一学期の後半から腹痛やだるさなどの身体症状を訴えて学校に行けなくなる。夜中逃げまわるような行動が頻繁に見られるようになり、Kクリニックを受診する。「父親からの虐待による心的外傷後ストレス障害（PTSD）」と診断され、安定剤が出された。Kクリニックから紹介されたS大学病院の小児精神科でも「被虐待によるもの」と言われて当所を紹介され、来談した。

2　面接の過程

以下、「　」はT君のことば、〈　〉は私のことばである。

A　受理面接

体つきも容貌も年齢相応の男の子らしい印象だった。面接室に入ると、どかっとソファに腰を下ろして開口一番、「ぼく、あんまり話をするタイプじゃない」と言うが、私をしっかり見てきて、聞くより先に話し出す。話しながら私の反応をよく見ていて、敏感に返してくる子どもという印象を受ける。頻繁に大きなため息が混じる。興奮して何度も拳を握りしめ、持参した空のジュース缶を握りつぶす。私がことばをはさむ間を与えずに、父親からの暴力やいままでの経過を吐き出すように語った。〈夜は眠れているの？〉と聞くと「ほとんど眠れない。お母さんがいうには無意識のうちに変なことをしているらしい……記憶が途切れるところが遊戯王と似ている」と話す。

〈いろんなことがいっぱいたまっていて大変、パーセントにするとどのくらいになるかな？〉と聞くと、「一二〇パーセント！　そうなると苦しい」。〈そういうときはどうするの？〉と聞くと「本を読んだり、買い物したり、ゲームをする。そうすると三〇パーセントくらい減る」と答える。いまの状況は大変だが、自分で困難に対処していく力のある子どもだと思う。〈ここでお話することで、それが八〇パーセントくらいになって息がつけるようになるといいなあと思う〉と言って面接の継続を提案すると、すぐに頷く。「二週間に一度くらいがいい」と言って次回を予約していく。

このころのT君は、夜中頻繁に「お父さんごめんなさい……たたかないで！　殺さないで！……」と逃げ回り、その都度、母親がKクリニックからもらった安定剤を飲ませて落ち着かせているという話だった。

面接では当面、父親からの虐待という理不尽な人生にたいする怒りを受けとめていくこと、また、話のなかでどこがT君の実感にもとづいて語られているところなのか、注意深く聞きながら応じていこうと思う。形態としては母子並行面接で、母親の面接はケースワーカーが担当した。病院との連携は、必要があれば母親を通してすることにして、すぐには積極的な働きかけはしないことにした。
以降、三期に区切って面接経過を報告したい。

B Ⅰ期（第一回～第十一回）——父親から虐待されたという事実を自分のなかに納める試みを始める

第一回、前回の面接を〈どうだった？〉と聞くと、「疲れたあ！」と言いながらも笑顔をみせる。「絵が好き、四コマ漫画描いている」と言い、置いてあったクレヨンと画用紙に興味をみせる。バウムテストに誘う。バウムテストでは「スライムツリー」（ゲームのキャラクター）を描く。このあと、風景構成法に誘う。

a 風景構成法①（図2-1、口絵1参照）

枠を描いて、サインペンを渡すと「サインペンか」と言うが、拒否はしない。〈負担なのかな……〉と思う。〈まず川から〉に、即座に「漢字の川じゃだめ？」と言って私の顔を窺う。子どもの表情から、ガードを外そうかどうしようかという迷いと、同時に「それを受けとめる覚悟がある？」と迫られるような感じを受ける。瞬時にいろいろな思いがよぎったが、〈うーん絵がいいなあ〉と言うと、少し考えて、右から左斜め下に途中まで描いて波を描く。少し描いては私の顔を見る。「どんぶらこ」と言いながら、そのなかに桃をひとつ描く。私は桃太郎のイメージが浮かび、少し嬉しくなる。〈山〉、すっと描く。〈田んぼ〉、「ぼく、田んぼは描いたことないよ」と言いながら描く。〈道〉、勢いよく描いて、小石を描く。〈家〉、「うーん」とうなり、ようやく描きあげて「できたあー」とため息。〈木〉、すっと描く。〈人〉、左下に小さな棒人間を描く。〈花〉、「ポケモンのラフレシアなの」。この辺りで「むずかしいなあ」とため息をつく。〈生き物〉、牙を剝き出しにした犬を描く。〈石〉、ていねいに描いて「これはダイヤモンド」。〈足りないものとか描き加えたいものを描いてね〉に、まず自動販売機、そして車と自転車を描く。〈色を塗ってね〉に、抵抗なくクレヨンで塗り始める。

田んぼを塗りながら、「この季節は秋、秋は黄色」。家に赤く炎を描き「六階建て、火事なの」。〈何時ごろかなあ〉と聞くと、「人通りが少ないから午前三時ごろ、夜中」。家を指して「出火原因はガス漏れです。天ぷら油の残りに火がついた。死亡推定時刻は午前二時五十分ころです。家は全焼して、家からダイヤモンドが出てきた。これはひょっとすると、金目当ての殺人かもしれない。殺人、無理心中、自殺か……」と一気に話し出す。思わず、〈いったいこの家はどうなっちゃうんだろう〉と言うと、右から勢いよく水を描く。ほっとして〈あー水がかけられた〉と言うと、わが意を得たりというように、すかさず「何処からともなく現われた毒ガスでした。爆発するでしょう！」と言う。ほっとしたのもつかの間、「そんなに甘くはないよ、ことはそんなに簡単じゃないよ」と訴えてくるような感じを受ける。道の下の方に漫画のキャラクターを描く。「これが千年パズル、これが千年リング」〈うん？〉と首をかしげると、しょうがないなあという表情で、「これが良きパワー、こっちが悪しきパワーで、どちらもパワーを与えるものなんだ」と教えてくれる。道の上に棒を描いて「さあなんでしょう？……道しるべです」。私が覗き込むとすぐに変化させ、「進化してギロチンハンマーになりました」……だんだん勢いがついてくる。「川がもうじきこの村に突撃します！……桃は腐って沈んでしまいました」〈あー〉……話の展開が速く、翻弄される感じを受ける。人の上に塊を描いて、「この人は石を頭に載せて罪を償っている。桃に毒を注射してしまったから」と言う。犬の下に棒を四本描き、「さあなんでしょう！」〈マッチみたいに見えるよ〉と言うと、バラバラ死体を描き上げ「犬のキャラクターは人殺し、犬は死体を食べたんだ。もう鈍いなあ」と勝ち誇ったように笑う。真ん中に星のような物を描く。「光」と言い、すぐ「なんだかおいしそうになってきた……これは実はお茶漬けのふりかけ……（山を指し）これはお茶碗。（川の下に線を引き）川はコップになります」と言って、「でも水が出ている」と脇に水を描く。「家はガスコンロ」〈自分はどこにいるの？〉と聞くと、

図 2 - 1　風景構成法①

図 2 - 2　風景構成法②

迷わず石を頭に載せて立っている人を指す。翻弄されるようなやりとりを通して、期待しては裏切られ、もっと悪いことが起きる繰り返し、希望のもてない感じがこの子の味わってきたことそのもののように思う。罪を償う人は、その絶望的な状況を「自分のせい」と感じ、すべてを背負っているT君の生きている世界そのものなのだと感じて、胸の痛む思いがする。

しばらく二人で絵を眺めたあと、T君は「お絵描きごっこはあきた。さあ本題に入りましょう」と言う。「今度は遊びたい」と言って、次回の予約をしていく。

身体で感じていることをイメージに託して伝えてくることのできる子どもという印象をもつ。風景構成法では、T君の抱えている問題の深さを実感し、T君のペースに沿いながら、ていねいに面接を行なっていく必要を強く感じたが、同時に、最後に光がやってきて全体に暖かいイメージをもてて終われたこと、本題を「遊び」と言えた子ども自身の力を頼りに一緒にやっていこうと思う。

第二回、座るなり、「むかつく！　だから大人は嫌いだ！　大人はうそつきで大嫌いだ！　大人は自分のことしか考えていない！　この手で殺してやりたい！　でもそうしたら少年院行きだし、辛いところだ！」と激しく喋り続ける。クレヨンと画用紙を渡すと、赤と黒で力一杯なぐり描きして、「死ね！」と書いて、「すっきりした」と言う。その後プレイルームに誘う。プレイルームでは、射撃ゲームに夢中になる。いろいろなものを的にして楽しむ。「こういうことやったことなかった」と言って、時間一杯遊ぶ。T君がいままで生きてこれなかった子どもらしい時間を共有していこうと思う。母親の話では、まだ「夜が怖い、眠れない」という訴えが続いているということだった。

第三回、表情が柔らかくなり、肩の力が抜けた感じがある。〈この間はおもしろかったねえ〉と言うと、「うん！　射撃がすごくおもしろかった！」と力を込める。いまの状態を知りたいと思い、風景構成法に誘う。

b　風景構成法②（図2-2）

落ち着いて黙々とひとつずつ丁寧に描いていく。〈川〉、下方に此岸なしの川を躊躇なく描き、それに沿って岸を描く。〈道〉、川岸に沿って描く。〈人〉、道を走っている棒人間。〈花〉、鼻を描き、にやっとして私を見る。鼻を消して花を描く。〈生き物〉、「きつね」。〈何か付け加えるものは？〉に、月と雲を描く。

〈季節は？〉に「春の朝、九時ごろ……川は左から右に流れている。人はジョギングしている。「疲れたあ」と言っている。きつねは飼育小屋から脱走してきた」〈自分はどこにいるの？〉と聞くと「家の中でファミコンしている。ジョギングしているのは知らない人」と答える。月を指して、「ここは天空界、天国かな」と言う。〈生まれ変わったら何になりたい？〉と聞くと、「飼い猫、飼い猫なら危険がない、にゃあにゃあ言っていれば餌くれるし」と言う。ひとしきり家にやってくる猫や飼っている猫の話をして終わる。飼い猫の話を聞きながら、それほど安心を求めているんだなあと思う。風景構成法では、人がとくに印象的で、頭に石を載せずに走っている姿を見ながら、〈ずいぶん軽やかになったなあ〉と嬉しくなる。全体に前回に比べてまとまりがあり、お互い安心と土台を確認できたように思う。

それから、プレイルームに誘う。「あー久しぶりだあ」と深呼吸。野球をする。私が投げるボールを打ち返して、「渾身の力を込めて打ったよ」と言う。さまざまな角度、的を決めて射撃を楽しむ。「あー、よかった！」と言って終わる。身体を思い切り使って、お互いコミュニケーションの楽しさを共有しようと思う。表情が優しい感じになった印象。

第四回～第五回、表情も物腰も落ち着いた様子で、「とくにスクープもない。うるさいことには関わらないようにしている」と言ってから、「まあ、よく先公が使う手さ」と自嘲気味に言う。子どものやるせない気持ちを感じて、〈傷つかないために工夫できることは大事なことだよ〉と伝える。「いま気に入っているのは、宗田理の七日間戦争シリーズ。悪い大人をやっつける、たまんねえ！　って感じ。ピンチになるときも多いけど、かならず子どもが勝利するんだ」と笑う。〈自分で書いてみる気はないの？〉と聞くと「実は本書こうかなって思った。子どもたちの解放区を作るって話」と言うので〈ここで一緒にそういうこともできるよ〉と誘うが、すぐにはのってこない。「アニメが描きたい、パソコンも……」とあれこれやりたいことを並べる。プレイルームでは、射撃をして時間一杯遊ぶ。内側に湧き上がるものが出口を求めていると感じる。ぴったりくる表現の手段を探しているが、なかなか見つからないんだなあと思う。

第六回、ホワイトボードに絵を描く。どらパンマン〜ドラえもん＋アンパンマンというふうにキャラクターを組み合わせ、それにことわざの変形を加えていく。なかなか見事で、私が「Tくんスペシャルキャラクター」と名づけると、次々と描く。「こん棒にも筆のあやまり」「蛇の道は駅」など無意味なことばの組み合わせなのだが、わけもなくおかしくて二人で大笑いする。このころ母親から、T君は祖母のことばを受け流せるようになり、生活も落ち着いてきた、夜中に起きることがなくなり、安定剤をまったく飲まなくても大丈夫になったという話があった。

第七回、風景構成法に誘う。

c　風景構成法③（図2-3）

穏やかな表情で、「うーんそうだなあ……こうかなあ」と言いながら描いていく。〈川〉、「水しぶきを立ててこうかな、ほとんど滝状態」、橋を描いて「橋がなくちゃ渡れないもんね」。〈山〉、左上に描く。〈田〉、左下に丁

図2-3　風景構成法③

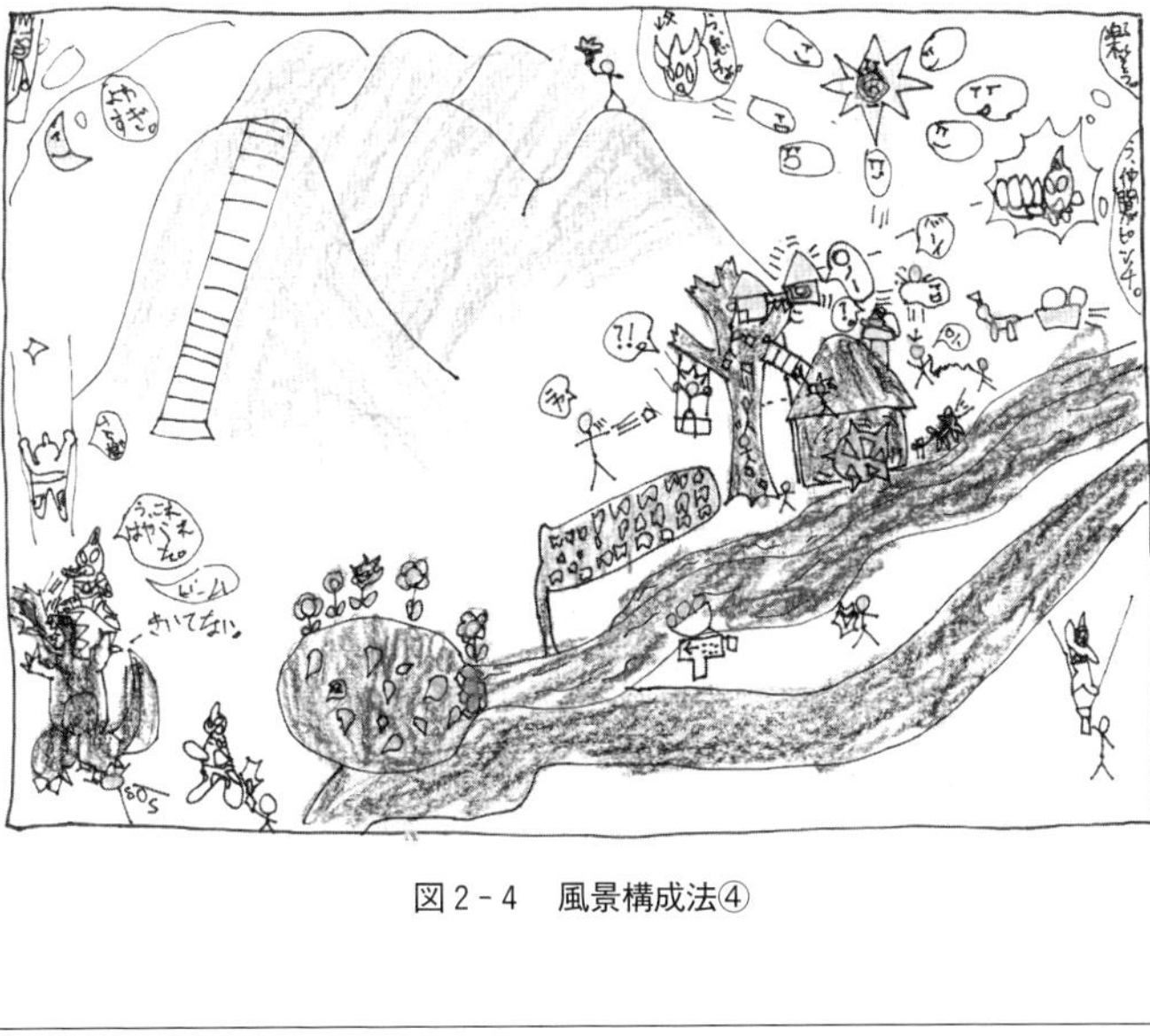

図2-4　風景構成法④

寧に描く。〈道〉、左から描いて川の出合いに「きけん」という立て札を描く。〈家〉、「干し柿つきだよ」。〈木〉、家の隣に描いて「柿の木」。〈人〉、「木こりさん、木を傷つけている」と言って木こりと泣いている木を描く。木に「いたいー」と吹き出しを書く。〈生き物〉、家の屋根に「黒い鳥、からすかも」。〈石〉、「漬物石」と言い、田の横に「漬物の小屋」を描く。〈何か付け加えるものは？〉に、切り株と繋がれた犬、木こりの足元の石にたくあんとおにぎり、栗の木、木こりの背中に栗の篭、栗の木には「きのどくになあー」、木こりには「せーかつがかかってんだ。ゆるしてくれ」と吹き出しを付ける。色を塗りながら、「まだ描き残していた！」と、焚き火とそこに焼き栗と焼き芋、男の子と芋畑、左端に家と男の人を描き加える。男の子には「父ちゃん」、男の人には「いやーこともふきょい（う）ですなあ」と吹き出しを書く。描き終えて、「あー、いつのまにかこんなに描いてあるなんて思わなかった」と言う。

〈季節は？〉「秋の三時くらい。昼飯がまだ残っている。夕焼け……川は上から下に流れている」。〈自分はどこにいるの？〉と聞くと、「考えてなかった」と言うが、しばらくして「いいこと思いついた！」と右上に山を描いて、頂上に光を持った人を描き、「これがぼく」と言う。「この家は二年前にお母さんが死んで、おばあさんも倒れたという設定」と言って、漬け物小屋の下にお母さんとおばあさんの墓を描く。ちょうど二年前に母親と子どもたちが家を出たことを思い出す。木こりと男の子を指差して、「お父さんと子ども。お父さんは日曜日に山の麓まで行って野菜を売って生活している。金がなくて困って木こりに変身。子どもは焚き火の番。父さん！そろそろ芋が焼けるよと言ってる」。……「我ながら良い出来だ！　キャラクターが多かったのがよかった」と言って終わる。私はT君が描いていくのを見ながら、父親が自分を傷つけたという理不尽な現実を受け入れ、許していこうとする気持ちや力を感じ、畏敬の念ともせつなさともつかない感情が湧いてきて止めることができなかった。前回までの風景構成法からは想像もつかないような豊かな世界が表現されたことに驚く。

母親は面接のなかで、T君が「ぼくがどうだったからお父さんはぼくのことを嫌ったんだろう……ぼくがどうだったらお父さんは叱らなくなったのかな」と尋ねてきたので、それはあなたのせいではなくて、お父さんの方の問題なのと答えたと語る。

第八回〜第十回、いくつかのフリースペースを見学に行った報告をするが「あんまりぴったりこない」と言う。「目をつぶっていて!」と言って、四コマ漫画を一気に描く。私が読む間、じっと息を凝らしている。〈すごくいいよ!〉と言うと、笑顔を見せて次々描いていく。

人づきあいが苦手という、あまり認めたくない自分の姿を四コマ漫画に託して笑い飛ばす。自分の問題をそういう形で外在化していく子どもに力を感じる。事実の受け取りのズレが悲劇を産むという喜劇。〈本当にこういうことってあるねえ〉と二人で実感する。

第十一回、風景構成法に誘う。

d　風景構成法④（図2-4）

慣れた感じで、鼻歌を歌いながら始める。〈川〉、川を描いて、その先に池を描く。〈山〉、重なり合う山を描いて階段を付ける。〈田〉、「田んぼには水が入るところを作っとかなきゃねえ」と川に繋げる。〈道〉、「道しるべを描く。〈家〉、家と水車を描く。〈木〉、木の上に小屋を描く。「ぼくも三年生のころ、近くの広場で秘密基地を作ったことある」と、めずらしく小学生のころのことを楽しそうに話す。〈人〉、棒人間を「木の上の人、木からずり落ちている人、屋根の上で見ている人……」と次々描く。〈花〉、「お池の周りは……」と鼻歌を歌いながら池の周りに描く。〈生き物〉、水車小屋の横に繋がれた犬。〈石〉、人が投げているところを描く。〈何か付け加えたいものは?〉に、登り棒を家の横に描く。木の上にぐらぐらしている小屋も描いて「Oノー」と吹き出しを付ける。太陽と月と雲を描いて「あー太陽ピーンチ!」、川にボートを描いて「川にはボートがつきものですな」「ダムも作っておくか」と池に石を描く。「浮き草の上にカエルもいるよ」……と次々と描き足す。紙を破ってウルトラマンがやってきたように描く。ここで一度「これでいいか……」と終わろうとするが、しばらく見ていて、「ここが空いているんだよね……何がいいかなあ」と左下の空白を指差して考え込む。「ウルトラマンが来たところ。ウルトラマンがヒューンといって怪獣をやっつける。だから怪獣を描こう!」と言って怪獣を描く。彩色を促すと「あー、色塗るならこんなに描かなきゃよかった! ついおもしろくて描きまくってしまった!」と言う。

〈季節は?〉「秋、午後三時ごろ」。〈自分はどこにいるの?〉と聞くと、「あー、それなら描こう!」と山の上に光を持った人を描き、「これはウルトラマンに変身する人」。川のそばにも人を描き、縄を投げている。「落ちてきている人に助けるための縄を投げている。これがぼく」。〈川はどんな川なの?〉と聞くと「池に流れ込んでいるの、これはけがや病気に効く池。不思議な水。この池は万病に効く花を咲かすところなの。うーんバッチグーだなあ」と満足げに言う。〈不思議な場所なんだねえ〉「そうだよ! だから怪獣がいるんだよ!」と力を込める。「そうだ! これは夢のワンダーランド。そうだ! いいこと考えた! これはこの人の見ている夢」と言って、左上に寝ている人を描く。怪獣に踏まれた人を描いて「SOS」と書き、怪獣とウルトラマンの闘いが始まる。ウルトラマンが、負けては光のなかから新しく生まれる様子を描いていく。「仲間がやられると生まれるんだ。やられてもやられても出てくる。でも弱すぎるんだ」と笑う。ウルトラの父を描いて「うっ、息子よ」と吹き出しを書く。「うっ、見よ! あまりに弱い!」と言って笑い、「これでいい」と終わる。T君のなかでこうしたことが繰り返し起きているのだと実感する。弱さを実感することが強さに繋がって欲しいと思う。ひどい状況のなかで、粘り強く立ちあがってきたT君の力を感じ、そういう状況で自分を諦めずに成長してきたことに敬意を感じずにはいられなかった。自分が癒やされ生かされていくことは、自分のなかの怪獣も見ていくこと、そういうことを皆含めて成長していくということを身体で分かっているんだなあと思う。オープンになりすぎたと思えば「夢のワンダーランド」として枠を付け、さらに深く展開していくプロセスに、T君自身の「自分を守る力」を見るような気がした。

C　II期（第十二回〜第二十一回）
——現実の父親との関わりのなかで自分をよりたしかなものにしていく

第十二回〜第十三回、お父さんと電話で話したことを話題にし、「お母さんはお父さんに会いに行くって言ってた。ぼくは分からない……お父さんはもうしないと言っていたけど、それは大人の問題だから……」とさらりと言って笑う。漫画を描きながら「守りすぎて悩みすぎて先回りしすぎて、結果失敗というのあるよねえ」と言うので、思わず〈何だか言い当ててるね〉と言うと、笑う。「闘えぼくらのSマン」というストーリー漫画を描き始める。

このころ母親より、一週間に一度父親と家族が会う試みを始めたという話がある。

第十四回、風景構成法に誘う。

a　風景構成法⑤（図2-5）

〈川〉、迷わず描く。〈山〉、噴火している山を描いて「爆発」。〈田〉、右下に小さく描く。……黙々と描いていく。〈道〉、川の下に沿って描く（彩色時に川と一緒に青く塗ってしまう）。〈家〉、田の近くに描く。〈木〉、左下に枯れ木を描く。〈人〉、川の中に描いて「人の滝登り」。〈花〉、木の根元に描いて「散っています」とため息。〈生き物〉、犬を左端に描いて「ここ掘れワンワン、お宝が埋まっています」……刀を振り回す人を描いて「もっとわきをしめて！」「ひの丸のはたをおもいうかべろ」と吹き出しを付ける。〈大変だァ、軍国調だねえ〉と言うと大笑いする。〈付け足すものは？〉に、次々人を描いて吹き出しを付ける。「もうだめっす」「やればできる」「挫折、試練、友情……」太陽を描いて「がんばれ」「まだまだわきをしめて」と闘う人を描いて「題名は練習、みんな同じ師匠を思い浮かべている」。右上に竜を描き「最後に竜に食べられている、これも試練……試練は、厳しーいこと、修行に近い」と言う。「ひとつだけ仲間はずれがあるよ、分かる？」と聞くので首をかしげていると、「ほら、花咲か爺さんだよ、これだけは試練じゃない」と言って木の上にいる人を指してにっこりする。家の側で火を釜にかけて料理している人を描き足す。「こんな絵描いていたら、泳ぎたくなった！」と言ってから、「このごろ不眠症なんだ、眠り損ねると一晩起きていることもある……まったく困ったもんだ」と大きなため息をつく。火山の近くに人の顔のような物を描き「もうすぐ恐怖の大王が降ってくる、それに対抗するためには修行するんだ。ノスタルダムスの大予言」と言ってから「おー、いいアイデアが浮かんだ！　大王が降ってきた、人間の顔した竜でね」と言って横に「つくりもの」と書いて笑う。T君は、現実に父親と会い始めたことをことばにはしないが、「いまは試練のとき、修行だ……」と言って、次々描いていくのを見ながら、私はT君の苦しい胸のうちを実感する。太陽や花咲か爺さんにほっとするものを感じる。

第十五回〜第十七回、家に迷い込んできた猫の話が中心になり、「うちの猫が子どもを産んだの！」と言って、その猫がどんなに可愛くて、どんなにいたずらもので一緒にいると楽しいかということを弾むように話す。私も思わず引き込まれ、〈会いたいなあ〉とため息が出て暖かいものを感じる。その写真を見ながら、T君が以前に「生まれ変われるとしたら飼い猫になりたい」と言っていたことを思い出す。「さあ、今日も描くぞ！」と漫画

「闘えSマン」を描き「主人公の少年は正義のためにSマンに変身する決意を固めた」と言う。〈これはT君自身の決意なのだ〉と感じる。「Sマンは悩みのある人しかなれない。悩みのある人しか悩みは分からないからです。悩みと、にこにこパワーが半々になっていることが大事……悩みを全部取られてにこにこパワーだけじゃ魂抜けたみたいになっちゃうし、悩みのクソ力とは、悩み力を引き出しパワーにすることによってパワーアップする」と言う。Sマンの話を聞きながら、これはまさにエンパワーメントといわれるものの本質だと思う。子どもは身体でそのことを分かっていると感じる。「Sマンが悩みのクソ力を失い、立てないでいるとき、Sマンナイトがやってきて、封印されていた悩みパワーを戻してくれた。……でもSマンはこのままじゃだめだ、悩みのトランスフォーム、ちょっと危険だが、究極完全体にする……」と描き続ける。展開が速く、私はついていくのが精一杯になる。

第十八回、来所するなり、めずらしく喋り続ける。「あんまり元気じゃない、お父さんと旅行に行った……最近一週ごとくらいに会ってたんだ……でも大喧嘩になって……あーむかつく！」と一気に話し、「むかつく！このままいったらぐれちゃうぞ！」と声を荒げ、「みんなうるさいし、まともに言えるのはしむらさんだけだ、ぼくは親の間にはさまって大変だ」と言う。〈あなた自身はどうしたいの？〉と聞くと、「高校になったら自立したい……巻き込まれるのは嫌だ！　ぼくは中学生なんだ！　こんなことに関わっている閑はないんだ！　遊びたいんだ！」と大声で怒鳴ってから、「すいませんねえ、しむらさん……」と言う。〈いいのよ、私は仕事なんだから……〉と言うと、T君もパッと表情を明るくして「そうだね、商売だからね」と言って二人で大笑いになる。「遊びたいんだ！」と怒鳴れたことにT君の力を感じ、自分の主体を大事にして欲しいと思う。「親がぼくをとりっこしてる、参りました……」と言う。〈お母さんもお父さんもそれぞれ自分の課題なんだと思う。あなたはあなたで、自分がどうしたいのか、何をしたいのか、考えていこうね〉と話す。

第十九回、漫画「闘えSマン」でSマンは怒り爆発、悩み面が怒りになって、新たな進化を呼び起こす。風景構成法に誘う。

b　風景構成法⑥（図2-6、口絵2参照）

〈川〉、湖から流れる川を描き、橋を架ける。〈山〉、湖のなかに噴火したような山を描き、私が一瞬目を疑っている間に、山は人の顔になり、思わず顔を見合わせて笑う。「親父像、鳥が止まっている。山を削って像を作ったんです……にせ神様、なんちゃって」。〈田〉、うなぎとどじょうを描く。〈道〉、展望台を描いて「親父像をみるの」。〈家〉、池と花壇のある庭と飼い犬を描く。〈木〉、「ババ像」。〈人〉、木を登っている人と田の側に描いて「うなぎを焼いている人」。〈花〉、親父像の後ろに描いて立て札にする。「このぞうの入ればはダイヤです。穴から入って下さい」。〈生き物〉、右上に蝶と鳥を描いて「蝶が鳥に狙われている……鳥の攻撃で蝶はばらばらになってしまいました」。〈石〉、石としめ縄を描いて、「うんどう会のつなやっと捨てれた」と吹き出しを付ける。両親の引っ張り合いに惑わされずにいられるようになったということかなと感じる。〈付け加えるものは？〉に、太陽と神様と天使を描いて、「人間も楽しそうだな。よーし。いたずらしちゃえ」と吹き出しを付けて、鳥をりんごに変身させる。左下から親父像に続く洞窟を描いて「地下洞窟は続きます。岩が穴を塞いでいます」。右端にはドラゴンを描いて、「餌を取るのがめんどうくさくなって入ってくるのを待っているんです」と言う。彩色には「やれやれ、思ったよりすごくなっちゃって困りますねえ、めんどうで」と言って、塗り始める。

〈川はどんな川？〉に、「深いです！　浅かったら洞窟の意味がない」と答え、「あっそうだ、湖に穴があいていて、地下から水が流れて木が大きくなっているんです」。〈自分は？〉に、うなぎを焼いている人を指差して「今夜はうなぎ、うれしいような、おいしいような……」と言う。「神様は、人間がうらやましいような、ちょっとなってみたい」。〈この洞窟は？〉と聞くと、「本当は川の流れが急で、ボートでもだめで、橋も架けれなくて、

図２－５　風景構成法⑤

図２－６　風景構成法⑥

親父像の作り手はどこから入ったのか、実は抜け穴があったんです」〈いまは塞がっているんだよね〉「洞窟は塞がっていたほうが、見つからなくていいんじゃないか、人間が入ってきたらダイヤを取られて魅力がなくなっちゃうしね」と言う。サインにオリジナルキャラクターの「Sマン」を描く。絵を一緒に眺めながら「あっ、いいこと考えた！　親父像は昔戦争に使われていた秘密兵器だった……これなら、穴を封印した理由になる。穴を封印した意味は二つある。ひとつは敵に使われないため、もうひとつは平和になったいま必要ないからです」と言う。

第二十回〜第二十一回、「お母さん離婚するらしい。ぼくお父さんを電話で怒鳴りつけた！　びっくりしてた」と言ってから、「すっきりしたというか、でも本当はすっきりはしてない……どっちも可哀相だからね。同情って言うか哀れみっていうか、ちょっと複雑」と苦笑いする。〈お母さんとお父さんのちょうど真ん中にいる感じがとてもいいと思う〉と話す。しみじみした調子で「裁判になったら妹にも聞くのかなあ、多分お母さんのところだろうなあ」と言う。〈お父さんは誰かに来て欲しいかな〉と言うと、「そりゃあそうだよ！　ひとりでいるのは寂しいし」と言う。母親からも父親からも離れ、いまの状況を距離を置いて眺めながら、しかも共感的に理解しようとしていると感じる。とりとめなく話しながら、「やれやれ大人ってやつは……大人の世界はずるい……大人の世界は厳しい……」とため息。いろいろな事実を受け入れながら、「やれやれ大人ってやつは」と言って突き放してみているT君に、たしかな中心が育ってきていると感じる。漫画のなかでSマンはテレポートする。時代は現代に移り、少年・G2がSマンになる。「これからはG2の時代だ」と言う。母親からは、T君が父親との電話で「ぼくは、お父さんとお母さんの接着剤にはならないぞ！」と怒鳴ったという話があった。

D　Ⅲ期（第二十二回〜第三十一回）
――現実の生活のなかで自分の進む方向を模索し始める

第二十二回〜第二十四回、母親と行ったアメリカ旅行の話が中心になる。行く前はあまり気乗りしない様子だったが、帰国後、たくさんの写真を持参し「気球に乗った。すごくリアルだった、日の出はすばらしかった、わーっという感じ、日が落ちるのがすごく近くに感じた……」と興奮して話す。T君が生き生きと楽しそうに話すのを聞きながら、私自身も何かいままでの世界を狭く感じて未来が開けていくような感じを受ける。ふたたびフリースペースの見学を始め、そのなかのひとつのフリースペースに本格的に通い始める。私に「大学出た？何学部なの？」と現実的なことをいろいろ聞いてくる。「高校受験には勉強しなくちゃいけないし……中学一年からやり直してる。さすがにめんどくさい。ぼくは芸術学部とかに行きたい」など、将来についての現実的なことも話題になってくる。

第二十五回、風景構成法に誘う。

a　風景構成法⑦（図2-7、口絵3参照）

〈川〉、上から下に描き、橋を描く。〈山〉、山並みを描く。〈田〉、「川から水を引いている」。〈道〉、大胆に描いていく。〈家〉、軒下に吊し柿を描く。〈木〉、切り株と木。〈人〉、切り株に座ってたばこを吸う人。〈生き物〉、川に「溺れているカエル」を描く。〈石〉、左下に描いてしめ縄をする。〈付け加えたいものは？〉に、石の横に石神様、石の上に二個のダイヤ、「一個は盗まれた」、右上に飛んでいる鳥、太陽、べーごまで遊ぶ三人の子ども、左上に温泉が噴き出したところと温泉に浸かっている猿、家の横に馬小屋と馬、カエルの横に火を吐いているドラゴンと「十ドル！」と賭けている人を描く。色を塗りながら「雰囲気出てきた」と言う。

〈どんな川？〉には、「上から下に流れていて、橋から上は緩やか、下は急で海に通じている……ドラゴンとカエルはバトルをしていて、カエルは落とされた」……「石神様は三つの石の中に密かに潜んでいる。盗もうとしたら天罰がくだる。石に選ばれた人以外にはね……」〈自分はどこにいるの？〉「いない。いたとしたら飛んでる鳥、いたいとしたらベーごまやってる子かな」と答える。絵に描かれたそのどれもがT君自身の世界なんだと感じる。

第二十六回からは、母親とは別にひとりで来所する。話の様子から、フリースペースでの生活がたしかな日常になりつつあるのを感じる。漫画「闘えSマン」は、「Sマンは南極の氷に閉じ込められ、冒険はひとまず終わりを告げた。だが春になり氷が解けるころ、また立ちあがってくれ」と言って、長かった物語を終わる。

第二十八回、小学校のころの友人と連絡を取り合っている話をして、「やっぱり友達っていいね……こんなところにいる自分がばからしくなった」としみじみ言う。風景構成法に誘う。

b　風景構成法⑧（図2-8、口絵4参照）

〈川〉、いきなり丸く川を描く。驚く私に「はい」っとポーズしてみせる。〈山〉、真ん中上に描いて「ふー」とため息。〈田〉、左上の隅にちょこっと描き、私を見てにやっとする。〈道〉、中心から四方に向かう道を描く。山の頂上に向かう道も描く。〈家〉、家を描いて側に豚を描き私にピースする。〈木〉、川のなかに描く。〈人〉、豚の横に二人、山を登る人を描いて「もうすこしでちょうじょうだ」と吹き出しを付ける。〈花〉、家の横に顔のあ

図 2 - 7　風景構成法⑦

図 2 - 8　風景構成法⑧

る花を描く。〈生き物〉、「うーん」と唸ってから「よっしゃ！」と言って、右上端に飛び去るSマンを描く。〈石〉、石を投げている人を描く。〈付け加えたいものは？〉に、川に橋を描き、道を下の端に繋げる。その傍らに家を描き、人を描き、「大人一人、子供一人」と吹き出しを付ける。「あー何かが足りないと思ったら、これが足りないんだ」と真ん中に「テーマパークの看板」を描く。川に乗り物を描いて、「あー楽しかった」と吹き出しを付ける。ブッキーマウス（人気キャラクター）を描いて風船を持たせる。「これは中でジャンプして遊べるやつ」、山の傍らにテントを描いて「キャンプ、山に登る人のために」と言う。

〈川はどんな川？〉に「流れていない、自然百パーセント、落ちたら危険ですから。乗り物にはエンジンがついている」〈自分はどこにいるの？〉に「バイトかな……ブッキーマウスの着ぐるみに入ってる。二人で入っているのかな、相棒は……まあ細かいことは気にしないで」と言って笑う。最後に「大事なもの塗り忘れた」と、太陽を赤く塗って終わる。長いこと一緒に闘ったSマンは去っていき、T君なりにこの間のプロセスを「テーマパーク」と表現して自分のなかに収めて、山の頂上に向かって次なる成長を始めているように感じる。「父親から虐待を受けた」という事実は消えることはない。T君はこれから何度も自分の過去に立ち帰り、そのたびにその事実をより深く自分のなかに抱え直す作業を繰り返し、成長していくのだと思う。

第二十九回〜第三十回、フリースペースに順調に通い、高校受験が具体的な目標になってくる。「ポーズがなってないので名前を取り上げられ、もう一回ヒーローになりたい人向け学校で、一からやり直しに来たSマン」という漫画を描く。名前を取りあげられ、一からやり直しをしているというのがいまのT君の感覚にぴったりなのだと思い、〈T君はこれから先、どんな自分に出会うのだろう〉と心からエールを送りたい気持ちになった。

このあと二回、「塾で忙しい……、風邪……」などの理由でキャンセルが入る。その後の電話でT君は、「がんばっている……また行くよ」と話し、母親からは「いまのフリースペースがぴったり合ったみたいで、がんばって通って勉強している」という話があった。定期的な面接はこの時点で終わりとし、高校受験のあと一度会って話すことにする。その後T君は、「学校に行きたいけれど、いまの学校には行きたくない」と言って、中学最後の一か月を、転校して、父親のもとから休まず通って卒業した。私立高校に入学が決まり、高校へは母親のもとから通うことになっている。母親からも「見違えるように明るくなって、元気でやっている。いまはとくに心配なことはない」と話があり、面接は終結となった。

おわりに

こうして振り返ってみると、一枚の風景構成法作品のなかに、そのときどきの子どもの在りようが的確に表現されていることに改めて驚かされる。私のなかでは、どの風景構成法作品を見ても、その絵を描いたときの彼の表情やしぐさ、交わしたことばやそのとき彼がおかれていた現実などと切り離すことはできない。どの作品にも多様な象徴的表現がみられ、解釈もさまざまにあると思うが、どこに注目し関わっていくかということは、やはり各々のセラピストの、面接全体にたいする基本的な考え方や在り方に深く依っていると思う。

いま、自分のセラピストとしての姿勢のもとにあるものを振り返ってみると、障害児の療育相談センターで障害をもった多くの子どもたちやその家族の方々と出会い、示唆を受けたことが大きい。とくに、思春期で発症した進行性筋ジストロフィー症の少女との出会いとその後数年間の関わりは、私のセラピストとしての在り方や役割への基本的な考え方、子ども観に決定的な影響を与えた。病気が進行し、持ち駒が減っていくなかで、悩み揺れながらも自分を生きようとする彼女の姿に、子どものもつ潜在的な可能性や成長への力を強く感じると同時に、子どもはことばに表わす以上に多くのことを感じ、周りの反応や状況を的確に捉えているということを知った。このことはいまも私のなかに生きていて、私が風景構成法に関わるときの原点になっている。

ジェンドリンは、「あらゆる形式の心理療法はいずれも、来談者自身が自ら感じている体験を彼自身のために、より深く体験しなおし、それをしっかりと把握し、象徴化するという個人の勢力から成り立っている」[2]と言っている。子どもは、社会のなかでさまざまな関係に生きているという事実を忘れず、できるだけ客観的な見立てに立つよう努めることがまず必要であるが、その上で、限られた面接という場で、私がもっとも大切にしたいと思っているのは、「私自身が瞬間瞬間をしっかり実感し体験すること、そこで起こってくる自分の心の動きを素直に受け取り、正直に相手に返していくこと」である。私自身がそう在ることが、「ここでは、自分なりに感じたことや湧き上がってきたことをどんなことでもそのまま大事に受け取り、表現していいんだ」という子ども自身の思いを支えていくと感じる。それはいつもとてもむずかしい。気がつくといろいろな思いに囚われて不自由になっている自分がいる。面接がともに成長するプロセスであるというのは、いまの私にぴったりである。

私は、風景構成法でも「お互いが自分のフェルトセンスを大事にできるような面接の場で、やりとりをしながら描くこと」に意味があると感じている。自分の思いや感じていることを形にし表現できた実感をもつこと、さらにそれが相手に伝わったという実感は、いままでの思いや考えを超える可能性への気づきをもたらすように思う。このことは、私のなかではまだ曖昧でことばにできるほどのものではないが、ジェンドリンが「夢やイメージを、からだとともに、そして関わりのなかで用いることで、私たちは、夢やイメージが動きへと向かう萌芽的エネルギーを持っていることを発見する。私の経験では、この動きは常に肯定的であり、常に、生や興味や人とのつながりや治癒へ徐々に向かうものである」[3]と述べていることと、どこかで繋がるような気がしている。

風景構成法についてとくにあらたまった解釈をすることはほとんどないが、あとで描かれた絵を見ながら、面接では気づかなかったことに思い至ることも多く、中井久夫の「風景構成法は患者をおとしめ、減点するためにあるのではない。しばしば意外な可能性を見だし、また慎重さを治療者が自戒するためにあるといってよいであろう[4]」ということばを、私はいつも心していたいと思う。

事例をこういう形でまとめて発表した経験がなく、初め、面接のなかで語られたことばを公けにすることに大きな躊躇を感じ、迷いもあった。しかし、子どもとの面接の場で「セラピスト自身がみずからのフェルトセンスに触れながら在ることの大切さ」を、自分自身のためにも、一度はことばにしておきたいと考えた。こうして、日ごろ面接で感じていることを振り返りことばにしたことは、私にとっては大きな意味があった。このような機会が与えられたことに深く感謝したい。これからも、子どもとの面接を通して、意味ある関わりとは何か考えていきたいと思う。いまは、もしこれを将来彼が読むことがあったとき、二年間のプロセスをともにした私という人間が、こんなことを感じ考えていたということを知り、できればそのときの彼に意味のあるものであって欲しいと願う。彼の順調な成長を心から願っている。

私の事例提供の申し出にたいし、快く承諾してくださったご家族に心から感謝いたします。

対談コメント——第2章について

皆藤章×川嵜克哲

■風景構成法へのコミット

皆藤　それじゃあ、まずこの事例全体の印象から始めて、それから風景構成法を中心に詳細に辿ってみましょうか。その作業のなかで、おのずと風景構成法の勘所がにじみ出てくるように思いますから。ただ、最初にぼくの姿勢を強調しておきたいと思います。

風景構成法を用いた事例報告を最近よく目にしますが、そこではクライエントの病理という軸で解釈していく姿勢が強いですよね。たとえば、クライエントの強迫神経症の特徴がこんなふうに出ていますねといった具合に。病理にもとづいて風景構成法を解釈していくというか。それってぼくははっきりいってつまらないと思う。風景構成法ってたしかに描き手の病理性を反映するところがあるけれど、それだけじゃない、むしろそこに留まっている限り風景構成法も事例も見えてこないと思うことが多い。

川嵜　それはまったく同感ですね。

皆藤　風景構成法に向き合うときには、描かれていくことそのもののなかにこちらがいかにコミットしていくか、あるいはクライエントとともにコミットしていくかというプロセス、そのプロセスを経てもたらされてきた作品を、今度は時系列を逆にしてその作業を辿っていくという姿勢をもちたいと思う。

川嵜　そう、コミットが一番大切なことですよね。皆藤さんが言うように診断的に病理を探っていくということで風景構成法を使うっていうのはつまんないとまでは言わないけど、半面だという気はします。一部だけっていうか。診断的な視点が治療に生きてたらもちろんいいけどね。つまり診断を通して、この子の大変さというのがほんとにセラピストの腑に落ちるとかいうのであればいいと思う。たとえば、作品のなかの川岸にたくさん石が並んでいたら強迫的だとかね。それがクライエントにコミットしていく「通路」になっているならばいいんだけど、そうではなくて、たんに静的な診断的になってたりしたら、それはたしかにつまらないと思う。そんなの、描いてもらわなくてもクライエントを見れば分かるもの。

　そういうステレオタイプな風景構成法の見方ということで言えば、たとえば「風景のなかで、自分はどこにいますか」という質問があるでしょ。ぼくはこの事例はとてもすばらしいな、と感激したけども、この事例でもセラピストはその質問を訊いてますよね。この質問も意味があるときがもちろんあるけれども、ステレオタイプになっちゃうと意味がない、むしろ害をなすのではないか。この質問は、皆藤さんが本に書いてるから、その悪影響もあるんではないかと思うんだけど（笑）。この事例のクライエントも最後の方では、「（風景のなかに自分は）いない」とか言ってますよね。

皆藤　それは「風景のなかの自己像」と名づけたものですが、そう言われれば、ほんまやね。

川嵜　ちょっとひっかかる質問だなぁって思っててね。このクライエントも自分がどこにいるかを答える前に「しいてあげれば」とか「そんならば」とか言ってますよね。もちろん、意味のある場合もあることはわかりますが。最後の方はセラピストも、風景全体がこの子なんだっていう感想をもちますよね。

皆藤　セラピストは風景構成法を使ってどれくらいになるのかな。ぼくの本を読んでから始めたのなら、あの質問は出てこないなあ。

川嵜　まあ、皆藤さんが面接のなかでそういう質問をするときは、もちろんマニュアル的に訊いているのではないわけですが。これ、へたにマニュアルとして、そういう質問とか、川はどっちからどっちへ流れているとか、季節はいつですか、とか訊くとまずいですよね。

■面接にたいするセラピストの基本姿勢

皆藤　そう、そのとおり。そのことと関連して、事例報告の具体に入る前に、セラピストの面接にたいする姿勢と、この事例に取り組む際の関連みたいなことを話してみたくなったので、ぼくが思うことを話してみようかな。それで川嵜さんがどう思うか。

川嵜　どうぞ、どうぞ。

皆藤　「はじめに」に述べられていることはほんとうにそうだなという感じがものすごくするんですよ。たとえば、「子どものなかに潜んでいる可能性や成長の力を信頼すること」は、これは何もこのセラピストの基本姿勢というよりも、いわゆる教科書によく出てくる表現でもあるし、そうそうというふうに思うけれども、では、その「可能性」ってこの事例のT君の場合にはいったいなんなのだろうということをすごく感じる。つまり、教科書的にいうのはたやすいことで、しかし実践するのは非常にむずかしい。

何が言いたいかというと、結局、面接の根本っていうのは、クライエントが物語を創出していくプロセスにセラピストがいかにコミットしていけるのかという、その辺りのことなんだろうなあということです。そういうことが最初に表現されているんだろうと思う。それで、そう思うと、「はじめに」に述べられているセラピストの姿勢は育んでいくというか、そういうふうな印象を非常に強く受ける。セラピストとクライエントが風景構成法をはさんで向かい合っている様子が浮かんでくるような感じ、そんな感じがすごくある。そして、そういうことと、この事例が虐待というそれとはまったく反対の歴史を生きてきたことを思うとき、セラピストの姿勢とこの事例がどう絡まっていくのか、非常に深い関心を抱きました。

それから、心理療法でもそうだけど、ぼくは、風景構成法の実践のなかではできる限り自分の心の動きに正直に対峙していくようにしている。それで、これはものすごく大事なことだと思っているんだけども、セラピストの意識性がクライエントにどれくらい入り込んでいくんだろうかって思うことがあるんです。

川嵜　意識性というのは？

皆藤　「心の動き」って簡単に書いてあるけど、それってなんだろうって思うんですよ。たとえば風景構成法作品をじっと見ているとそれだけで心の動きを超えちゃって、もう身体が反応してしまう。思わず涙が出てくるとか、「なんで……？」ってなことを気づいたら言っていたとか。T君なんか最初のころそんな感じでいるんじゃないかと思う。そういうふうなことをセラピストはどう考えているのかなあ、ぼくはそっちの方がすごく大事っていうか本質なんじゃないかなって、そんなふうに。

それから、「面接のなかで（セラピストが）風景構成法を行なう意味を深く考える機会を与えてくれた」っていう記述は、どういう意味がどういうふうに考えられたのか、というようなことを感じた。まあ、われわれの対談でその辺りがことばになっていくことが大事かなと思いますが。「はじめに」を読んで事例との関連で思ったのはそういうことです。

川嵜　さっき言われた心の動きに正直に沿っていくっていうのはおっしゃるとおりで、でもなかなかむずかしいことでしょ。思ったことを何でも言ったらいいっていう、そういうことではもちろんないわけで、自我、あるいは意識を超えたところから思わず出てくるような動きにたいする正直さですよね。

皆藤　セラピストが述べている「状況全体にたいすることばにはならないが、たしかに感じられる身体の感覚（フェルトセンス）に触れながら」っていうのは、まだ意識性の次元のことですよね。ただ、これはものすごく大事でこれすらできていない人が多い。論理性しかないっていうか。それは論外として、風景構成法って論理性を超えるフェルトセンスにたしかに触れているし、それってものすごく大事だと思うけれど、しかしなおそれを超えて訴えてくるものがあるっていう感じがする。T君の場合だったら、すさまじい虐待の歴史を生きてきているっていう意味では、身体感覚にたいする、ことばにたいする過敏さにはとてつもないものがあって、そういうものが風景構成法に反映されるとしたら、意識性を超えて込められている表現があるような感じがするんですね。まだあんまりよく分かんないけど。

■風景構成法①

川嵜　いまの発言に触発されて言うんですが、初回の風景構成法①でクライエントは家を描きますよね。で、火事っていうか火がつくでしょ。それで、セラピストもものすごく大変だとこの子の状況と照らして思うわけです。コミットして。そしたら横から青い水みたいのが出てきてセラピストがほっとした途端に、「毒ガスでした」とばっと言われる。

皆藤　そうそう。

川嵜　セラピストも書いてますけど、翻弄される感じっていうのか、こういう動きは、クライエントやセラピストの自我レベルをちょっと超えちゃっている感じがするんだけど、いまの皆藤さんの話と繋がりますかね。

皆藤　あっ、完全に繋がる。これすごいおもしろかったのは、この子が「六階建て、火事なの」って言うでしょう。するとセラピストが「何時ごろかなあ」って言う。これすっごいずれてる感じがするでしょう。でもぼくは、ものすごいずれているんだけどもいいなあと思うんですよ。ストレートに火事っていうテーマにコミットさせないセラピストに安心感を抱く。この辺りをたとえばセラピストの言う「フェルトセンス」ならどんなふうに体験するのか知りたいなあという感じですね。

川嵜　なるほど。

皆藤　で、「家は全焼して、家からダイヤモンドが出てきた」ってところ、この辺りのセラピストのコミットについては川嵜さんにぜひ訊きたいんだけど、ぼくはダイヤが生まれるためには家が全焼しなくちゃいけないみたいなことを最初思いました。つまりぼくは「燃える」方にコミットする。けれどもセラピストは、「この家はいったいどうなっちゃうんだろう」と「家を守る」方にコミットする。すると水がかかってセラピストはほっとする。しかしすかさず「何処からともなく現われた毒ガスでした。爆発するでしょう！」とクライエント。このやりとりを読んでいると、どうしてセラピストは「家を守る」方にコミットしたんだろう、どうして「燃える」方にコミットしなかったんだろうって思うんですよ。

川嵜　ほうほう、おもしろい。いきなりラディカルですね（笑）。

皆藤　そんなセラピストに応えて、クライエントは一見「家を守る」ように水をかける。大丈夫だよって応えてくれるけれども、最後は毒ガスで爆発するよっていう反応ですよね。やっぱり爆発させたい、家は燃えなくちゃ駄目だ、そっちの方をこの子は表現したい。つまりそっちの方へのセラピストのコミットが欲しい。

川嵜　家が燃えるっていうのはもちろん大変なことでしょう。でもそれをどこかで、たぶん、このクライエントはやり切らないといけないとも言えるわけです。無意識的なプロセスの方を考えたらそう言えるかもしれない。で、家を大事にするとか、家はどうなるんだろうっていうのは、とっても優しい見方だけど、それは自我的だということですね。自我的な「守り」はもちろんとても大切なんだけど……。

皆藤　そういう意味で、さきほども言いましたが、火事のテーマにコミットさせないセラピストに安心感を抱いたわけです。しかしぼくだったら、家が赤々と燃えている。ああ家が火事なんだ、この子は「家」というものが全部燃えてしまわないとダイヤを見つけることのできない子なんだと、辛いけれども、ほんとうにそういう世界を体験してしまいます。

川嵜　そうですね。

皆藤　で、ずうっと黙って見てて、「何時ごろかなあ」っていうのはすっごいずれてる。

川嵜　そうそう。でもまあ、ずれざるを得ないのも分かるくらいに、このクライエントの世界がそれだけ大変なわけですよね。だから、火事になった家は大丈夫だろうかとか、水が出てきたらほっとするというのは、とても普通のまっとうな感覚だとも思う。でも、おもしろいのは、クライエント自身が、そういう感覚はずれてるっていうこと言うわけでしょう。つまり水がかかってセラピストがほっとしたら、そんな甘くないよと、クライエントが「毒ガス」ということばで示してくれる。

皆藤　そのとおりやね。

川嵜　だから意識レベルではずれてるんだけども、すでに始まっている治療プロセスからみれば、意味のあることが生じている。セラピストからみると、この動きは揺るがせられたり、試されてるように映るわけですが。でも、こういう揺るがせられる体験を味わうことは大事ですよね。文字通り火事を味わっている感じやね、そういう形で。これは、クライエントの体験してきたことを追体験しているとも言える。

皆藤　さっきの視点でみると、この子が自分の物語を創っていくプロセスでとくに「家」っていうことに反応した感じでしょ。自分の物語を創っていくプロセスにセラピストはどうコミットしていくのか、っていうことのやりとりに「生・死」のテーマが出てるっていうか。

川嵜　こういうむずかしいというか、大変な人とお会いしたらだいたいこういうことが起こりますよね。つまりどうしてもぼくらは意識レベルでコミットしようとする。いまので言えば火事をなんとか収めたいとか、水が出てきたらいいなと考えたり。それが悪いというのではなく、人情としてそうなりますよね。桃もそうでしょう。桃が流れてきて、セラピストは桃太郎のイメージを浮かべてちょっとほっとしたりするでしょ。ほっとっていうか嬉しくなるというか。

皆藤　うん、少し嬉しくなる。

川嵜　ぼくも可能性をこの桃にみた思いがして嬉しくなった。でも、この桃は腐って沈んでしまいました、となるわけです。桃は腐るし、火事の家は爆発するし、ものすごい大変な状況です。だからそういう意味でセラピストのレベルを超えることが起こってるわけですよね、これ。でも、そういうところをくぐり抜けて、これね、最後には川に蓋がされてコップになるでしょ。

犬が人を殺したりとかすさまじい話をしたあとで、絵の真ん中に星のような光が現われる。それから、クライエントが「何かおいしそうになってきた」と言って、「お茶漬けのふりかけ」って、山がお茶碗になって川がコップになる。ここで蓋がされて容器ができたと思うわけ。ぼくは、この蓋によって桃がここで止まって流されずにすむなと思った。どんぶり、お茶碗、コップ、そういった容器が現われてくる。それに呼応して、火事であった火はコンロの火になるわけでしょ。これはものを変容させる炎ですよね。

皆藤　なるほど。

川嵜　皆藤さんが言われた、火事をやりきるっていうのはこういうことかなと思った。

皆藤　えっと、多分セラピストはその辺りをかなりの程度意識してというか、覚悟してやったような感じがします。それほどこの風景構成法①は印象深い。最初にこの川、「漢字の川じゃ駄目」と言ったセラピストは、子どもの反応を窺って「ガードをはずそうかどうしようかという迷いと、同時に〈それを受けとめる覚悟がある?〉と迫られるような感じを受ける」体験をする。ぼくこれをぱっと読んだとき、セラピストはこの子の世界を受けとめていこうとするんだろうか、どうだろうかとふと思った。そして「絵がいいなあ」と応じる。受けとめる覚悟を語ったわけです。ここはものすごい迫真のやりとりが展開されてるなと思う。逆に言えば、この子はものすごい鋭い子で、表現するっていうことにたいして、それがどういうことなのかよく分かってるんだなと思う。風景構成法が何かっていうか、自分の世界を表現することがどういうことなのかをすごく分かってる。だから、覚悟はいいかとセラピストに訊いているような感じ[1]がすごくしますね。

川嵜　同感ですね。河合隼雄先生が書いておられたけど、クライエントに箱庭やってもらうときに十階から飛び降りてもいいよっていうつもりで箱庭に誘う、と。それをちょっと思い出しましたね。

皆藤　セラピストが風景構成法の勘所をさらっとうまく捉えていると思ったのは、セラピストがこの子にサインペンを渡すところです。この子は「サインペンか」と応じるけれど、拒否はしないですよね。で、セラピストは負担なのかなと思う。ぼくはここがすごいと思う。このさらりとした表現にセラピストの力量が見事に伝わってくる。川嵜さんの表現を借りると、飛び降りる気持ちに近いと思う。ぼくなりの言い方をすると、書き替えられない歴史をこの子に背負わすことに繋がる、この意味ではこの子が味わってきた虐待の体験にすごく繋がる。表現させるっていうのはそういうことなんだ。その辺りをすごく分かっているセラピストじゃないか、そんな感じがします。

川嵜　そうですね。それで、そのサインペンを持ってこの子は「漢字の川じゃだめ?」と言うわけです。漢字の「川」という字に関して言えば、分裂病の破瓜型の人でそういうの描く人いますよね。「川描いて下さい」っていうと川って漢字で書いて、山っていうと山って漢字で書く。これは分裂病の方の必死の「守り」だと思う。記号って、骨だけみたいなもんで、その人の生々しいものからとても遠いから。この子も最初ちょっとそういうふうに記号化しようかとためらったんじゃないかな。表現するってことは、ものすごいことで、とっても怖いから。実際、表現すると、こういうすごい生々しい世界が広がるわけですからね。これセラピストの方がそういう覚悟とかセンスがなければ、このクライエントは「川」という字を書いたかもしれない。そういった描画をへたするとぼくらは、「構成放棄」だとか「破瓜型」のパターンだとか言うわけだけど……。

皆藤　でそれはあの……。

川嵜　そう、それはつまらない。別の言い方をすれば、セラピストの方のコミットが薄いから、そのような描画しか出てこなかったとも言えるわけですね。

皆藤　この辺りね、セラピストの面接全般にたいする姿勢なんだと思うんだけど、育んでいくっていうことだろうと思う。それをテーマとして「事例の概要」を読めば、大きくは「家族とは何か」ってことだろうとすごく思った。

母親自身も結婚当初から夫に暴力を受けていて、T君は生後二カ月ころから暴力を受けていた。この子はもう何かどつかれるために生まれてきたようなもので、たまらない。それで、家族のなかにすごく長い暴力の歴史があることがセラピストに語られるわけだけど、ぼくはそうまでして続いてきたこの家族って何だろうって、強く思う。

T君は生まれてきた。途方もない長い暴力の歴史を生きてきた。このT君と、「はじめに」のところで述べられているセラピストの姿勢とはものすごく好対照でしょう。なぜ二人は出会ったのか分からないけど、異質なものが出会ったという印象が強い。だからこそ、何かが起こる予感がする。

いま思ったけど、これはセラピストにとっても異質なんだろうか。きっとセラピストは意識的にはそう感じてはいなかったんじゃないのかなあと。だからこそ、お互いに、とてつもなく辛い、ものすごく辛い出会いだったろうと感じる。意識化していくことになるわけだから。ともかく、異質なものの接触で何かが起こる予感がすごくする。

そして、この家族の転機、T君が五年生のときに「お父さんと別れて欲しい」とT君みずから言うんですよね。

川嵜　そうそう、これすごいな。

皆藤　うんこれはものすごいなって思った。この辺りは、この子がこの家族の可能性の核かなあと思わせる。

川嵜　そうやね、可能性の中心。

皆藤　この強さはセラピストとの出会いにも窺えると思う。さっきの表現ということに戻ると、風景構成法での表現というのは、自分自身の歴史やテーマを異質なものつまりセラピストとの出会いと体験を通して展開されていくものだから、T君のこの強さがセラピストとの出会いをもたらしたとも言えると思う。この意味ではセラピストはT君にとってすごく新しいタイプの人間ですよね。ああ、もう確実にこの子の物語の創出が始まっている。ぼくはそんなふうに思った。

それからもうちょっと言ってしまうと、T君が母親の実家に移ってから身体症状を訴えたり、PTSDと診断されたりという記載があるけど、この事例や風景構成法作品をPTSDの典型だなどといった理解はT君にとって失礼だと思うし、そんなんやなくて、ぼくはごく自然に身体の変調が起こったというふうに捉えている。それは、ほかならぬT君がこの家族の可能性だと思っているから。この家族は病んでますよね。その病をT君が引き受けていると言ってもいい。だから、PTSDをいかに治すかという議論とは違う脈絡でぼくはこの事例にコミットしています。T君を含めて家族がいかに家族を再構成していくのかというテーマに沿ってコミットしています。それで、風景構成法に戻ると、「ぼく（T君）はそのことをこんなふうに思っているけど、あんた（セラピスト）はどないやねん」っていうふうに訴えてみたのが、風景構成法①だという感じがぼくにはしますね。

川嵜　PTSDという言い方をすれば、たしかにこういう診断が一般的にはつくし、それも大事なことなんだとは思いますが、これが原因だと言い切ってしまうと、何かこの子の生きる意味みたいなことが出にくくなるような感じがぼくもしますね。

皆藤　だから、PTSDも、よくそこからいかに癒していくのか、ヒーリング系の話って多いんですけど、ちょっとぼくの肌には合いませんね。ぼくの考えている心理療法は、原点に復帰させることを目指していくことではありませんから。

川嵜　そう思いますね。この子二回目に、「大人はむかつく」と言うでしょ。この子が受けてきた虐待、つまり生育歴から考えても大人というものにたいする不信感とか怒りとか恨みとかあるのはまったく当然だと思うんですけど、そういった因果律的な平面を超えてというのかな、そもそものような父‐息子関係を布置させている何か、これはある種のイニシエーションと言ってもいいと思うんですが、そういうものを巡るものが動いている印象もあるわけです。

風景構成法⑤で、試練というテーマがでてきますよね。通常、イニシエーションというのは試練を通して大人になっていくわけです。そのときに、厳格な父なる存在がとても重要になるわけです、ほんとうはプリミティヴな部族なんかではいまでも成人式というイニシエーションが生きているわけですが、そこには威厳をもった長老がかならずいる。この事例のクライエントの場合、父親から、いうたらものすごい試練受けているわけでしょ、生まれた始めから。でもそれはイニシエーションに繋がっていかない。それは何でなんだろう。何かが欠けてるんだろうか、と思うんです。

この子のお父さんはこの長老の「陰画」みたいな感じがする。暴力性だけはあるんだけども、何かが足りない。だからこの子もそれをイニシエーションとして体験することができない。これは、この父親にしても、父となるイニシエーションが機能していないことから来ているのではないかという気もしますね。そういうふうに考えると、桃から、桃太郎‐ウルトラマンというヒーローが生まれて、それに対応してウルトラの父や、オヤジ像がだんだんと出てくるのは、この子だけではなく、この子の父親もイニシエートされていってるんではないかと思った。

皆藤　同感だけど、セラピストの姿勢によるところがすごく大きかっただろうなって思う。

川嵜　そりゃ、まったくそうですね、セラピストとの関係性が入ってくることで、そういう可能性が動き出す。ちょっと話が行きつ戻りつしますけど、風景構成法①の川のなかに桃が出てきたのは、セラピストにすれば嬉しかっただろうと思いますね。

皆藤　ぼくは二重性を思った。可能性が出てきたっていうこともあるし、一方で腫瘍かなあと。腫瘍って可能性と逆のイメージやね。これまで出てきた傷みたいな、ぽあんと出てきたっていう、両面を思ってあんまり嬉しくはならんかった。
川嵜　ははあ、おもしろいですね。ぼくは、腫瘍というイメージは思いつかなかったけど、この桃が、ちゃんと誰かに受け取ってもらって桃太郎になっていくんだろうかって心配してた。この子も「どんぶらこっこっ」って桃太郎のイメージを垣間見せますよね。だから、よけいにそう思ったんだけども、桃とか桃太郎とかってエロス的な雰囲気がしません？　エロスって何か、たとえばこの世と言ってもいいと思うけど、何かとの繋がりでしょう。それはすごくこの子に欠落していたものですよね。
皆藤　なるほど。そう言われると、二重性というのは表裏一体と言い換えた方がいいですね。同じところにコミットしていると思うから。つまり暴力性とエロスは表裏一体ですから。腫瘍というのはこの子が受けてきた暴力性を感受したイメージであって、桃太郎はこの子の可能性を感受したイメージでしょう。それらはいずれも「繋がり」という意味ではエロスだと言えます。
川嵜　そうですね、その意味では、桃が現われたからといって単純に喜べるものだけではないでしょうけど。
さっきちょっと言いましたけど、セラピストを翻弄するようなことをこの子がたくさん言いますよね。犬の下に棒を四本描いて「さあ何でしょう」とかね。こういうのって、禅の公案そのものですよね。セラピストが「マッチみたいに見えるよ」と言うと「バラバラ死体だ」と喝を入れられたり。そういうのをくぐり抜けて、最後に、川や山がコップとかお茶碗になるでしょ。あそこら辺りは皆藤さん何か思われました？
皆藤　ぼくね、真ん中に星のようなものがあって、これを「光」と表現したここで、T君のなかで物語生成の方向性が反転したと思った。「光」の出現を境にしてコップやお茶碗が登場してくるでしょう。川嵜さんの言うとおり雰囲気が変わってるんですよ。
これね（「光」の表現）、一番最初は、画用紙が破れて向こうから光がぷあっと来たっていうイメージを抱いたんですよ。

川嵜　ウルトラマンはそこから出てくるんですよね。

皆藤　ああ、うん、そんな感じがすごくあって、だから彼がこれまでバラバラ死体だよとか表現したり家が燃えるというふうに展開していった世界が、画用紙の向こう側でもいいし、第三の何かでもいいけど、そういう方向から光が当たることによって別の見え方がしてくるっていう、そういうプロセスがどうも起こってきたのかなあって思いました。この子はいつもそうだと思うけど、描きつつ語りつつでしょ、これもすごいと思う。それによって、過去の物語でもいいけど自分の歴史を表現し、そして「光」がもたらされる。「光」が生成される。そして物語が展開していって、お茶漬けのふりかけになって、コップになっていくっていうふうに、ぐっと変わったっていう、そんな感じやね。

川嵜　なるほど。ところで自動販売機が道のそばに置かれて描かれていますが、ちょっともの哀しいみたいな感じがぼくにはしてて。ちょっと深読みかもしれんけど、この子にとってやっぱり世界というものはとても大変なわけですよね。小さいころから、まったく理不尽な暴力に曝されていて。まったく「守り」がないわけでね。自動販売機って、コインを入れるとそれに対応してジュースとかがかならずちゃんと出てくるわけでしょ、ガチャンって。この子にとって、たしかな世界というのはこういう自動販売機っていう形でしか描けないのかなって、すごく哀しいけど、そんなイメージしましたね。

皆藤　なるほど。

川嵜　何か言えばちゃんと答えてくれる、それが自動販売機っていうのは哀しいんだけども。この子の世界は、冷たいジュースを買おうと思って、コイン入れたら、まったく理由も分からず、ものすごく熱い飲み物が出てくるようなものだったわけでしょう。

皆藤　何かそれって、たとえば風景構成法って風景として自分の世界を表現するという意味ではどうしても自然的な雰囲気がなじみますが、自動販売機っていうのはそれをもっとも乱す人工的なもの、しかしそこにしか唯一の手応えを得られない、そういう哀しみ……。

川嵜　うん、ちょっとそんなイメージをもちましたね。

皆藤　なるほど。ぼくは、そのことから風景構成法の山のことを強く感じたんですけど、どういうことかというと、この子は最初に面接室でため息をついたりジュース缶を握り潰したりしますよね、これもすごい自動販売機と連想で繋がる。そのT君は、ぼくにはすごく噴火っていうか噴出するっていうか、そういうマグマのようなものを抱えてやってきた子どもとも感じられて、そのマグマを受けとめるのがセラピストの「器」というふうに繋がっていく感じがあって。で、当のセラピストは、まず第一印象で「敏感に返してくる子どもという印象を受ける」。これはすごく大切な受け取りだろうと思うんですよ。だからこそT君が家族の可能性であり、T君の家族が病んでいてその病いをT君が引き受けているんじゃないかって思う。つまりT君の哀しみにセラピストがコミットしたというふうに思う。だからセラピストは、T君のマグマからもたらされる姿に過剰に反応せずに話を聴ける。そしてT君は、セラピストのそんな姿勢に敏感に反応してくる。この辺りはセラピストとT君との一発勝負の出会いの迫力が伝わってきますね。

　それはそうと、「父親からの暴力やいままでの経過を吐き出すように語った」T君に、「夜は眠れてるの？」って尋ねるセラピストはすごくうまいなって思った。うまいなっていうのは、父親からの暴力とかいままでの経過っていうのはいわゆるもう暴力の歴史で、T君にとってはマグマであって、それは噴出、噴火に繋がるわけでしょ。そういう歴史をわーっと語って、夜は眠れてるのって訊くわけだ。つまり、ぼくにはこれは「休火山なの？」「休火山で生きておれるときはあるの？」というようなことを尋ねていると思える。で、「ほとんど眠れない」とT君。ああ、これは本当に大変やなあと、だんだんとそんなふうな感じでコミットが深まっていく。

　長くなったけど、だからここ読んだときに風景構成法の山ってどんなふうに描くんだろうって思ったんですよ。ぶあって噴火してても全然おかしくないし、どんなんだろうって。ぼくは、川の次の山ってすごくどきどきしてみてるから、描かれた山がちょっと休火山的でいいなって思った。ずいぶんとほっとした。
つまり何かこう、炎の方はいずれこっち（山）でやるんだろうけど、最初にT君がもってきたテーマは水が奔放に流れていくという方で、それが最後にはコップという形で受けとめられた、と。
川嵜　おもしろいですね。個々のアイテムを描くときにセラピストがそういうふうにコミットしていくというのはとても大切ですよね。
皆藤　で、ちょっと進むけど、花のところで「ポケモンのラフレシア」。ラフレシアがどんなんかぼくは知らんけど、T君は「この辺りで〈むずかしいなあ〉とため息をつく」でしょう。ぼくはこれはすごい大事な語りだったなって思う。で、セラピストはこれにどう反応したかな。
川嵜　どうでしょうね。
皆藤　やめとこか、とか言っていないっていうのはすごくいいなって。つまり、自分の世界っていうか自分自身の世界を表現することのむずかしさ、ここをぐっとセラピストがこらえるので、次にほんまの表現が出てくるっていう感じがする。次の生き物では「牙を剝き出しにした犬」ですよね。やっぱり攻撃的ですよね。だから、この辺りの展開というのは、ほんのちょっとセラピストに抱える器がなかったらというか、コミットがずれていたら起こらなかったことだと思う。だって、攻撃性というか、そういうものを表現するっていうのはこの子にとってはものすごいむずかしいことやと思うんですよ。さっきのマグマのこととも関連するけれど、この子はとても過敏に攻撃性に共振してしまう、いわばお願いだからお利口さんにしてるから殺さないでという世界体験を経ているわけでしょ。だからこの辺りの展開がすごく、ぼくにも、ぐっぐっときて、そうして、「石」のアイテムで「これはダイヤモンド」。この子そのもの、セルフが出てきたといってもいいと思う。まだ原石だけどと言ってるようだ。しかしすさまじい世界。
川嵜　ほんま、そうですね。

皆藤　ぼく、ほとんど経験はないんですけど、これくらいの虐待を受けてきた子どもが心理療法にやって来て、これだけの表現を一回目にしていくっていうのはすごいことじゃないかと思う。
川嵜　そう、すごい。
皆藤　そうそう、ないんじゃないかなあ。
川嵜　虐待を受けた体験のある大人の方なんかも、そういう小さいころの虐待のことを淡々と語る人が多いですよね。淡々としててそこに情緒がこもらない。相当に時間が経ってからだんだんと怒りが出てくる。そのときの怒りは、まさしく火山が爆発するような怒りですが。そういう意味では、初回からこんだけ表現しているというのは、すごいですね。この子の力でもあるし、セラピストとの関係でもあるんでしょうけど。
皆藤　これね（風景構成法①の川を指して）、この素描で三本の線がここにあるのよ。
川嵜　サインペンで。
皆藤　うん。だから川を描きながらすごい葛藤したんやないかな。その結果、表現されたのがこれやということかな。
川嵜　あー、なるほど。
皆藤　そういう可能性もあるね。
川嵜　二回目なんかどうですか。
皆藤　二回目のときにクレヨンと画用紙をぱっと渡すでしょう。その前に、T君は「激しく喋り続ける」わけです。だから、そのタイミングも含めて、これはものすごく大きな行為だったと思う。つまり一回目に、風景構成法で体験した表現への信頼がセラピストにはすごくあったんじゃないか。この子は表現できる子だっていう、そういう感覚があったんだろうなって思う。「〈死ね！〉と書いて〈すっきりした〉と」言って遊びになる。この辺りもうまいなあ。

川嵜　うまいね。

皆藤　それで三回目でしょう。「表情が柔らかくなり，肩の力が抜けた感じがある」と。これ川嵜さんに訊きたいんだけど，ぼくはこの子とセラピストの波長が合ってきてるっていう感じがするんです。だから，「いまの状態を知りたいと思い，風景構成法に誘う」っていうのはちょっと不思議な気がする。川嵜さんやったらどうですか，いまの状態知りたいと思う？

川嵜　うーん，風景構成法をやる間隔ってむつかしいですよね。たしかに，ぼくならあんまりこういうペースではやらないかなっていう気もしますけどね。いまの状態に関していえば，セラピストもほんとのところもう分かってるだろうっていう感じもするし。

皆藤　そう，もう分かってるよね。

■風景構成法②

川嵜　この作品（風景構成法②）はどうですか。

皆藤　落ち着いたけど，月と雲が……。（月を指して），「ここは天空界，天国かな」って。

川嵜　印象としては，静的になったなと感じますね。あえて教科書的な言い方で言うと，風景構成法①が「構成放棄」してるような作品とすれば，この風景構成法②は構成されてきて，とりあえず風景としてまとまってきている。

皆藤　ちょっとあの，何て言うか，予感的にはこんなんでは終わらないっていうのははっきりしていて，この意味では「お互い安心と土台を確認できたように思う」というセラピストの受け取りはこの作品の価値と一致すると思う。ここを土台にして始まるという感じかな。

何かセラピストとの完結点，転回点がもたらした作品だっていう思いがある。セラピストとの関係性の展開ということ。ただし、それはぼくの言い方でいうと、セラピストとの関係性はこのように展開しても、まだこの子はそこを通して世界に生きているわけであって、この子が世界とこのような関係性を築いたということとは違う。その辺りのところはまだ充分に進んでいないと思う。

川嵜　一番変化しやすいのは、セラピストとの関係で、現実の世界との関係の変化は時間がかかりますからね。ところで、この川は、此岸なしの川ですね。こういう川は、こちら側の岸が見えてないわけでしょ。それは、つまり、こちら側の岸はとりあえずおいといて、向こう側の岸が静的だけど一応ちょっと整えられたような状態になってるんかなって思ったんですけど。

皆藤　それに関連して、ぼくは「此岸なしの川」に注目してるんです。この子は「家のなかでファミコンしている」っていうふうに語るんだけども、此岸なしっていう風景が実際に見えるためには、ここ（此岸の側）、この辺りにいて彼岸を向いていないと見えないよね、だからこれ（描かれている世界）はこの世ではなくてあの世、彼岸を描いているわけです。だからいったん風景は死んだ、あるいは極楽浄土になったというふうに言えると思います。この発想は、建築学の「人間生活環境工学」という領域を専門にしている京都大学の岡崎甚幸先生と柳沢和彦先生の箱庭療法学会での発表[2]に触発されたものだけど。

川嵜　ほーほー。

皆藤　もっとも安心していられる家、しかもそのなかで守りもあるし、そういう世界を此岸にいながら描いた。そしたら今度はここ（此岸）とここ（彼岸）をどう渡っていくか。どう渡って極楽浄土に行くのかっていう、そういうテーマになるんかなあ。

川嵜　それに関連すると思うんだけど、風景構成法③で、川が立って、世界が左右に割れるというのは、やはり尋常ではない大変な状態なんだろうなと感じるんです。でも、この風景構成法②では、それが上下に割れていて、此岸、つまりこちら側がみえていない。だから、風景構成法③で川が縦になって世界が左右に割れるのは大変なんだけど、それでも両方の世界が見えているわけね。二つの世界をともかく、絵として「置く」ことができてるわけ。

皆藤　まったくそのとおりやね。川が風景構成法③で上下にぱっと流れる。ぼくは最近、これをこういうふうにして（作品を縦にする）、そしてここ（川の手前）から橋を渡って向こうへ行くというテーマとして見ている。まずこっち（縦にした作品）ができた。ただし、表現としてはこうなっていて（正位置の作品）、上下に川がざあっと流れてしまう。けれど、内的には、（作品を縦にして）こっち（川の手前）とこっち（川の向こう）をこう（橋で）繋いでいるっていうか。つまり、此岸と彼岸はこの世とあの世なんや。実際そういう絵が日本の浄土教絵画のなかにあるんだってことを、さっき話した岡崎甚幸先生と柳沢和彦先生に教えてもらったんです。代表的なものが「二河白道図《にがびゃくどうず》」です。細い橋を渡って極楽へ行くという表現。そういうことから、ぼくは最近、川が中央から垂直に流れ落ちる作品の場合は、こういうふうな（作品を縦にした）構図で見ようとしている。

風景構成法②に戻って、この風景は転移関係がもたらした落ち着きと言うこともできる。しかし、イメージ的に言えば、此岸つまりこの世から極楽を見ていると言える。だからこそ太陽じゃなくて月なんだろうって感じる。

こういう脈絡で見たら、風景構成法①は此岸なしの道なんや。うん、だからこれはきついやろうと思う。きついっていうのは、あのこういう道が見えるためにはこっち（此岸）にいなくちゃいけないっていうか、だからすさまじい暴力を受けていたりとか、そういう歴史を背負っているときっていうのは、どこかで解離が起こってこっち（此岸）にいなかったらもう生きてはこれなかったんだろうっていう感じがするなあ。ここまで生きてきたから、ようやく自動販売機で物を買ってさっとまた戻ってという動きが出てきた、そんな感じがするね、イメージとしては。

川嵜　月とか皆藤さんがいま言ってたこと聞いてなるほどって思ったけど、実際この子も月とか指して天空界とか天国とか言ってますよね。狐とかもちょっとそんな雰囲気感するね。飼育小屋から脱走してきて。初回の、歯をむき出している犬なんかともと比べても、狐ってあの世的な感じするね。

皆藤　狐ってどこか宗教性と繋がる。

川嵜　それはすごくありますよね。人間を化かすっていうか、要するに人間より知恵をもった存在ですよね。

皆藤　だからそれを解き放ったとも言えるんだろう。すごくうがって言うと、こんなこと思ってもみなかったけど、たとえばその、この家族ってなんだろうっていうふうに思うとき、イニシエーションのテーマが作品に表現されている。この家族にもし欠けているものがあったとしたら、それはこの家族の宗教性なんじゃないかって思う。

川嵜　うん、そう思いますね。

皆藤　でそれは狐に表現、象徴されている。

川嵜　さっきの言い方で言えば、長老っていうか父性をもった人が試練を与えるわけでしょ。それがイニシエーションの機能を果たすためには、宗教性がないとたんなる暴力になってしまうわけです。

こういう家庭って、増えてますよね、暴力とか虐待が支配する家庭。そこに宗教性が欠けているっていうことはすごく大きいと思います。宗教性があるということは、言い換えると、ぼくらの存在というものが基本的には「他力」によって支えられているということがよく分かっているということです。大いなるものに生かされている、ということ。そのことを背景にしたうえでの「父性」でなければ意味をなさない。でも現在のように科学的な世の中では、ものごとを対象化してマニピュレート（操作）しようとすることに比重がかかってくる。

自分の子どもだって、そんなに思いどおりになるわけないし、なったらほんとはおかしいわけです。そんな簡単に操作できない。でも、科学的に考えたら操作できるはずで、しかしそうならないから、すごくイライラしてくる。その結果としての虐待というのも多いのではないか。宗教性から切れると因果的に操作しようとする方向性が出てくる。
皆藤　ああ。ほんとそうだなあ。だから、虐待っていうテーマも家族が生きるという枠組みで考えていったときに、宗教性がそれを解くっていうか、それを考えるひとつの重要な価値観になると思う。宗教性とまで言わなくとも家族観と言ってもいいけど、家族の人生観っていうか。要するに、この家の親父は殴るだけしかできないのか、でもそれは親父じゃないよ。
川嵜　ぼくらを含めて、普通に生きている人たちの奥底にも「暴力」はあるわけです。根源的な「暴力」と言った方がいいでしょうけど、そういう暴力を踏まえて「日常」があるわけだけど、普通はそういうのは隠されてるわけです。そういう状態を「ノーマル」と言う。このクライエントの家は、そこを踏み抜けちゃっている。宗教性がないという言い方をすれば、ないからぱっと開かれてしまって、根源的な領域にはまり込んでしまっている。あるいは、別の言い方をすれば、守りなく宗教性の領域に直面しすぎてしまっている。
皆藤　暴力とそれから宗教性っていうのはすごい大きなテーマだね。
川嵜　うんうん。風景構成法③で、その暴力というかね、木を切る木こりみたいなのが出てきますね。

■第四回〜第六回

皆藤　えっと、この第四〜第六回辺りで、こんなことはどう思いましたか。T君が「まあ、よく先公が使う手さ」と言うところです。ぼくは、ちょっとこの子はイニシエートされつつあるんじゃないかっていうか、このことばの使い方っていうのはちょっと大人になってきているんじゃないかっていうか、そんなふうに感じるんだけど。
それから六回目の終わりくらいのところで、「二人で大笑いする」とか「夜中に起きることがなくなり、安定剤をまったく飲まなくても大丈夫になった」という記載があるけど、この辺りでぼくがふと思ったのは、T君の自分史やさまざまな歴史が自身の物語として収まりがついてきたのかなあということだった。

しかしそんなにスムースに収まりがつくはずがないやん。それはこれまで語ってきたように、宗教性というテーマほど深いものはないとも言えるわけだから。だからむしろこうした変化は、セラピストとの関係性のなかで処理されてきた転移性のものなんだろうなと思ったわけです。

風景構成法で言うと、風景構成法②が一番近い。そうすると風景構成法にこれから先展開されていく世界というのはより次元の深いテーマの表現ではないか。転移性のものを超えないかん、転移性で収まっている、そんな関係性で収まりをつけたようなところを超えて、ここからイニシエーションが始まるという気がします。そういうテーマが以降の作品に表現されていくのではないか。だから、セラピストは七回目に風景構成法に誘ってますが、ぼくなら次に誘うときってものすごく覚悟します。ここの記載はさらっとしていますが、セラピストは渾身の力を込めて誘ったんちゃうかってぼくは思ったね。この辺りどうですか。

川嵜　そうですね、転移性治癒っていってもいいと思うんですが、これですっとこう終わっていくとはもちろん思えないですよね。

それから、ちょっと細かいけど、「こん棒にも筆のあやまり」とか「蛇の道は駅」とかは、おもしろいね。これはクライエントの力でもあるだろうし、また、クリエイティヴィティでもあると思う。初回に火事の家にたいして、セラピストが水かと思ってたら「毒ガスでした」とかの振り回しにも関連してるとも思うけど、振り回しが、ここではとてもプレイフル、遊びになってる。

そういう無意味なことばの組み合わせで笑えるっていうのは意味深いなあと思う。この子は理不尽な暴力を受けてきたがゆえに、安定した世界をもちにくかった子ですよね。当然、この子にとって世界は秩序だった意味をもちにくいものになると思うんです。でも、ここでは、無秩序とか無意味なことを組み合わせて笑えるわけでしょ。ゆうたら、最初の絵の自動販売機に関連させて言うと、自動販売機ってコイン入れてボタン押したらかならず何か出てくるんだけども、この子の生きてる世界っていうのは、コイン入れても何も出てこなかったり、冷たいものを飲もうと思ったらものすごい熱いのがわっと出てきたりするわけでしょ。まったく秩序だっていない。ばらばらの対応なわけです。で、そういう本来合わない組み合わせを、こうやってセラピストとの間で洒落みたいな感じで楽しめるのはすごくいいなと思う。

皆藤　まったくそう思いますね。で、そのことがぼくはどうも、いろんな言い方でいいと思うんだけど、秩序を再構成させることでもあるし、そういうことを可能にする深い層にこの子の宗教観が現われてくるっていうことでもあると思う。本来秩序だった世界っていうのは宗教性を帯びにくくて合理性を帯びやすいんじゃないかな。だからたとえば、「こん棒にも筆のあやまり」とか言えるっていうのはすごいと思う。座禅の公案のようなことと繋がりがある、この子のなかにそういう世界が少しずつ動き出しているっていうそんな感じするね。

川嵜　「こん棒にも筆のあやまり」っていま改めてことばにするとおもしろいね。ちょっと暴力性が入ってますよね、こん棒って。

■風景構成法③

皆藤　ほんまやね。で、風景構成法③に戻ると……。

川嵜　すごいですね、さっきも言いましたけど、川が立つんですよね。滝みたいに。

皆藤　この子の言い方によると、「水しぶきを立てておこうかな、ほとんど滝状態」とか言って、描いて、橋を描いて「橋がなくちゃ渡れないもんね」ということだけど、えっと、風景構成法①の川がもう一度テーマとしてやってきたという感じはしませんでした？

川嵜　あー、ぼくはそういう発想では捉えてなかったですね。言われたらそうなのかなあ。風景構成法①は川が、何かこの子のパースペクティブに収まっていない感じがあって。

皆藤　あー、はあはあ。
川嵜　風景構成法②は、さっき言った横の「此岸なしの川」でしょ。この時点では、まだ世界は二分されていない。風景構成法③では、それが縦になって世界が二分化します。二つに分かれる。皆藤さんがさっき言ってた秩序の再構成ということで言えば、「二」というのは秩序の原初的形態ですよね。世界が秩序化する際の根源的な分節の始まり。それがちょっとできだしたんかなって思いましたけど。
皆藤　なるほどね。
川嵜　皆藤さんが言われてるのはどんな感じですか。風景構成法①のテーマっていうのは。
皆藤　ひとつには漢字の川のやりとりで始まった風景構成法からの連想で、この子の場合、川っていう第一項目が大きい意味をもっているんだなっていうのが第一の発想の源にあって、それから、通常風景構成法のなかで動きをもたせることができるアイテムは人と生き物なんですよね。川は流れてるって言えば流れてるけれども、どういうのかな、いったん描いたらここしかないっていうかな。ところがこの子は、川がこうあって家が燃えて横から水が出てくるとか、流れてそれから蓋かな、それからコップになるとか、川そのものも動く。だから、この子にとって川のもつ意味っていうのは自分の世界がふたたび変わって、再構成されていくために不可欠なものという感じがするんですよ。川が動かなければ世界は再構成されないと言った方がいいかな。そういう意味で川がうわーっと立って、もう一度その試みを始めたのかなって思った。風景構成法①に表現されたコップの蓋と、風景構成法③でのこれ（橋）が何か似てる感じあって。
川嵜　ああ、それは、おもしろい視点ですね。
皆藤　そういうことと、さっき川嵜さんが言われた、秩序の原初的形態ができだしたっていうのは繋がると思う。
川嵜　繋がりますね。

皆藤　ここで、「木こりさん、木を傷つけている」って言うの、いいなあって思う。何かクリエイティヴな形で暴力性がね、変容してるね。

川嵜　このときですね、「痛い」と言って泣いている木にたいして、木こりが「生活かかってんだから許してくれ」とせりふを言う。

皆藤　これは宮澤賢治の『なめとこ山の熊』を連想しますね。

川嵜　生活のために殺すというのは、さきにも少し話題になってたけど、この世で生きる、その底には暴力があるっていうことですよね。

皆藤　そうそう、そういうこと。まったくそう思いますね。だからそういうふうに思うとこの子はすごく分かってるっていうか、生きるために食べる……。

川嵜　クライエントは、この木こりに「お父さん」イメージを重ねますね。もちろん、自分のお父さんという意味ではないですが。ここでは、お父さんである木こりが木の死を踏まえて生活していく哀しさが表現されている。干し柿もそんな感じやね、生きた柿の実を吊るして殺すことで文化的な食物に変容させる。ここにも「死」が入ってきている……。

皆藤　何かこの作品にはそういう意味でイニシエーション、生と死のテーマがすごく出てきてますよね。しかもそれが生きるとか食べ物とか、クリエイティヴなこの世の秩序的な感じで出てきている。

川嵜　死を通してこの世に入る、と。漬け物もそんな感じしたね。漬物石という重し、暴力によって食物が変容していく。風景構成法①に頭の上に石を載せている人いるでしょう。漬物石って、これの変化形という印象がしましたね。罰としての重しが食物を創造するきっかけに変わってくる。そういう暴力性とか重荷を背負うとかいうことが変容というかクリエイティヴな方向に徐々に動いていく可能性をみる思いがする。

皆藤　それで最後に頂上に光をもった人がいて、「これがぼく」って。こういう世界は本当にイニシエーションだと思う。これは風景構成法①の「光」に繋がる、つまり手にしたわけだ。「プロメテウスの火」を思いませんでした？

川嵜　あー、そういう意味じゃね……。

皆藤　月の世界（風景構成法②）、そして風景構成法③が光の世界。

川嵜　なるほど、プロメテウスの火ということで言えば、風景構成法①で家が火事でしょ。それが、この風景構成法③では、子どもが火で芋を焼いている。これなんか、完全にプロメテウスの火やね。火によって、文化的なもの（つまりこの世）が出てきている。

皆藤　ということはさ、やっぱり、この子はすっごい犠牲をみずからに課したんやね。天上の火をプロメテウスが盗んだ、それでどうなったんだっけ？

川嵜　「父なる神」ゼウスの怒りをかって、山に鎖で繋がれてはげ鷹に肝臓を生きながら喰われるの。喰われたらすぐ肝臓は再生するので永遠の責め苦を受けることになる。この事例のクライエントにちょっと重なるよね。

皆藤　重なるね。なんかすごい世界やね。

川嵜　これね、山頂に人がいるでしょう。クライエントはこれが自分だと言うのだけど、これセラピストが「自分はどこにいるの？」って訊いたから出てきた答えですよね。この辺りはどうですか？　ぼくは風景構成法とか箱庭で「あなたはどこにいますかって」あんまり訊かないので。

皆藤　そう言われればなるほどと思ったんだけど、風景構成法①・②で訊いているのとはちょっと意味が違うなあっていう感じがあります。あるいは、風景構成法②のときには「家の中」って応じる、このときの問いがこの子のなかにすごく生きたと感じます。だから川嵜さんがさっき言ってた、ぼくの悪影響でまあ、マニュアル的に訊いていることが意味をもったという感じがちょっとします。風景構成法③は、だからセラピストのコミットっていう感じでこの子に入ったんやないかな。「考えてなかった」とこの子は言う。たぶん、はっとしたと思う。

で、「いいこと思いついた！」って。こうみると、今回の質問はセラピストがすごくコミットしていると思った。だから、なるほどこういうときにこういうふうに訊くんだなあと感じましたが、どうですか。
川嵜　なるほど、たしかに流れとしてあまり違和感ないんですけどもね。でも、こういう質問はへたすると怖いよね。描画全部が「自分」とも言えるわけで、へたに「自分はどこ？　どれ？」とか訊くことで、クライエントが表現している次元をすごく歪めてしまうこともあると思いますね。流れ次第でしょうけれど、あんまりマニュアル的には訊かない方がいいと思う。
皆藤　うん、そうでしょうね。この質問はぼくのオリジナルなんだけど、ぼくが訊くときっていうのは、うまく言えないけど、独特の空気の延長があるのよ、空間に。そういうふうにならないと、訊かない。
川嵜　タイミングでしょうね。というか、何かに動かされて「訊かされる」という方が正確か……。
皆藤　そうね、独特やね。で、ぱっと応えてくれて、ここっていうふうに言われたときに、そこであなた何してるって重ねるときも間合いがものすごく大事やね。この質問は、きっとたんなるinquiryじゃないと思うよ。
川嵜　そうですね。
皆藤　この風景構成法③で、最後に記載されている「私はT君が描いていくのを見ながら、父親が自分を……」という内容ですけど、これはほんとうにセラピストの強いコミットが語られているっていうか、何かわれわれがずっと議論してきたことを総括する語りっていう感じがするね。
川嵜　うん、セラピストのなかにクライエントにたいする「畏敬の念」が湧いてくるというのもよく分かりますね。こういう感覚はさきほどから言っている「宗教性」に繋がるものでしょうね。

■風景構成法④

皆藤　第八回から第十回のことはさっと書かれてあるけど、ぼくはすごく大事なやりとりというか波長合わせというか、セラピストとの関係のなかで展開されてきた世界がさらに広い世界へ拡充していこうとするそういう動きがみられるような感じがするなあ。手応えを感じる。これはどう思われましたか。

川嵜　いちばん印象深いのは、風景構成法④の川が、風景構成法①の川の発展形に思えることです。風景構成法①で、桃が描かれたときに、この子自身のイニシエーションというのかな、桃太郎になっていくべき桃がちゃんと拾われたらいいなあと思ってたんです。拾う人がいなければ、桃は流産してしまうから。

　風景構成法①で、川に蓋がされて、コップになったでしょう。この風景構成法④ではそれが池となって蓋がされている。ここで桃は止まって拾われたんだなと思ったの。この池は癒しの池ですよね、クライエント自身が物語ってるけど。そういう池に桃が抱えられて、そこからウルトラマンが出てきた感触がある。ウルトラマンというヒーローが桃から生まれた。

皆藤　うーん、なるほど。

川嵜　この風景構成法④は、風景構成法①の発展形っていう感じがすごくしますね。たとえば、怪獣に踏まれている人がいるでしょ。「SOS」って言ってて。これ、風景構成法①に描かれている石を頭に載せている人物のバリエーションっていう感じがするな。罰として重荷として頭に載せていた石がパーソニフィケート（人間化）されて、生き生きとした怪獣となっている。イメージが活性化してきて、この子にとっての重荷が生き生きしたものとなって、それに呼応してと言っていいと思うけど、怪獣と戦えるヒーローも動きだしてくる。

　ただ、ウルトラマンはまだ弱い。だから、死んでは生き、死んでは生きという「死と再生」を繰り返す。ここに、ウルトラの父というポジティヴな父親像がちらりと出てきているのは大切だと思いました。

皆藤　ぼくも同じイメージですね。やっぱり風景構成法の第一項目の川っていうのはこの子にとってほんとに大切だと思う。川は滝じゃなくて池として止まったわけで、しかもそれが癒しの池になっている。この子の力を感じる。こういう川を描けたことが、「道しるべ」や「水車小屋」のような生活に有機的に関連する描画へと反応していったという感じがする。で、ウルトラマンのことでも、川嵜さんの言われたとおりの意味を思いましたね、紙を破ってやってくるという。

川嵜　ああ、そうね。

皆藤　風景構成法①の「光」、風景構成法③・④の「光を持った人」ってみてくると、自分自身のイメージの変容みたいなのがあるのかな。

川嵜　うん、そうでしょうね。ここでも自分はどこにいるのっていったら、ウルトラマンに変身する人って言ってますね。

皆藤　あ、ほんま、ああ。

川嵜　水車もおもしろいですね。水車って、水を別の形のエネルギーに変換していくものですもんね。風景構成法①で家が燃えてて、そこに、最初は水かなって思ったものが出てくる。でも、それは水ではなくて、毒ガスやとかこの子は言う。でも、この風景構成法④とか見たら、この子もほんとは水が欲しかったんかなっていう気もするね。風景構成法①で毒ガスと言ってたものに、水の可能性も含まれていて、でもそんなんちゃうんやってクライエントはこのとき否定せざるを得なかった。でもほんとは水としての可能性もあったのかもしれない。その可能性が今回展開されてきている。風景構成法①では火と対になっていた家ですが、風景構成法④では家と水が対になってますよね。しかも水車によって、家が水を活用できるようになっている。

皆藤　なるほど。

川嵜　だから、風景構成法①のときに、家にかかるものを「水」とみなしたセラピストは否定されるんだけど、それは可能性を先取りしていたのかもしれないなと。

皆藤　あ、おもしろいね。ぼくはほとんど一緒だけど若干違って、風景構成法①での川のやりとりにはっきりしているように、この子にとっての川はこれまで話してきたようなことですね。つまり、家が燃えてるときに、セラピストが燃える方じゃなくて家にコミットすると水がぱっと出てきた。
この子にとっての水がどれくらい大切かは川嵜さんが言ったとおりで、この子もすごく感じてるけれども、でもここでも毒ガスというふうになってしまう。つまり燃えてる方にコミットしてくれへんかったら水も出てこないだろうっていうようなメッセージを最初は伝えたかったんだろうってぼくは思う。それから、川の表現からセラピストが水にコミットしていくプロセスに共鳴するように、家族の再構成とかイニシエーションへのコミットがセラピストに起こる。そして水が動き始めて、で、水車が回って。そういう感じを受けました。

川嵜　同感ですね。このクライエントにとって炎とか火ってすごいですよね。もちろん、暴力に曝されてきたことも関係しているでしょう。水って火と対照的なものですけども、そういう意味で言えば、少し先取りしますけど、風景構成法⑤で火山が出てきて、それが風景構成法⑦では温泉が現われるのは意味深い。温泉っていうのは火と水の融合体ですから。
風景構成法④に戻りますけど、ここではいろんな可能性が出始めているんだけど、たとえば、ウルトラマンがまだ弱かったり、家も水車によって水を活用していそうな家もあるけど、一方で木の上にあってぐらぐらしている家も描かれているわけで、とてもアンヴィヴァレントな感じがする。まだ過渡期というような印象で。

皆藤　ここでセラピストは「T君のなかでこうしたことが繰り返し起きているのだと実感する。弱さを実感することが強さに繋がって欲しいと思う」と語っている。たしかにウルトラマンは弱い。で、弱さを実感することから強さに繋がって欲しいというのはものすごいコミットだなあと、ぼくこれ感心したよ。これほとんどの人ができひんことや。そう思うと、このことは彼に宿命づけられているんかなあ。だから、たしかにセラピストが書いているようにT君自身の「自分を守る力」っていうか、何かが生まれているっていうのは、風景構成法でみれば、風景構成法③から風景構成法④、世界を拡充するように豊かに川が動き始めますよね。豊かに水車が回り、不思議な癒しの池が描かれるし、風景構成法③の木こりに表現される、生きるために殺すようなイメージからさらに生きるという方向にシフトするような、そういう動きが起こっていて、ちょうどそのころに現実の父親と会うことが始まっている。内界と外界がものすごくうまいこと波長を合わせているって感じがしますね。で、ここからII期に入るんですね。

川嵜　「弱さを実感することから……」というのは、皆藤さんのことばで言えば「燃えている」家の方にコミットすることですよね。

皆藤　両親はよく離婚せえへんなあ。

川嵜　うーん。

皆藤　やっぱりT君すごいことやってるんだっていう感じしますけど。

川嵜　この子のこういうがんばりを通して、お父さんが、あるいはこの家全体がと言った方が正確だろうけど、イニシエートされつつある感じがする。

■風景構成法⑤

皆藤　風景構成法⑤ですけど、ぼく最初にぱっと思ったのは川を迷わず描くっていうことです。この子の表現の特徴のひとつだった川が、こういう一般的な川の表現になってきたっていうことから、風景構成法で表現される世界はそろそろ終わりを告げつつあるのかなと思った。けれど、山が噴火している。やあ、いよいよかと思う。これからだなあっていう感じがする。山の噴火を表現できたっていうことはすごく大事やったと思う。で、黙々と描いてるでしょう。雰囲気的に、それまで描いてる感じと違うように思う。

川嵜　そうですね、何か違う雰囲気しますね。

皆藤　そうそう。だから風景構成法がひとつの終わりにきて、表現が風景の構成じゃなくって、たとえば風景構成法⑤で言うと人間がすごくたくさん出てきて吹き出しがたくさんあって、もう風景構成法がこっちのものになってるっていうか、風景を構成するとかそういうことよりも……。

川嵜　「構成」じゃなくて、「投影」の方が活性化しているというのかな。個々の項目が構成的に繋がるよりも、それぞれが物語的に展開している感じ。

皆藤　ぼくがセラピストだったら風景構成法じゃなくて他の技法に誘おうかなっていう思いと、いやまだっていう思いがちょうど交錯するようなところかな。

川嵜　そうですね。風景構成法というよりは、自由画みたいな雰囲気ですよね。ぼくの印象なんですけど、風景構成法④で死と再生みたいな感じがあったでしょ。癒しの池が描かれて、ウルトラマンも死んではまた生まれ変わる。で、風景構成法⑤は、何かむしろ死に近い感じがちょっとするんです。死の方に重心が少し傾斜しているような。たとえば山が噴火するでしょ。それから道が彩色段階で川と一緒になって青くなったり。

皆藤　あー、ほんとやね。

川嵜　「道」を意識、「川」を無意識に対応させていうならば、意識から無意識の方へ動いていっているというのかな。

皆藤　うん。

川嵜　日常から非日常へと言い換えてもいい。

皆藤　日常性からは離れていってるね。

川嵜　そう、で、そこは「試練」の場なわけです。ぼくは、この風景構成法⑤は、ターナーなんかが言っているイニシエーションにおける「コムニタス」をイメージしましたですね。[3] コムニタスとは、簡単に言うと、プリミティヴな社会での成人式などで若者が日常社会から引き離されて、森などの神聖な場所で集団で生活する際に作られる様式を言います。そこは日常の構造とはまったく違う場であり、まあ、日常的な秩序、序列というものがない、過度的な場です。イニシエーションの過程で必須である「試練」もこの「コムニタス」という場において行なわれるわけです。

　だから非常にしんどい時期やったんちゃうかなって思いますね。「試練」を意味あるイニシエーションとしてやり抜くには長老的な、厳格な父性が要るわけです。その原初的な形として、この絵では、恐怖の大王や噴火する火山という形で「父性」が表現されている感じがする。でも、これはぎりぎりの形で、クライエントはしんどいだろうなって思う。しかし、実際、このあとの作品で、だんだん「山」が親父像になっていったり、「石」にしめ縄が巻かれて宗教的な色合いを帯びる山が現われてくる（風景構成法⑥）。現実のお父さんとの接触とかも入ってるんだろうけど、だからすごくしんどい、ほんとうに試練のときですよね。「父」を造りあげていく試練、という意味でです。

皆藤　なんか、あまりこじつけたくはないけども、そういうふうに思うと、これまでの風景構成法作品ではほとんどテーマとして前面に登場しなかった山がここで噴火したっていうのは、やっぱり現実には父親と出会い始めたっていうこととリンクするね。

川嵜　そう、リンクやね。どちらかがどちらかの原因になってるというよりは、リンクしてるということやね。

皆藤　そうそう、リンクです。

川嵜　この子が受けてきた実際の暴力というものは、イニシエーションの機能を果たすようなものではありえなかった。でも、この子はちょっと強くなってきてヒーローが生まれてきつつある。それでも、イニシエーションになるかならないか、まだ分からない。かつかつみたいなところです。それは宗教性をもった「父性」が現われてくるかどうかで決まるんだと思う。だから、この絵の「試練」にはすごくポジティヴな芽もあるんだけれども、へたすると何かわぁっと、死のコンステレーションの方向に行ってしまう危険性もあるんじゃないかと感じました。そんななかでものすごくおもしろいのは一個だけ仲間はずれがある、とこの子が言いますね。

皆藤　花咲か爺さんか。

川嵜　うん。死のコンステレーションっていう言い方するなら、それをちょっと破るものとして花咲か爺さんが現われてきている。「花咲か爺さん」というイメージ自体が、死んでた花がまた咲くという生きる方向を含んでいるんだけど。恐怖の大王が降ってくるなかでものすごく怖いわけでしょう。そんなかでそのコンステレーションが変わる可能性がこういう形で置かれてるんだという感じがして。

皆藤　すごく納得ですね、ぼくもそう思います。この花咲か爺さんの話を通して、この子が「このごろ不眠症なんだ」と語ったり、セラピストに「T君の苦しい胸のうちを実感する」体験が起こったり、この辺りのコミットなんかすごくいいですよね。

川嵜　うん、いいですね。

皆藤　それから家に迷い込んできた猫の話してましたね。これね、ぼくは風景構成法のこの子の表現と同じことが起こったなあっていう感じがすごくする。

川嵜　そうそう、そう。

皆藤　たとえば、ウルトラマンが光、壁を破ってやって来るところとかもそうだし、次元の違うところからもたらされるっていうのかな。「光」からやって来た猫とも言えると思う。

川嵜　そうそう、まったく同感ですね。死のコンステレーションのなかで、異質な「花咲か爺さん」が現われるのとも同じ形ですよね。おもしろいのは、「Sマンが悩みの力、クソ力を失うと駄目なんだ」と、この子が言うわけでしょ。悩みと直面するというか、それがパワーになるわけやね。この子にとって、悩みとか夜の世界とか恐怖の大王とかと、ちょっと接触する力が出てきたからこそ、よけいにしんどい時期かなっていう感じがしましたね。

皆藤　あの、死のコンステレーションのことだけど、表現としては、太陽があったりとか人間が吹き出しをたくさん作っていろいろやってたりとか、死の側が近くなってきている感じはあんまりないけど、聞いててすごく思ったのは、風景構成法①で家が燃えるでしょう。ぼくはここにすごくコミットしたんだけど、そのときに水がぱっと来るという、これまで議論してたことがありますね。いわゆる炎と水っていうテーマ。今度はそれが火山の噴火っていうことで炎のテーマが起こったと言える。しかし、水がもうどうにもならないというか、収まっているわけですね。だからこのままだと火山が噴火したまま世界が滅んでしまう。別の言い方をすると、風景構成法①は家だからパーソナルな世界、家族っていうのかな、パーソナルな世界が燃える。そこには水の動きは起こるけれど、そのとき地殻変動みたいな動きが起こったらもうどうにもならない。おそらく現実とのリンクがあると思うけど、風景構成法⑤でこの子は自分にとってどうにもしようのない世界にほんとに向き合わねばならなくなったと言うこともできる。それはもうお父さんと出会っているし、そういう意味での死のコンステレーションだと思う。動かない、どうにもならないところを収めていく作業っていうのかな。

川嵜　なるほど。そういう意味では、道が消えちゃうっていうのも分かるね。水になっちゃうっていう。道と川っていう対比にならないわけでしょ、道のほうがわあっとこう、川に同化してしまう。

皆藤　こういうときっていうのは川嵜さんやったらどうですか、どんなふうに思うてました？　勝負どころやねえ……。すごい大切なところやねえ……。

川嵜　すごく大変だなあと思いながら、迷い込んできた猫とか花咲か爺さんとかに賭けてるんじゃないですかね。大変だけど、そういうもので表わされているこの子の力を信頼して待っている。

皆藤　うん、ぼくも何をどう言おうかなんてことは全然思わないで、この子の力に賭けてやっていこうと思う。そして、そのころに父親と旅行に行くんですよね。そして大喧嘩になる。この辺りはT君自身にとっても家族というテーマからみてもすごく危険な瀬戸際のように感じる。そんなときに、「まともに言えるのはしむらさんだけだ」ってこの子は言う。セラピストとの関係性にもう一回帰ってきたってこと、これはすごいなあ。

川嵜　すごいねえ。

皆藤　すごいっていうか、なんて言ったらいいか……。

■セラピストのコミット

川嵜　いや、分かります。だから初回からのセラピストとの関係性のことが、深まって起こってる。この子が大声で怒鳴ったあとに、「すいませんねえ、しむらさん」って言う。このときに、セラピストは「いいのよ」と受けますね。これは、初回の「川」の字を絵にして描いてもらってもいいわよ、って言うのと同じことですよね。セラピストのコミットですよね。

皆藤　ここでぼくが思ったのは、そのあとに続く「私は仕事なんだから」という語りですよね。

川嵜　この言い方おもしろいね。

皆藤　ぼくはこれはすごいなと思ったわ。ぼくはちょっとできんコミットやね。

川嵜　いや、コミットはするんだけど、こういう表現にはならないということでしょう?

皆藤　ぼくはね、こういうことばで傷つくクライエントもかなりいると思う。

川嵜　そう、それが怖いから、ぼくもこういう言い方はできない。

皆藤　この子の場合はとてもうまく噛み合った。この辺りは、ええと、木こりの世界なんかとすごく繋がるじゃないですか。「商売だからね」ってなこと言ってるわけでしょ。すごいイニシエーションが起こってるというか、セラピストとの間で少しずつ少しずつイニシエートされていくプロセスが起こっていると思う。言い方を変えたら、この子のこれからやろうとすることはヒューマニズムではどうにもならない世界の作業なんだということをことばで確認し合っているという感じもしたなあ。

川嵜　もし間違ってたら、セラピストにとても失礼なんですけども、セラピストは意識してないよね、このことば、きっと。意識してないけど、底のほうで起こっているのは皆藤さんが言われたようなことなんやろね。でも、一歩間違うと怖いっていうのもあって、「仕事」とか「商売」っていうのはすごく冷たい関係として響くでしょう。

皆藤　こういうのは通常クライエントがセラピストに聞くことだろうな。「あんたは仕事でやってるのかあ」ってクライエントがセラピストに怒鳴るみたいなこと。

川嵜　そうそう。だから志村さんもぱっと出たことばやと思うけどね。でもそれが非常にこうツボにはまってる。

皆藤　この子はさ、自分の状況とか面接状況をほのかに醸し出している、つまりこの子自身が面接を動かしている感じしませんか。

川嵜　それはもう絶対そうでしょうね。

皆藤　だから面接そのものがイニシエートされてるって思います。

川嵜　これはもう絶対そうで、いい事例というのはみんなそんな感じしますけどね。初回から、クライエントの「さあ、なんでしょう!」という問いにセラピストが「マッチみたい」と答えると、この子はバラバラ死体を描き上げる。これなんか、禅僧の公案ですよね。で、セラピストは喝を喰らう。これ自体がイニシエーションですよね。お前は俺についてくるのか、みたいな。

■風景構成法⑥

皆藤　で、風景構成法⑥ですが。

川嵜　これまた感激しますね。

皆藤　湖が先に描かれて、そこから流れる川を描くというのが印象深い。

川嵜　そうそう。

皆藤　前の作品（風景構成法⑤）で収まっていた川がもう一度展開される。この川のテーマっていうのは、風景構成法④のテーマと繋がるし、流れ落ちるという点では風景構成法③とも繋がるし、全体的には風景構成法①とも繋がる。何かね、もしぼくやったら、こんなふうに描かれたらやられたあっていう感じが、クライエントよくぞやったなあっていう感じがする。

川嵜　うんうん。

皆藤　山も印象深い。山が人の顔になるんですね。すごいね。

川嵜　桃に注目するとね、風景構成法④で桃が止まってヒーローとかウルトラマンとか生まれてきたイメージがあるわけです。で、ヒーローの誕生は、父親のイニシエーションとも並行しているっていう話をしてましたが、ここで川の流れが逆転するでしょう。湖から川が流れ出す。この湖は川の始源ですよね。ちょうど風景構成法④と逆で。風景構成法④では川の流れが池で止まって、そこで桃がキープされてヒーローが現われてきた。同時にウルトラの父も出てくる。この風景構成法⑥では、湖から川が流れ出すんだけど、その湖に親父像が置かれる。この子にとっての父親が始源に出てきた、それがちょっとまだ偽者くさいとこあるんだけどね。だんだん父親像がこういう形で生まれて、そこから流れが始まり出してるんだなという印象がしましたけど。まだちょっと偽者くさいんだけど、宗教的な背景をともなった父親像。

皆藤　ぼくいま聞いてて、ほんとそうだなあと思ったのは、エナンティオドロミア（逆流）が起こってるんやなあって。

川嵜　ああ、はいはい、ええことば使うなぁ（笑）。

皆藤　それから、湖から川が流れ出していく。湖はこんこんと湧き出ていなければならないという意味では、この子のなかにすごく大きな、水車のような表層的というか現実的な捉え方じゃなくって、すごく深いところにこの子の水脈ができてそこからエナンティオドロミアが起こる。だから、ちょっとパワーが出てきたっていうふうにも言える。この辺りでたしか、お父さんを電話で怒鳴りつけたりしている。すごいことやね。

川嵜　そうそうそう。この子が強くなったっていう言い方もできるし、お父さんをイニシエートし始めているという言い方もできる。クライエントは父親の孤独みたいなものちょっと分かっているわけやね、ひとりでいるのは寂しいだろうって。それからこの親父像にダイヤモンドがあるんですよね。入れ歯がダイヤなんだ。

皆藤　ダイヤね、ダイヤ。

川嵜　そうそう。だから最初に皆藤さん言われたように家が火事で燃える。そこにコミットしていって、やり抜くことで初めてダイヤが現われてくる。で、それは親父像というものが造られていくことと深く関連していることが分かりますよね。

皆藤　なんかこの子の語りっていうのは、なんて言うのかな、さっきの川嵜さんの話ではお父さんのイニシエーションというか、お父さんをイニシエートしてるということを言ってたけど、家族全体という感じもするんですよね。この子が「親がぼくを取りっこしてる」「やれやれ大人ってやつは」というとおりで、この子を通して家族がイニシエートしようとしていると思うんです。

川嵜　完全にそう思いますね。だから、「ぼくはお父さんとお母さんの接着剤にはならないぞ」ってお父さんに電話で怒鳴るわけです。

皆藤　あー、そうだ。

川嵜　子どもを介在させて、父親と母親が関係をともかくも保っているっていうのは本当の夫婦っていうか、夫婦の課題をやってないとも言えるわけでしょ。子どもを使って逃げてるっていうかね。この子はそれを拒否するわけやね。そんなんじゃなくて、お前らもっと夫婦っていうものをもう一度、根元から考えろっていう。それが「大人はむかつく！」という切ない叫びの意味ではないか。

皆藤　うんうん。

川嵜　そういう意味で両親がものすごい課題を突きつけられているわけですよ。この子はそういう役目もしてきたんでしょうね。その形が、哀しいかな、暴力を受けるという形なんですが。それでかろうじて家族が保たれてきて。

皆藤　うん、そう、そうですね。

川嵜　そのようなことがら全体が変わらざるを得ない時期に来ていたのではないでしょうか。

皆藤　で、いまふと思ったんだけど、彼が小学五年生のときにお父さんと別れて欲しいってお母さんに訴えたということ、これがすべてのスタートだったんですね。それを思うと、いまこの子がお前ら夫婦ちゃんと考えろって言ってるのは、ほんとに立派ですね。

虐待のテーマで心理療法が始まって展開されていく世界っていうのは、もちろんそのことを中心とするわけだけれども、その子を含む家族、それからセラピストもおそらくはそこに入っているんじゃないかなと思うけれども、それらの全体のイニシエーション、そういう形で進んでいくんじゃないかな。それをコンステレートしているっていうのは、いったいなんやろね。

川嵜　なんやろね。

皆藤　ぼくは、ここまでずっと議論してきた、暴力性と宗教性じゃないかと思う。とくに宗教性かな。これは、人間が生きるうえで必要なものはなんだろうっていうところに繋がる。供犠なんかそうでしょ。

川嵜　供犠という意味じゃ、風景構成法①にも描かれてましたけど、身体をばらばらにされるというのはよくシャーマンとかイニシエーションに出てくるイメージですよね。ばらばらにされて、供犠として殺される。

皆藤　自分を差し出すっていうのは最高の供犠でしょ。ところがこの子は父親の暴力を受けていたので、ある意味では自分の意思とは関わりなく差し出されていたわけですよね。そして、そこには宗教性がない。この子は、現代の家族に必要な宗教性のコンステレーションを生きていたのかもしれない。

川嵜　しめ縄もそういう意味で繋がりますね。この縄は運動会で使ってた縄だとのことで、つまり、両側から引っ張られていたものが宗教的なものへと変容する。

皆藤　そういう流れで言えば、親父像も……。像、像っていう形をとるのも宗教性に繋がると思った。そういう世界をこの子、風景構成法⑥の吹き出しで表現してるよね。「人間も楽しそうだな」とか「ちょっと神さまー。聞いてます？」とか。

川嵜　そうね、神様出てきてますね。

皆藤　出てきてる。太陽の神様も出てる。そういうものを今度は自分のなかに、家族のなかにいかに収めていくのか。あるいは、川嵜さんの言い方するといかにイニシエートされていくのか、そういうテーマが次に出てくる。

■風景構成法⑦

川嵜　次にいきますか。

皆藤　風景構成法⑦。さっきの川嵜さんの話に出てきましたけど、噴火じゃなくって温泉という形で炎と水が融合した世界。これ不思議ですね、「石の上に二個のダイヤ」とか。

川嵜　そうですね。一個盗まれてるわけね。もともと三個あって、それが一個盗まれて二個が残ってる。

皆藤　どういうことやろ。

川嵜　あとに出てくる石神様は三つの石のなかに潜んでいる。この三つの石っていうのはダイヤのことなんだろうなと思ったんだけど。

皆藤　そんなふうに思えるね。盗もうとした天罰がくだるから、石に選ばれた人以外は。

川嵜　そう。でも三のうちのひとつが欠けてるってことですよね。

皆藤　風景構成法⑥の親父像の石っていうのはほんとに印象深いんだけど、その横のしめ縄の石、それから石神様、そして風景構成法⑦のダイヤモンドは究極の石といえば石ですよね。それから、風景構成法①でもダイヤモンドが表現されている。この子にとって石のもつ意味ってものすごく深いなあって思う。「石に選ばれた人以外にはね……」って、これどう思われます？

川嵜　うーん。

皆藤　さっきの話ですが、ダイヤがひとつないっていうことと、どうもぼくは離婚みたいな事態を繋げようとしてしまった。

川嵜　たしかに、何かが欠けて、なくなるわけですからね。

皆藤　あんまりちょっとこじつけてるなあという感じもする。

川嵜　いや、こじつけとは思わないけど。「三つ組みのもののひとつが欠ける」という何かこのクライエントの根底にコンステレートされたパターンのひとつの現われとして離婚ということが現象しそうになっているというふうにみたらいいんとちゃいますかね。

皆藤　少なくとももうここまできたら虐待っていうのは、実際上の問題にはなっていない。

川嵜　うん、そうやろね。この子もずいぶん強くなっている。

皆藤　で、ぼく、「石に選ばれた人」っていうのがこの子のように思えて……。

川嵜　思うんですけど、この世に生きるっていうのは、何かを欠落させて生きるていかざるを得ないとも言えるわけでしょ。そういう意味で生きるということは、その根底に哀しみを伴わざるを得ない。たとえば作品に出てきたように、木こりの人が木を切るとかもそうですね、「生活かかってんだから許してくれ」と。あるいは、殺すとか盗まれるとか、そういうことが生きることの根底にほんとうはあるんだろうなと思ったんですけど。

皆藤　なるほど。

川嵜　あ、これ、お聞きしたかったんだけど、この風景構成法⑦の山はどう思われますか、連山になってますよね。連山になって、境界ができたような。つまり、山の向こうが異界という感じがするんですけど。

皆藤　ああ、そうそう、まったくそう思う。

川嵜　こういう山って初めて出てきたんですよね。

皆藤　ほんまやね。

川嵜　なんとなく、なくなったひとつのダイヤは向こうにあるんかなぁとも思った。こっち側（山の手前の領域）は「この世」っていう印象がする。そういう意味では風景構成法②の裏バージョンという感じ。

皆藤　あ、なるほどね。ぼくはなんか、ほんとに分からないけれど、石に選ばれた人以外には天罰がくだるってのは、この子が到達したひとつの境地かなって、そんなふうに思いますね。

川嵜　この子自身が選ばれた子とも言えるわけですからね。罰と石っていえば、風景構成法①の石を頭の上に乗せてる人がいましたね。

皆藤　ああ、そうやね。ほんまやね。そういう意味では、風景構成法①では石を頭に乗せた人は罪を償う意味をもっている。だからひとつないっていうのは、その風景構成法①の人を捧げたっていう感じがしますね。

川嵜　ああ、なるほどね。贖罪としての供犠やね。何かをあの世に送ることで、哀しくもぼくらはこの世で生きていく。

■風景構成法⑧

皆藤　それじゃあ、最後の作品ですが、まず「いきなり丸く川を描く」T君にセラピストは驚いている。

川嵜　おもしろいね、驚くよね。

皆藤　そして、驚くセラピストにT君は「はい」っとポーズしてみせる。そろそろ終結かなっていう感じがします。セラピストを喰ってしまう力っていうか、セラピストをはるかに超えてるっていう感じがします。こういうところは、ぼくは、クライエントのすごさというか、たとえばなんらかの主訴をもってやって来たクライエントが治っていくとか回復していくというようなことじゃなくって、セラピストを喰っていってくれるって思う。だからテーマとしてはイニシエーション、セラピストからするとセラピストを超えていってくれるというようなところがすごくいいなあと思いましたね。

川嵜　ぼくも、やっぱりこれでひとつの完成というか、ひと山越えたんかなと感じましたね。このことばはあまり使いたくないし、実際あんまり使わないんけど、それでもやっぱりマンダラ的という感じがしますよね、この風景構成法⑧は。

皆藤　するする。おもしろいのはね、マンダラって動いてるでしょ、動いてるっていうか、心の動きの一瞬を捉えたものでしょ。

川嵜　そうそう、本来はマンダラって動的な「運動」ですよね。

皆藤　そこからすると、飛び去るSマンっていうのはすごくおもしろいと思う。ここはここで収まっても、また次元の違う世界に行く。だから、ひとまず終わるけど、まだ続く、この子のなかでは続いていく。だからうまいこと描くなあと思いました。

川嵜　なるほど。でもマンダラってことばあまり使いたくないのは、皆藤さんも言ってたけど、こういう絵柄が出てきたらマンダラ、マンダラっていう人がいるからで、皆藤さんは以前、そういうのはマンダラバカと言うんだって、ひどいこと言ってたけど（笑）。関西弁でいうとマンダラじゃなくてアホンダラですね（笑）。

皆藤　そういう意味じゃ、風景構成法の八枚の作品のどれひとつとしてきれいに構成ができていないんですよ。ぼくが最近強調してることのひとつに、面接のプロセスが進展していくと次第に風景の構成がよくなっていくっていう一般論に囚われすぎると、それこそマンダラバカになるということがあります。さあ、マンダラが出てきたから心の統合ですねなんて、構成された風景が出てきたから心の統合ですねなんて、そういうことじゃないだろう。それを別の言い方で語ると、物語は人それぞれに終わり方があるっていうことですよ。この作品はだから、マンダラとして見えるけど、一般論じゃなくてこの子なりの物語の終わり方としてこういうマンダラ表現が出てきたんだというふうに思いますね。

川嵜　そうですね。この子が生きてきた世界っていうのはものすごく理不尽なことがいっぱい起こるわけでしょ。それはそう簡単に秩序のなかに収まるようなものではない。

箱庭なんかでもよく起こるわけですが、そういった秩序に収まらないものをどういうふうに統合して秩序化していくかというプロセスはよくみられますよね。たとえば、楽しげな食卓場面を箱庭で作って、でもそこになぜかおどろおどろしい鬼の人形を置きたくなる場合。この鬼なんかはそうそう楽しげな食卓という世界に収まらない何かなわけです。でも、クライエントって、そういう具合に自分の世界に収めがたい何かを抱えている人とも言えますよね。このような秩序からはみ出す異質なものを収めていく過程で、よく生じるのが、境界を作ってとりあえず、鬼などの異質なものを隔離しつつ置くというやり方です。たとえば、鬼を柵で囲ったり、あるいは離れ小島を作ってそこに鬼を住まわすとか。

マンダラって、シンメトリーに世界を四分割なりして、境界を作ってとりあえず異質なものをそのままそのなかに配置することができる装置という面があると思うんですね。風景構成法⑧は、その意味でマンダラ的で、この子が自分の収めにくい体験をこういう形で収めつつあるのかなと感じました。

皆藤　なるほど。

川嵜　しかも、中央少し上に山がありますよね。ぼくはこれが須弥山に見えたんだけども。つまり、世界の中心軸としての山です。これは、風景構成法⑥の親父像からの発展形ですよね。親父像が神的な山になって、それで秩序化の中心となる。これはもちろん、父親がイニシエートされてそのような変容が起こったとも言えるわけです。

皆藤　というふうに思うと、ひとつ前の作品（風景構成法⑦）ではじめて連山が描かれたことはいっそう印象深い。風景構成法⑦は、この世っていうか、この子がセラピストと取り組んできた側面のひとつを展開して見せたっていう感じがする。生活の層っていうのか。そして、最後の作品（風景構成法⑧）はこの子がセラピストと取り組んできた内的なテーマとより強く繫がる。

すごくこだわってるけど、風景構成法①の、漢字の川の、滝から始まった川が、この子にとっては風景構成法の最初の川っていうのがすごく印象深くて、ぼくはここ（風景構成法⑧）ではじめて川を自分のものにしたっていう感じがするんですね。

川嵜　そうですね。

皆藤　最後の辺りですが、現実的テーマとして、この子が受験や塾で忙しいということでキャンセルが入ったりして、だんだんと終結に向かっていきますよね。そこでお訊きしたいんだけど、この子がこれから取り組んでいく内的テーマとしてはどのようなことが考えられますか。

川嵜　内的なこの子のこれからの取り組み……。なんでしょうね、そういわれるとぱっと出てこないけど、皆藤さんは何か思われますか？

皆藤　そうだなあ。内的ではないけど、この家族が現在どうしているのか知りたいっていうのはあるなあ。

川嵜　別居されるんですよね。中学最後の一カ月はお父さんのもとから通って、高校へはお母さんのもとから通うことになった。その後は分からないですが。

皆藤　第二十九回〜第三十回の記載で分かるけど、この子は「一からやり直しにきたSマン」の漫画を描くんですが、ここでのセラピストのコミットが「T君はこれから先、どんな自分に出会うのだろう」となっている。とても適切なコミットだと思う。それから、Sマンの名前が取り上げられているということは、この子は向こうの世界にいてまだこちらに来ていないとも言えるかな。この辺りが、内的テーマとリンクする感じがする。いかにしてこちらの世界に降り立つのかというか。

川嵜　なるほど。

■全体を振り返って

皆藤　さて、風景構成法八枚、振り返ってひとつのこの子が生きてきた物語っていう感じがするね。

川嵜　こうやって話してみて思うけど、一連の風景構成法の流れがきれいというかよく分かりますね。

皆藤　この子の力とも言えるし、セラピストの力とも、両者の力。セラピストが「子どものなかに潜んでいる可能性」とさらりと書いている、この可能性をこの子のなかに本当に見出していったんだなということが、風景構成法の流れを振り返ってもすごく感じられる。この子はそんなセラピストに応えていったんだなあ。結果として、この子を含めて家族に家族としてのイニシエーションは体験されたんだろうか。

川嵜　ここで言ってるイニシエーションっていうのは結果的にどのような形になるかは分からないわけで、もしかすると両親が離婚という道を選ぶかもしれない。でも、それはそれで哀しくもいいわけです。

皆藤　セラピストが「おわりに」に書いてあるように、「子どもはことばに表わす以上に多くのことを感じ、周りの反応や状況を的確に捉えているということを知った。このことはいまも私のなかに生きていて、私が風景構成法に関わるときの原点になっている」というのは、まったくそうだろうと思いますね。同感ですね。意味深い出会いだったと思う。

えっと、もう終わるころになっていますが、われわれが議論してきた、コメントしてきたことというのは、風景構成法を通してのひとつのコミットであって、こういうふうに見なければならないということではまったくないということを最後に強調しておきたいと思います。

川嵜　志村さんがうまいことまとめてますよね。

皆藤　「各々のセラピストの、……」ということですよね。

川嵜　そうそう。最後に皆藤さん、何か感想はありますか。

皆藤　ぼくはこの事例に出会ってものすごくびっくりしたんだけれども、いまこうやってもう一度川嵜さんとやりとりをしてみると、「イニシエーション」という共通のタームが風景構成法にも言えると思った。つまり、風景構成法もこの事例によってイニシエートされていったというふうに言えるんじゃないかって。

川嵜　はあはあ、それはおもしろいですね。本来的にそういうことなんでしょうね。風景構成法っていうマニュアル化された技法が独立してぽこってあるわけじゃないですからね。風景構成法に限りませんが、こういうものは、一回一回、クライエントとの個別性のなかで創り出されてくるものですからね。実際、マニュアル的に風景の左側は「内界」で、右側は「外界」を示す、とかそんな話じゃないもんね。

皆藤　そういう話をすると事例そのものが歪んでしまうんじゃないかな。T君が展開した世界そのものがすごく操作的に歪められていくっていう感じがする。

川嵜　二人で話しててとてもおもしろかったんですけども、ぼくらがしてきた「読み」っていうのはいわゆる解釈とはちゃいますもんね。こう読むことで自分がコミットできる、そのコミットの窓口を探しているようなもんでしょう。

皆藤　あ、コミットです。解釈ではなくて完全にコミット。

川嵜　いろんな読みがあっていいんだけど、それらはコミットするためですよね。

皆藤　コミットしたらどういうことばが紡がれていくかっていう。

川嵜　で、コミットしたら、また次にぱっと崩されるわけでしょ。そこで新たにまたコミットしていく。

皆藤　そうそう。

川嵜　その意味で、セラピストも瞬間、瞬間にイニシエートされてるとも言えるわけ。

皆藤　あ、そう、そうですよね。「光」のことと関連して言うと、作品の向こうから光がやって来て、また向こうへと還っていくというように（円環の説明）。

川嵜　輪廻転生のように円環を描いて、回帰してくるわけね。

皆藤　で、T君が今度向こう（作品そのものの彼岸）からこっち（作品そのものの此岸）に出てきたとき、どういう世界を見るんだろうかっていう。

川嵜　あー、なるほど。

皆藤　それがテーマかな。それと、妹さんのことも若干記載されていてすごく気にはなるんだけどね、どうしてはるか。

川嵜　そうやねえ。

皆藤　そういうふうに、スパイラルっていうか螺旋を描いてテーマが深まっていくっていうふうにも言える。これがひとつの、まあ終わりっていうか、ここからまた始まる。

川嵜　それを一応の結論として終わっておきましょうか。終わりから始まるのは真理ですけど、紙幅の関係もあるんで（笑）。

皆藤　ありがとうございました。

第3章

病院臨床における風景構成法の実践

角野善宏

はじめに

風景構成法は、いろいろな臨床の場面で使われてきている。それは、心理検査として、また心理療法としての使われ方である。筆者は出発点から風景構成法を心理療法の一貫として取り込んできた。もちろん、心理検査としての意味も充分に理解しながらである。それは、治療に関しても心理アセスメントや診断がしっかりしていなければ、よき心理療法に辿り着くことができないからである。とはいえ、筆者は風景構成法においてもっとも注目しているのがその治療的な力である。風景構成法は、描画という行為を通して患者の自己治癒力を賦活し、構成力・具象性の回復を意図する。また描画によって行動化を象徴的にすませたり和らげたりすることも期待できる。そして、やはりどの描画にも言えることであるが、患者・クライエントと治療者との治療関係が描画という第三の対象物を生み出し、その対象物である描画自体が患者に治癒力を伝えてくれるのである。また創造された描画が、患者だけに留まらず、治療者にも自己治癒力を与えてくれることもあるのである。しかし、風景構成法による描画が、患者・クライエントと治療者との治療関係から生み出されたことは間違いないことである。その関係性から生み出されることも、重要なことがらである。

ところで、筆者が風景構成法を実践していたおもな場所は、単科の精神病院であった。病院という枠のなかでの風景構成法の実践であり、そのおもな働きが治療となるのは当然の流れであった。病院という強固な枠のなかで、風景構成法を通して密接な治療関係を作っていくのである。また、治療を目的としているので、ほとんど患者・クライエントに継続的、定期的に風景構成法を描いてもらうことになるのである。

以上のことをふまえて、事例を通しながら病院臨床における風景構成法の実践を述べることにする。[1]

1　事例の概要

［患　者］　A子。女性、初診時三十三歳、幻覚妄想状態。

［診　断］　精神分裂病

［主症状］　考えの覗き魔が脳に入ってきて、自分の考えをすべて抜き取り、外へ伝えてしまう。その覗き魔が私のすべてを操っている。

［生育歴・現病歴］

小学校五年生のとき、両親が離婚して母に引き取られて以来、不登校状態が続いていた。ほとんど家に閉じこもり、ときどきは外出していた。しかし八年前に現住所に引っ越して、引きこもりが激しくなり、そのころより家族とも交流が少なくなっていた。ときどき物を投げたり、つぶしたりと荒れた行動に出ていた。

二年ほど前から、家業の手伝いを始めて頑張っていたが、不景気のため店をたたまなければならなくなり、ふたたび家に閉じこもるようになった。また荒れた行動がふたたび激しくなり、「考えの覗き魔が脳に入ってきて、自分の考えをすべて抜き取り外へ伝えてしまう」と訴えるようになった。そのことを家族に強く訴えるために、腕をナイフで深く切り、出血させて、その血を部屋の壁に塗りたくり、自分の苦しさを訴える行動を繰り返していた。最近になって、自分を陥れている仲間に下の姉が関わっていると訴えるようになり、もうこれ以上本人を自宅でみられなくなったため、筆者の勤める病院へ連れて来られることになった。なお同胞は姉二人で、上の姉はすでに嫁いでおり、現在は下の姉と母との三人暮らしである。最初、家族とくに母親と事前に会って、いつ本人を病院に連れて来るかについての話し合いをしていた。最近は家で暴れることが多くなり、自分の調子が悪いことも理解できていなくて、そのため家族との話し合いや説得にはまったく応じる様子がなかった。よって、本人を強引に連れて来なければならなくなると予想された。治療にたいして本人の納得が得られることがもっとも大切である。この場合、強制的に入院をさせなければならない事態が予想されていただけに、治療関係を結ぶことがむずかしくなると覚悟していた。

2　治療経過

X年四月六日、家族とともに来院した。家族や親類など数人に病院へ行くことを告げられて、車に一緒に乗り、抵抗することもなくやって来た。外来の診察室に入れられて来たときには、静かに下を向いたままであった。こちらの質問にはほとんど答えず、頷くだけであった。筆者はA子がかなり抵抗すると思っていたので、こちらの予想に反して静かに座っていたことが意外であった。そして、最終的に観念したように入院の説得に同意して、入院治療を受けることとなった。

入院した夕方、筆者はA子の様子を見るために彼女の入院した病棟に行った。A子は病室に入っても落ち着いていた。そして面接を行なった。そのとき、A子は次のように語った。「一、二年前にラジオから自分の考えが直接話されているのを聞いて、すべてのことが理解できた」と。つまり「自分の考えをすべて抜き取り外へ伝えてしまう」覗き魔の正体を、この体験から確信するようになったのである。このように妄想が根強く、それにより行動していたのである、と。

四月九日、A子は語った。「ここに来て以来、自分の考えを取られることはないです。しかしまた考えを取られることがあるのではないかと思い、怖いです。まだまだ安心できません。自分以外の全員がグループで、自分を陥れるのではないかと思うのです」。自閉的で、人との信頼関係を結ぶことができない。A子にとって、世界が不信に満ちているようであった。しかし、はっきりした妄想である病的体験が表面から消えていた。そして、A子にとってことばでの面接が始めから限界にあることが、もう筆者には明確になっていた。なぜなら、一般的な言語面接では、なかなか治療関係を結ぶことがむずかしそうであったからである。

それでもA子に入院治療を始めたことと、お互いの信頼関係を密に作ることが治療において必要であったので、一週間に四回の面接を続けていた。A子が疲れない範囲で、面接時間は平均三十分で行なっていた。また言語的な面接は三十分が限界であった。それ以上の面接はA子にとってあまり有効とは思えなかった。そして投薬も行なった。内容は副作用が少なく、それほど力価の強くない抗精神病薬であるリスペリドンを、三ミリグラムのみで使い始めた。少しずつA子は筆者との関係に慣れてきたのか、面接中はぽつぽつと筆者に話すようになってきた。また母との面会でも、いままでと違って会話が充分できるようになっていった。母親はその変化に驚いていた。病棟生活も外面的には落ち着いた入院生活となっていった。

ところで、A子はもともと会話が苦手な様子であった。それで筆者は、A子が言語的よりも非言語的な関わりの方が得意であると思ったことと、描画によりA子の内的世界をよりいっそうよく知る目的、および入院当初より随分落ち着いていて、おもてだった妄想のような病的体験が消えていたという、以上のことを考慮して、A子に四月二十三日、第一回目の風景構成法を行なった（風景構成法①）。

筆者がこの風景構成法を、入院してまもなくのA子に行なったもうひとつの大きな動機は、初めの予想どおりに、彼女との治療的信頼関係がもうひとつ、うまくいっていないと感じたからであった。A子は無理やり連れて来られて、なかば強制的に入院させられたのである。A子と筆者とのこのままの言語的面接では、治療関係は深まらないだろうということが筆者には分かっていた。そして、A子が治療に積極的に参加するということは、むずかしいと想像できた。また、A子が語ることばや行動だけで病状を理解することに、筆者は不安と疑問をもっていた。表面上ではない、どこか意識しないがもう少ししっかりとA子と繋がって治療している感触が欲しかったのである。このような状況で、風景構成法を病状の把握のためと、治療的に関わるために行なったのである。

描画中のA子は、普段と違ってのびのびとした様子であった。彼女から発せられるこの気持ちよい雰囲気は、筆者にとって充分に受け入れることができるものであった。この描画中の雰囲気は、言語的な面接では感じることができなかった親密なものであった。A子は普段の面接では出していなかった生の自分を描画中に出していたのであろう。また筆者はそのようなA子と充分に関わることができ、A子が描く世界に集中して観察し、共感することが初めてできたように感じた。

入院治療というものは、A子を病的体験から守り、ゆったりとした時間のなかで生活を立て直すことが目的である。しかしながら、病院臨床がすべてこのような治療的雰囲気をA子にもたらすことができるとは限らない。このA子以上に、強制的に入院させられ、自分の自由を奪われて、収容させられていると思っている患者たちは大勢存在する。そのような場合、やむを得ず入院させなければならなかった事情があるとはいえ、治療的信頼関係を結ぶことが困難な場合が多い。しかし、そのような状況で治療関係をどれだけしっかりと結べるかどうかが、今後の治療に大きな影響を与えるのである。このA子は未治療で非常に長く経過しているので、人間関係を基本的なレベルでもつことに少し困難なところがあるように思えた。そして、とくに言語的なレベルでの他者との共感や関係は、結びづらいところがあるようにも感じた。やはりこのような場合、病院臨床の場で描画が大きな治療的効果を発揮できるのではないであろうか。

A子はいままでとは違った雰囲気を描画のときには感じるのであろう。病院や治療者にたいしてもっているいままでの不満、敵意、不信など否定的な感情が、描画を通して少し吸収してくれ、和らげてくれるように感じる。何かを表現すること、しかも風景画のような誰にでも馴染みのある画題であり、とにかく完成を期待できる、このような要素が描画、とくに風景構成法には備わっている。この描画過程が、いままでの関係性とは違ったレベル、それは無意識のレベルと呼べばいいのか、言語的な関わりと異なった次元での関わりを通しての描画行為となる。それは治療者の存在があっての、治療行為そのものである。

以上のことをふまえても分かるように、治療者がA子に描画を治療的な行為として勧めることがいかに大切なことと考えているか、ただA子の内面を探るという目的では行なっていないことを理解していただけると思う。風景構成法など描画療法には、意識レベルと次元の異なった関わりを可能にしてくれるところがある。そこに、治癒力を引き出すエッセンスが潜んでいるように感じるのである。ここで、最初に描かれたA子の風景構成法を見てみることにする。

a　風景構成法①（図3-1、口絵5参照）

一目見て、明らかに内的には病的体験がまだ活発であることが分かる。世界が混沌としており、異様である。左に位置する道は、右方向を石で塞き止められている。右に位置する道は、左側の始まりが不明瞭である。川は流れを感じさせず、池か湖のような広がりをもっている。よって、川と道との関係性はほとんどないと言える。棒状の人が、山の頂上で真っ赤な太陽を背に、立って釣りをしている。まことに異様な風景である。自分の状況にたいして、A子が妄想的意味づけをするのも、無理はないという切迫した精神的状況を表現している。木は歪んだ形で散乱している。左に位置する木の彩色は、赤色である。下半分は色彩が濃く、塗りたくった混乱を感じさせる。しかし、上半分は空が色づけされておらず、空白である。色彩のバランスが悪く、全体に余白が多いと言える。

もう少し詳しく観察すると、川は中央部から盛り上がり、流れが上部へと上がっていきそうである。全体の流れが、垂直で上方に向いているように見える。これは危険でもあるが、治癒的なエネルギーに転換できる可能性を感じる。また川は画用紙の下の部分を占めている。それから、A子の内面や無意識の活動が活発になっていることが窺われる。たしかにまだ精神状態は安定していなくて、ふたたび悪化する可能性は残されているように思えた。

しかし、その真上に山を描いている。山はどうも富士山のようである。山の頂には、雪が残っているようである。さすがにこの山は高く、聳え立っている。この山は川の上への流れをどうにかして抑えようとして描かれていると思えてならない。そしてその山の頂上に太陽を背とする人が描かれているのを見ると、やはりこのA子の置かれている状況が日常的な通常のものでない、極端な緊張状態もしくは異常な状況にあることが理解できる。A子が主訴として述べていたことや、いままでの病的体験が、共感をもってこちらは理解することができる。川には白鳥がいて、蓮の花と葉が描かれている。川の勢いやその色彩の強さ、威圧感と比べて、川のなかの要素は穏やかで安らぎを感じさせてくれる。白鳥はこの描画の中央に位置している。

A子にとって何か大切なものを表現しているのだろうか。A子の女性性などを。右の木は全体に肌色が彩色されている。かろうじて緑の葉が数枚引っ付いている。そして、緑色の蔦が木の幹に絡まっている。まだ生きている感触をこの木から感じ取ることができる。

一方、左に位置する木は、すでに述べたように全体を赤色で塗られている。ひとつリンゴのような実がなっているが、これらの木は全体に燃え尽きたような枯れた感じを与えてしまう。歪んだ異様な感じである。また、道は左右に分かれて描かれている。そして、彩色されていないが、中央分離帯が描かれていて、意識のもつ方向はこちらが想像していたほど混乱を来していないのではないかと思った。また左側の二つの家には窓もドアもあ

図3－1　風景構成法①

る。右側にはチューリップの花、猫、彩色されていない木、そして家がある。また黄緑色の畑が広がっているではないか。

全体に雑然としているけれど、詳しく見て検討すると、A子の生きたエネルギーがポジティヴに感じられるところがあり、筆者にとって、おおいに励まされる風景構成法であった。A子はこの時点でまだ調子は良くなかったが、しかしこれだけの表現を描画でできるということは、充分に回復する力をもっているということであり、これから先、風景構成法を使ってA子とともに関係を作っていけると、どこかで自信をもつことができた。

正直いって、この第一回目の風景構成法を行なう前は、A子は関係をもつことがとてもむずかしい人であると思っていたため、ここまで描画で表現できるとは思わなかった。そういう意味で、筆者にとって、この風景構成法①は、よい意味で意外であった。筆者は「これでいける。よし」という気持ちになった。その治療への確信を、母親との面接時にも筆者は語った。その思いはどこかでこのA子に伝わったであろうし、後の治療的によい効果となっていたのではないであろうか。

この風景構成法のあと、面接でA子みずから話すことが以前より多くなっていた。会話は成立していたが、一言二言話しては沈黙することが続いていた。病的体験については、A子は自分からほとんど話すことがなかった。

さて五月に入り、小学校五年以来一度も会っていなかったA子の父親が、母親からの知らせで筆者に面会を求めてきた。A子の父親は離婚後、再婚して家族をもっているとのことであった。A子と父親との二十年ぶりの対面は、筆者がお互いの気持ちを事前に伝え合うという仲介の形で実現した。その対面はお互い淡々としたものであったが、A子にとってひと仕事終えたような安堵感をもったように思えた。

それにしても、A子にとっては入院以来一カ月ほどの間で、治療者という他者とともに病院という場に身を委ね、人間関係を作っていかなければならない試練と、しばらく断絶していた母親と姉妹との間を修復し、二十年もの間、一度も逢っていなかった父親と再会するということをしなければならなかったのである。本人にとって、停止していたのかもしれない二十年という歳月が、この一カ月の間に急に動き出したように感じたのではないであろうか。A子の内面の変化は、こちらに想像がつかないほどのすさまじいものであったろう。

しかし、筆者はそのようなA子をただ見守るだけであった。それで充分であると思っているからである。A子の内面で起きている動きというものは、この風景構成法①で分かるように、治療者の意識で関われる世界ではないのである。はるかに深い、別の次元で起きていることである。それならば、せめてそのことを理解し、A子への敬意を表わし、邪魔をせず、ただ黙って見守ることで充分ではないか。しかし、現実面での制限や治療的観点からのこちらの指導は、ゆるぎなく行なわれていた。

五月三十一日、第二回目の風景構成法を行なった（風景構成法②）。

b　風景構成法②（図３-２、口絵６参照）

川は二股に分かれていて、それぞれの流れがつかみにくい。真ん中が風景構成法①のように池のようで流れがなく、水が貯まっているようである。全体に川の流れは悪く、歪んでいる。しかし前作品のように、貯まっていて突き上げてくるような川でなく、とにかく二筋、川が流れていることは確かである。

筆者は、「随分落ち着き、穏やかになったなあ」との感想をもった。道の描写は充分ではなく、弱々しい。左側に短く描かれているだけである。橋を架けるような余裕のある関係性を、川と道はもてていない。また岩が全体の風景に比べて、大きすぎて不自然である。人は前回同様に棒状であるが、道の上で釣りをしているので、風景構成法①のような危うさはなくなって、安全になっている。

また左側では、人が二人でキャッチボールをしている。それを二匹の犬が見ている。人や動物の存在が、随分現実感を出してこられるようになっている。風景構成法①で描かれていたあの歪曲した木々が、風景構成法②ではいくつも並んだ自然な木々に変わっている。

そして右側に三軒の家が建ち並び、落ち着いた住まいを見せている。太陽が二つの山を引き裂くように出ているのが印象的である。風景構成法①同様に、上への流れや力を感じさせる。この上への方向性は、風景構成法①にも言えることであるが、ひとつの心的エネルギーの流れを象徴していると思う。この心的エネルギーが、安全に上方へ向かい、うまく治癒的に生かせるかどうかが、このA子の回復にかかっていると思われた。風景構成法②においても、中央上方への心的エネルギーの流れが描かれている。風景構成法②の方が、全体に安定したどっしりとした動きに変化しているように見える。筆者は、心的エネルギーがA子の内面でうまく回復へと働いているのではないかとの印象をもった。この少しでも安定した状況で人が釣りをしているということは、川というで無意識から心的エネルギーを獲得する可能性も高くなるであろう。この作品では、釣り糸に魚が寄ってきて

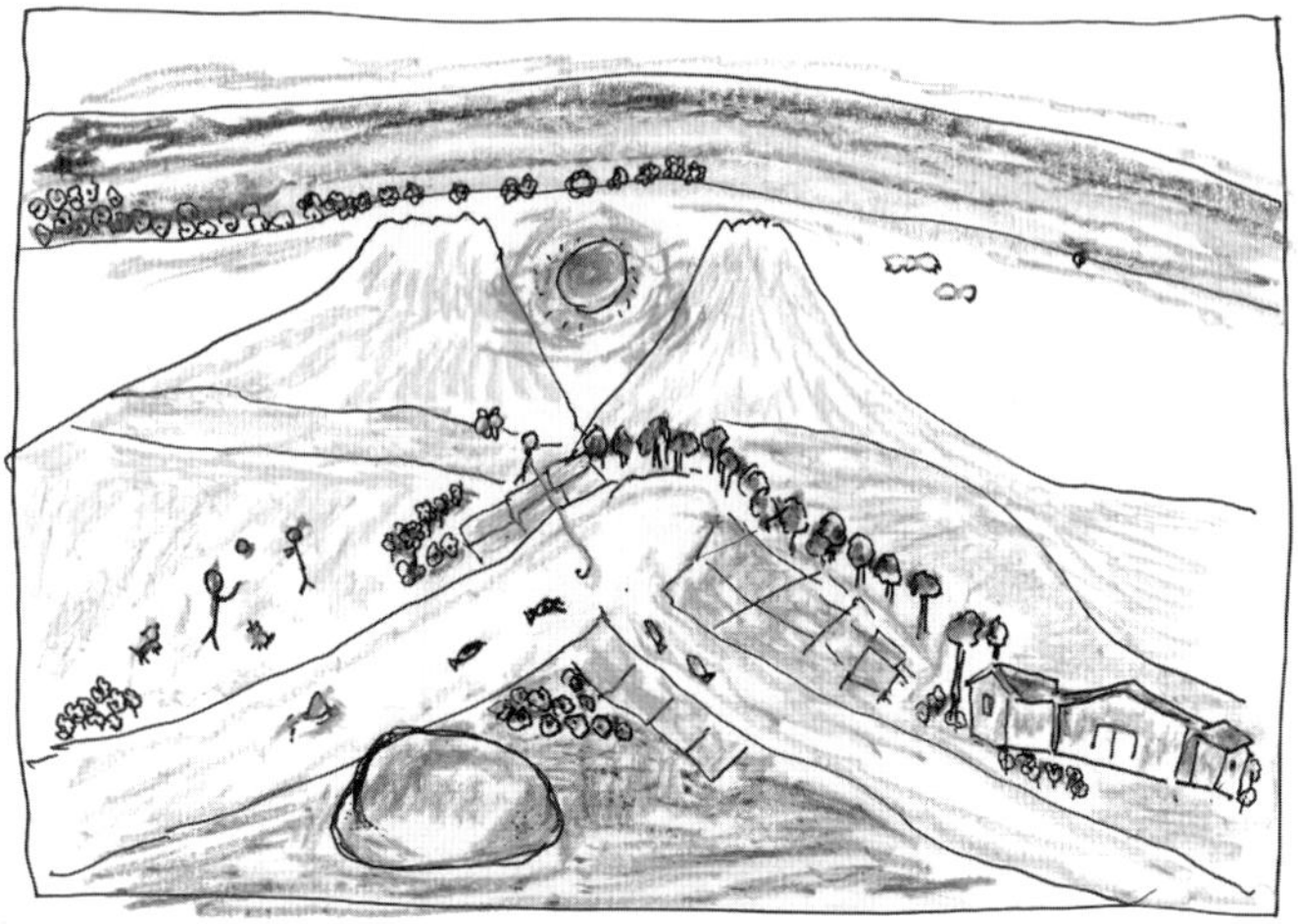

図3-2　風景構成法②

いるではないか。

　ところで、空に虹が描かれているが、そもそも最初は空に道を描いていて、色づけの段階でその不自然さに気づき、急遽色づけにより、虹に変更したのである。それは、筆者とA子の実際のやりとりがきっかけであった。不思議なことであったが、A子が色づけの段階で、「なんで、空に道なのか」と筆者は思わず意識せずにことばに出してしまったのである。その瞬間にA子ははたと気づいて、色づけの段階で急遽虹に変えて彩色したのである。

　筆者はこのことに注目した。突拍子もなく空に描かれた道が、虹に変化したということは、現実検討能力がどこかで戻ってきたのかもしれない。しかもそのきっかけが、意図せずに自然に治療者から出たことばである。A子がはたと気づいたのは、意識で現実検討を行なえる力を回復してきていたからであるが、その引き出す元となったのが治療者のことばによる介入であった。原則から言えば、A子が描いている間、治療者は話しかけたり、ことばでの介入はしてはいけないことになっている。ただこの場合、原則破りがうまく治療的に働いたのではないかと思われる。

この言語的関わりを考察すると、非言語的な関わりが主となっている描画療法に、ことばによる介入は破壊的に作用することが多いが、一瞬の言語的な介入が何らかの展開を促す力にもなることがある。その展開力が、うまく治療的に繋がればA子にとって思いがけない現実検討能力などの回復に役立つ力となってくれたのかもしれない。しかしながら、筆者の「なんで、空に道なのか」ということばは、意識したことばではなかった。もう少し言うと、ことばというものは、通常人間の意識レベルから発せられるものである。しかし、意識レベルからだけでことばは出るとは限らない。この場合、明らかに無意識のレベルから出たことばである。ことばの内容は意識レベルで通用するものであったが。

この場合、A子と筆者との関係は無意識での繋がりがあったから、A子に通じたのではないであろうか。もしA子が筆者との無意識での繋がりをもっていなければ、筆者のことばに反応し描いたものを変更することはなかったであろう。描画に限らず、どのような面接にも治療者と患者の内的な関係がどのレベルで結ばれているかで、ことばの発する源が違うし、共感的に関わり合うことの程度も違ってくるはずである。筆者とA子とは、意識面や言語的にはいまひとつしっくり来なかったが、描画を通しての無意識レベルでは繋がっていたと思う。

ところで、虹が出てから数週間後には、かならず晴天になるといわれている。このことは、ひょっとしてA子の回復を約束してくれるものかもしれないと思った。いずれにしろ、まだ充分な回復過程にないことは風景構成法②を見ても明らかであるが、しかしだんだんと回復の方向へ向かっていることはたしかであるとの思いをもつことができた。

六月の初めは、無為自閉的で活気もなかった。少し疲れているようであった。しかし、中ごろから少しずつ元気になり、活動的になっていた。六月十二日に、第三回目の風景構成法を行なった(風景構成法③)。

c　風景構成法③（図3－3）

川の流れの始めが不明瞭である。今度は道は二股に分かれて、その分かれ目に大きな岩が置かれている。道の行き来が妨害されている。川と道との関係が充分でなく、まだしっくりきていない。草原に車が置かれていて道路の上にまだ来ていない不自然さはあるが、初めて人が座ってゆっくりと二人並んで釣りをしている。そして、横に犬もいて少し落ち着いた感じを与えてくれる。岩がまだ不自然に大きいが、この作品以降塗り残しがなくなっている。人も少し丸みが出てきている。左にいる二匹の犬や右にいる二匹のウサギは、全体が白一色であるが動きがある。

この作品は、風景構成法①・②と比較して中心の上への方向性は感じられなくなったが、その分だけよい意味で落ち着いたのではないかと思う。全体の構成においても、前二作品と比較して、たしかにしっかりなって、まとまっている。空の広がりもよく、三羽の鳥も悠然とした感じを与えてくれて、全体に余裕を感じさせてくれる。風景構成法①・②のような急激な変化は通り過ぎ、心的エネルギーの流れも一段落ついたのかもしれない。そういう意味で安定期に入り、現実面では停滞期ないし消耗期に入っていたのかもしれない。現実にこの時期、A子は非常に疲れているように見えた。しかし、これまでの急激な心的エネルギーは、精神病状態の持続ないし悪化ではなく、回復に費やされていたと判断できるのではないか。それを、この風景構成法③が示しているように思えた。

たしかに現実のA子は徐々に安定し、少しずつ元気が出ていたようであった。六月の下旬には、初めて母と同伴で外出した。当初、母親はかなり心配していたが、本人はのびのびと買い物をして外出を楽しんでいたとのことである。

七月九日に、第四回目の風景構成法を行なった（風景構成法④）。

図3－3　風景構成法③

図3－4　風景構成法④

d　風景構成法④（図3-4）

初めて川も道も自然な形として描かれている。しかも、川と道との関係がよくなっている。お互い並行して描かれていて、道は山の谷間にまで延びている。その道の存在で奥行きが充分に表現されていて、この作品から余裕を感じることができる。川の途中には、橋も描かれている。川と道との関係がよくなり、全体の構造が随分落ち着いてきている。また、前回の作品と比べて岩が少し小さくなっていて、形が犬の顔のように愛嬌を感じさせる。前のような威圧感がなくなっている。緑色をした森林は整然と木々が並び、その存在が静けさと落ち着きを伝えてくれる。右下の黄緑色の畑は、A子の現実のエネルギーが底辺から出てきている感じを与えてくれる。しかし、幅広い道に彩色されていないのは、まだA子の現実に生きていく意識の力が充分に満たされていなくて、発揮できない状態を表現しているのかも知れない。

注目すべきは、山の向こうに民家が見えることである。どうやら釣りを終えた二人は道を登り、家路を急いでいるように見える。二匹の犬がその後を追っている。のどかなゆったりとした雰囲気が伝わってくる。もうそろそろ精神的に安定して、内面の家に帰ることができるのかもしれない。それは、実際の退院をも予想できるものであるかもしれない。A子はその準備をしているのであろう。しかし、山が連なっていて、まだ少し高い険しい感じを与えている。現実に家に帰ることはまだ時間がかかりそうである。

風景構成法において、病院臨床の場では、家の存在に注目することが、外泊や退院を考える場合にそのヒントや助けになることがある。家の形や窓やドアの有無、またその大きさや距離の近さや遠さなどである。これまでの四枚の風景構成法は、家の形がいまひとつ具体性をもっていない。そして家がまだ遠い存在に感じるのである。ところで、空は前回の風景構成法と比べて少し狭くなっているが、雲が初めて描かれている。余裕と落ち着き、見通しのたしかさを感じることができる。そして、太陽が山の合間から顔を出している。いままでの三作品にも太陽が描かれている。これは、筆者から見れば、A子をつねに見守ってくれている大きな存在が彼女の内面に存在していることを示しているように思えるのである。それは父性なる太陽なのか、母性なる太陽なのか。

七月二十七日に、第五回目の風景構成法を行なった（風景構成法⑤）。

e　風景構成法⑤（図3-5）

川と道との関係は、風景構成法④以降ずっと安定している。橋も二本架けられている。岩はずっと小さくなり、道端に十個足らず並んでいるにすぎない。その存在感が薄れている。この作品以降、岩の存在感はずっと少なくなり、ひっそりとしたものへと変化していった。岩は何を表現していたのであろうか。このA子の場合、岩は何を象徴していたのであろうか。

風景構成法①では、道を塞ぐ岩として描かれている。しかし、形はほとんど目立たないほどの大きさである。風景構成法②・③・④では大きい岩として描かれている。風景構成法③では、その大きな岩が道を塞いでいる。岩の存在は、A子の自覚する病状や精神症状と関係しているように思うのである。つまり、風景構成法①では、自分で自分の状態を把握できるほど安定していなかった。しかし、どこかでは病状を自覚していたのかもしれない。

風景構成法②・③・④と治療が進む過程で描かれた描画では、自分の調子の悪さやいままでの精神症状を自覚できるようになってきて、最終的にその精神症状（病状）の存在を自分ではっきりと岩として描くことができたのかもしれない。岩は、A子が病識を象徴的に表現したものであると判断してもよいと思われる。精神状態が改善し落ち着くにつれて、そして風景構成法②・③・④と進むにつれ、たしかに岩の存在感は薄れていっている。岩と病状との相関関係は、興味深い徴候である。

ところで、筆者が風景構成法⑤で注目したのは、家々が、初めて川と道より下へ、つまり手前に位置するようになったことである。家の存在が、A子にとってより身近になったということであろうか。前回の風景構成法④からの続きとしてイメージしてみると、人と犬は山を越えてこちら側の道に出てきた。そこから、川を越えると民家に辿り着く。つまり家に帰るということになるのである。その家は風景構成法①・②・③・④と比べてしっかりとした作りであり、塗り残しもなくなっている。そして、窓越しに人も見えるのである。

A子にとって、家という存在がずいぶん身近になっていることが明らかである。筆者は風景構成法④から風景構成法⑤の間に、A子のこころのなかで何か大きな転換があったのではないかと考えた。風景構成法④で山を手前にして存在していた人（A子本人かもしれない）が、風景構成法⑤でその山を越えて手前に向かっている。風景構成法④から風景構成法⑤への転換は、絵の構図が逆転しているのである。これはA子の精神病状態が反転して、こちらの世界というか正気の世界へと転じたのではないか。まだ推測の域にしか達していないが、この風景構成法④から、この時点でもうA子は寛解したのではないかと筆者は推測している。

山が遠のき、空が広がり、田の広がりも雄大で、道も大きく色彩がなされている。二羽の鳥も優雅に飛んでいる。さらに中央付近に描かれている人物は、二人が寄り添い真ん中で花を持っている。恋人同士であろうか、密な人間関係を示している。二匹の犬の躍動感は、いままでいちばんよく生き生きと表現されている。現実の人間関係も信頼感をもって少しずつ他者と結べるようになってきていた。

ところが筆者にとって、面接で話し合うときに感じるA子との関係より、風景構成法でみるA子の表現する世界との関係の方がずっとしっくりと自分の内面に収まるのである。風景構成法から伝わってくるもの、それはA子のもっと深い内面から発せられるこころ（それでも充分な表現とは思えず、ここではたましいと呼ぶ）から出てくるメッセージであり、象徴であり、イメージであり、メタファーである。筆者は、それらの方が彼女との面接で交わすことばや現実の治療関係よりもずっと共感できたのである。

現実に、A子はやはり入院させられたということに不満をもっていて、最後のところでは治療においても納得

図3－5　風景構成法⑤

図3－6　風景構成法⑥

していなかったようである。それは、A子と対面していて、筆者が絶えず感じることであった。そのなかで、A子が表現する風景構成法による描画は、現実的な面をはるかに越えて、筆者にいろいろなことを教え伝えてくれた。筆者は、この風景構成法を媒介にしたA子のこころとは、充分に共感することができたのである。よってこの治療に関しては、筆者はほとんど風景構成法を頼りに治療をしていたと言える。少なくとも言語的に関わることだけに頼らなかった。また、薬物療法は続けていた。このころは、リスペリドン一ミリグラムの投与を続けていた。

八月に入り、母と頻回に外出するようになった。A子の病的体験はなくなり、本人も過去の妄想にたいしてどう理解したらいいのか戸惑うようであった。八月二十四日に、第六回目の風景構成法を行なった(風景構成法⑥)。

f　風景構成法⑥(図3-6、口絵7参照)

驚くべきことに、風景構成法の構成、雰囲気が大きく変化した。風景が比較的近景になっている。川と道とも、落ち着いた位置関係を保っている。人が大きく変化している。各アイテムがすべて生き生きしており、力強さを感じさせるものである。人はもう以前のように棒状ではなく、服装をつけた丸みのある本来の人間の形をしている。表情もかすかに窺うことができる。金髪の男性が釣りをしている。やはり無意識という川から、魚という心的エネルギーを取り込もうとしているのであろう。また側にいる女性が、その男性を見つめている。それは、A子自身かもしれない。

そして、犬のもつ躍動感がありありと表現されていて、動物的また本能的エネルギーを感じさせる。とくに家の存在感が大きく描かれていて、これからふたたびA子が家族関係を築き直す仕事の重要性を示しているように思うのである。窓も大きく、ドアもある。二階の屋根の下には通気窓もある。現実に家に帰ることもそう遠くではなさそうである。そして家の屋根にはテレビアンテナがある。しかも電信柱があり、それを中継として電線が走っている。このことは、無用な雑音（A子にとっては、妄想的な考え）を取らずに、しっかりとした電波しか受け取らないように、またその電線を通してたしかな情報しか流さないように、内面をコントロールする用意をしていることを証明しているのかもしれない。

この風景構成法⑥のように、A子の内面で、アンテナや電線がしっかり取り付けられれば、自分の考えをすべて抜き取り外へ伝えてしまうような覗き魔は、もう存在しなくなるだろう。人との疎通性も、随分よくなっているであろう。もう妄想や幻覚に苦しまないですむであろう。それに呼応して、岩の存在がほとんどなくなり、目立つことなく石ころのように描かれているだけになっている。やはり、病的体験は消失しているだろう。全体の色彩も濃くて行き渡っている、そして力強い。

筆者は風景構成法⑥により大いに励まされた。A子が確実に回復している手応えを感じた。この筆者の治療への自信は、A子にもよい意味で治療的に伝わっていたと思う。風景構成法がアセスメント的意義をもっていることは明らかであるが、この場合、A子と筆者の間で回復への確信をもたらしてくれた。やはり風景構成法⑤から考察したA子のこころの転換は起こっていたと考えられる。その結果が見事に風景構成法⑥で表現されている。風景構成法⑥は、風景構成法⑤から充分に推測できた結果であろう。風景構成法⑤の段階で、風景構成法⑥は準備されていたのである。

A子の訴えでは、最初のころ苦しんでいた病的体験はすでになく、熟睡感も維持していた。そして風景構成法⑥を描いた以後、それが示すようにA子の内面が大きく変化し、妄想などの病的体験は消失したものと思われる。それは本人のことばによるだけでなく、描画上においても証明できたと判断できるのではないか。

しかし、すでに述べたように、風景構成法⑤でもう分かっていたことではあるが、あえて表現してくれたと思える。筆者はそのように強く思ったが、A子はいつものように淡々と描いていた。しかし、たしかに精神的調子は改善し、本人からの外泊や退院要求が出るようになった。

九月に入り、母親や家族からの了解を得て外泊を重ねて、十月上旬に退院していった。現在は外来にて治療している。投薬は、リスペリドン一ミリグラムを維持している。

外来初期に描かれた第七回目の風景構成法がある（風景構成法⑦）。

g　風景構成法⑦（図3-7）

これは、風景構成法⑥と構成が似ていて、しかも近景である。二人の人物はすでに二階にいて、窓から見えている。ひとりの女性らしき人物が、こちらに向かって手を振っているように見える。A子はリアリティをもって、自分が退院できて、家に帰ることができたことを実感しているのかもしれない。風景構成法⑥と同様に、川の蛇行している様子、道の走り方、彩色のたしかさ、どれをとっても風景構成法①と比べものにならないほどの変化であり、誰が見ても改善していることが分かる。とくに、描かれている動物である犬、鳥、赤い魚、猫の躍動感は、A子のエネルギーが充実してきている証拠である。

一匹の犬は犬小屋で休んでいる。それも適当に休養をA子がとれていることを示していると思えて、どこか安心感をもつことができる。絵の上部に山と森を描き、それが遠景となり、奥行きを感じさせてくれる。それもA子の余裕を示しているようで、心強く感じる。描画全体に星が散りばめられ、輝くように表現されている。これはA子の少し気分が高揚した感じを伝えており、こちらを少し不安にさせる。しかし、日常生活は普段と変わりなく、家でゆっくりしているとのことで、とくに変わりなかった。

ただ外来の面接でも、A子はあまり自分から語ることなく、やや無愛想な感じであった。しかし、風景構成法を行なっている間は、ほんとうに生き生きとし、A子の本質が表現されているようであった。そのとき、その場のA子との共感は、普段面接しているときの治療者-患者間との関わりとは次元が違っていた。その差がやはり筆者にとって不思議に思えた。

図3－7　風景構成法⑦

図3－8　風景構成法⑧

外来にて翌年の一月十四日に、第八回目の風景構成法を行なった（風景構成法⑧）。日常生活は同じように安定しており、買い物や家事、料理を手伝うようになっている。また好きなミュージシャンのコンサートにも出かけたりしている。

h　風景構成法⑧（図3-8、口絵8参照）

やはり風景構成法⑦とよく似た構成である。左に家があり、真ん中を道が走り、その下を沿うように蛇行した川が流れている。上には遠景の山、木々が描かれていて、太陽がある。今回の作品は、緑色の色彩が多い。また動物で馬が二匹描かれている。白馬は川から水を飲んでいる。そして、ひとりの人物がもうひとりの人物を背負っている。

これはどういうことを意味しているのだろうか。また人物、犬、馬、鳥どれもペアになっている。人物たちはとくに親密さを感じる。A子の内面で、人間関係の親密さが増してきているのであろうか。たしかに母親との話では、A子は落ち着いていて、家でもよく話をするようになったそうである。筆者との面接では以前とはそれほど変わらず、とくに関係がよくなり、密接になっているとは思えなかった。いつものように淡々とした対応で、静かに面接を受けるだけであった。

ところで、この作品で気になったところがある。四本のチューリップの姿が川に映っていることである。チューリップの姿をわざわざ鏡に映すがごとくに、反映させているところを描いたということは何を意味しているのだろうか。それは、J・ラカンが言った鏡像段階を意味しているのか。人間形成の一時期に、子どもがまだ無力で、運動調整能力もない状態で、自分の身体の統一性を想像的に先取りして我がものにする。その想像的統合は、同じ姿をもった人間の像への同一化によって行なわれる。そして、その同一化は、幼児が鏡のなかに自分の像を見るという具体的な経験を通して起こり、現実のものとなっていく。鏡像段階において、将来自我となるものの輪郭、雛形が構成される。

そして、それは生後六カ月から十八カ月に当たるといわれている。[2] その考えからすると、チューリップがA子の自我を代表し、いままさに風景構成法上で自分の真の姿を確かめ直すこと、つまり、身体の統一、自我の同一を想像的統合を使って、幼児にされるべき精神の発達段階をもう一度やり直しているということになるのかもしれない。もしそれが行なわれ、A子の自我を立て直す段階にあるならば、まだまだ時間を要するものとなるであろう。これからの関わりに注目していきたい。

おわりに

この事例は筆者にとって、不思議な感じをもつものであった。現実の治療関係があまりしっくりこなかったからである。しかし、風景構成法を描くことにより、まったく違うレベルでA子と接している自分に驚いていた。普段面接している次元と風景構成法を通じて関わっている次元がまったく違うのである。

最初、入院の相談をしていて、また初診で本人を診たとき、筆者はこれはむずかしい入院治療になると思っていた。しかし、風景構成法①を行なったとき、これは「大丈夫だ」と思ったのである。もちろん、治療にあたり風景構成法をそれほど過信しないし、参考にはするが、やはり全体を診て総合的に判断しなければならない。しかし、本人の大変さが、「これだけ風景構成法で描くことができるのだなあ」と驚き、同時にこれだけ描画で表現できるならば、この人はきっと風景構成法を描ききって回復していくだろうと確信したのである。そのためか、筆者はA子の風景構成法に反応して、共感して、納得していったように思う。が、それは、問題であったかもしれない。

しかしながら、A子が描く風景構成法がたしかに筆者に訴えてくるのである。その通じるレベルが、通常の意識レベルとは明らかに異なっていたのである。無意識のレベルと言えばよいのかもしれない。その無意識のレベルで、風景構成法を通して、A子のこころ（たましいともいえる）と通じていたのであると思う。それがA子の回復過程に役立っていたのかもしれない。いまはそれぐらいしか理解できない。願わくば、風景構成法による治療と、言語的な面接がうまくかみ合っていれば、もっと安定した治癒過程に発展しているのではないかとも思っている。

風景構成法にはいろいろな要素があって、何が治療的に働いているのかは、まだまだ研究の余地がある。余地というより、まだ未知の部分が多い。心理検査として読む場合も、まだまだ開発されていない、知られていない部分が多い。これから風景構成法のアセスメントの部分と治療的部分とがうまく合わさって、発展させる努力が私たちには必要であると思う。

対談コメント——第3章について

皆藤章×川嵜克哲

■風景構成法と治療者像

皆藤　今回は角野さんの事例です。角野さんは風景構成法を用いて、病院臨床で、おもに精神病圏のクライエントの治療をされておられます。われわれとも一緒に勉強することがありますし、彼の事例もたくさん聞いているので、ぼくにとっては全体的にほとんど納得できるなあというか、よく伝わってくる事例報告でした。

だから角野さんが書いている流れからコメントすれば、このとおりになるんだろうなっていう感じはしますね。

川嵜　そうですね。そういう意味ではあんまり付け加えることないっていう感じもありますよね。

皆藤　ただときどき、セラピストが記載のなかでみずから疑問を語っていることがあります。それは、このクライエントとの面接では言語レベルでの手応えのもちにくさをセラピストは感じている、それがなぜなのかという疑問ですね。これにたいして、描画レベルでは面接での手応えがすごく伝わってくると述べられている。この辺りのところで、とくに今回は、ぼくはことばとイメージというか、イメージ表現と言語表現というテーマが大切になると思います。それから、少しうがっていうと、その背景に「転移」のテーマが潜んでいるような気がしています。

川嵜　転移というのは、角野先生とこのクライエントさんの？

皆藤　三角形というか……。

川嵜　そこらへん、もう少し説明していただけますか。

皆藤　角野さんは、いわば風景構成法に転移してるセラピストだと思うんです。その風景構成法を通してクライエントに関わっていこうとしている。だから、そういうセラピストの思い入れがこの治療に非常に反映されているのではないか。角野善宏というセラピストが用いる風景構成法だからというバイアスをかけてこの事例を読む必要があるのではないかということです。

川嵜　風景構成法に転移している、というのはおもしろい視点ですね。事例の検討に入ってからまた具体的にお訊きしたいですが。入る前に、他になにかありますか。

皆藤　それから、この事例報告を読んでA子さん自身が何を語ったのかということの記載がとても少ないんです。ほとんどが風景構成法とそれにたいするセラピストのイメージ表現や説明に終始している。こういうスタイルは角野さんらしいけど、独特だなあと思います。

川嵜　そうですね。ぼくらもそういうところがなくもないんで分かるんだけど、角野先生の場合、イメージというか、そういう方向にバッと入っちゃう感じがするよね。

皆藤　確実にそうだね。

川嵜　シンボリカルな領域を深めていったら、現実の方は後から動く、というようなこともどこかで言ってましたよね。つまり、シンボリカルな世界の方が先に、あるいは根底にある人でしょ。だからクライエントのことばの記述が少ないのもそういう感じかなと思う。

皆藤　そうかもしれないね。だから、そういうセラピストの要因と、風景構成法とが合っている。ぼくがさすがやなあと思ったのは、風景構成法が非常にうまく、しかも適切に使われていることです。適切なところできちっきちっと使われていて、しかもそれにクライエントが見事に応えていっている。そのことと関連して、中井久夫先生が風景構成法創案当時言われていた、分裂病者の回復過程のなかで言語による交流が可能になる手前の補助的手段としての風景構成法の有効性そのものを語っている事例報告だなあと思います。そういう意味では見事だなあ。だから、風景構成法作品の流れや作品に描かれているテーマを議論していくことは、心理療法そのものを議論することになるなあと思います。

川嵜　そうですね。

皆藤　それから、これは最後に強調すべきことかもしれませんが、とくにこの事例報告を読んだ人が、ああそうか、精神分裂病の心理療法って風景構成法でやっていけばよくなるんだっていうふうに、まさかとは思うけど、そんなふうな短絡的理解をすることは絶対に止めてもらいたい。セラピストの要因なり場の要因、セラピスト－クライエント関係の要因など、さまざまな要因がそこに複合的に働くことが非常に大切なわけです。まあ、そこまで短絡的な人はいないと思うけど、ちょっと注意を促しておきたいと感じました。

■主症状を巡って

皆藤　それでは、順を追って進みましょうか。「治療経過」に入るところ辺りまではどうですか。

川嵜　その辺りは、まったくごもっともっていう感じでとくに言うことはないんですが。

皆藤　こういう、「考えの覗き魔が脳に入ってきて……」という訴えの人に会われたことはありますか。

川嵜　分裂病圏の方にお会いしたことはありますが、「考えの覗き魔が脳に入ってくる」という人はないです。心理療法的にお会いしたことはない、という意味で。

皆藤　これってどんな感じなんでしょうね。まあ、精神科医はこういう事例に多く接しているのかもしれませんけど。

川嵜　こういう方のしんどさというのは、ぼくら、ほんとのところは分からないと思うんですが、ちょっと考えただけでもすごい大変ですよね。クライエント本人もわけが分からない状態ですよね。

それで、「ラジオから自分の考えが直接話されているのを聞いてすべてのことが理解できた」と言われますね。こういうのは一般的に言えば、妄想だということにもちろんなるわけですが、妄想といえば妄想なんだけど、そういう納得の仕方でもしないと耐えがたいようなしんどい状況にあるということですよね。

妄想を持つ方ってこういうことよく言いますよね。「そうだったんだ」とか「ぱあっと分かった」とか。常識的には、そういう理解の仕方はたしかに妄想的で変なのですが、そういう理解をすることで、ただならない状況をかろうじて意味づけて、自分を守っているとも言えるわけです。それがなければ、もっと崩れてしまって恐ろしい状態になってしまう。

皆藤　ぼくは現在は病院臨床に携わってないので、アマチュア的なコメントになるかもしれませんけど、考えの覗き魔が脳に入ってくるって、これすごく言語的だと思いませんか。ことばのレベルですごく侵入されているというか。

たとえば幻視とは違って、「考えの覗き魔」ですから、思考や言語そのものがこの人に侵入してくる。マニピュレートしてくる。こういう思考や言語の次元でのこの人のことばはひとつの生命体という感じがあります。だから、この人はもうこの生命体に完全にやられてしまっている。完全に操られて自分の脳がのっとられてしまって、ことばではどうしようもない。そうなると、家族がクライエントを病院に連れて行こうとして話し合いや説得をしても、そういうことばはひとつの生命体としてどんどんどんどんクライエントに侵入してきて、それにたいしてクライエントはなすすべがない。そういう感じを強く受けました。おそらくこの人は、ここで世界と戦っても自分は勝てないというか、どうにもならないということがとても分かっていた人なんじゃないかな。そんなふうにすごく思うんですよね。

この人、抵抗することなく来院しますでしょ。セラピストはかなり抵抗すると思っていたので、この人が静かに座っていたのが意外だったと語られていますが、ぼくはあんまり意外じゃなかったです。つまり、こういう次元では自分はやり合えない、関われないということを、この人はものすごくよく分かってるんやないかと思うんです。この人にとっては、相手がことばでいろいろ訊いてきたり尋ねてきたりするような、われわれが日常使っている感覚器官は「心理的に」とっくにやられてしまっていて、そうではない次元、波長、チャンネルを提示してくれるまでは動けないという感じがあったと思います。その一方で、この人は日常世界、言語に開かれた世界から完全に身を引こうとしている。

川嵜　ええ、ええ。

皆藤　しかし一方で、自分と合うチャンネルを必死に探している。そういうクライエントの姿がぼくには見えてくるように感じる。

川嵜　そうそう、ことばの世界には収まりきれないものがクライエントの内外を取り巻いて動いているといってもいいし、角野先生もそれが分かるから、ことばでの面接がなかなか深まらないという感じをもたれる。治療者もチャンネルを探している。

皆藤　ことばのことで言うと、人間は成長プロセスでことばを獲得していきますよね。そして、この人は分裂病の発症という、いわば世界の没落体験、ことばが完全に崩壊していく体験を味わいます。ほんとうにことばのサラダのようなことですよね。ここでぼくは、この人にとっては、いったん獲得された言語が崩壊していったのではなくて、そもそもことばを獲得していくプロセスで、何がしかの、コンピュータでいうとバグみたいなものがいくつか侵入してきた体験があって、それで、これまでは異変なくちゃんと会話してきたけども、あるときそのバグが強烈に機能するようになってきて、そうしてこのような妄想形成に到ったのではないかと思いました。

川嵜　ほうほう。

皆藤　長ったらしく説明しましたが、簡潔に言うと、この人はことばの本質をすごくよく知ってる人やないかって思うんですよ。バグというのは、言語体系で構築された世界を乱すものであって、それは本質でもあるということ、それが言いたかったんです。

川嵜　もうちょっと言うと、ことばの世界が嘘くさいっていうことをよく知ってる人ね。

皆藤　ああ、ああ、そうなりますね。

川嵜　その意味で、このクライエントにとってことばのことはすごく大切なテーマだと思いますね。

皆藤　うん。A子さんは入院するんですが、ほどなく「ここに来て以来、自分の考えを取られることはないです」って言うんですね。なんていうのかな、すごいですよね、こういうことをこの人はことばで語るんですよね。

まあ、病院が守りになっているっていうことをクリアに語っているとも言えるわけですが。それに続いて、「しかしまた考えを取られることがあるのでないかと思い、怖いです」って語るのは、主症状の内容そのものなんだろうけど、ここでぼくは、考えを取られないためにはどうしたらいいんですかとクライエントが問うてきているようにも思うんです。さっきのぼくの言い方をすると、言語でないチャンネルをセラピストと探そうとしているというか、探したいと思っているというメッセージがここで語られているような気がします。だから、「病的体験は表面から消えていた。A子にとってことばでの面接が始めから限界があることが、もう筆者には明確になっていた。なぜなら、一般的な言語面接では、なかなか治療関係を結ぶことがむずかしそうであったからである」とのセラピストの記載がありますが、こんなん最初からそうでしょう。ちょっと、とってつけた感じすらしますよね。

川嵜　この記述はほとんど循環論法で、「なぜなら」の理由になってない（笑）。

皆藤　うん、だから、セラピストはここで、A子にとってことばでの面接は始めから限界があるとセラピストには明確になっていたので、そのことをすごく覚悟してA子に会いましたという思いを語りたかったんじゃないかなと思う。
つまり、言語での面接が限界にあるっていうことの強調よりもむしろ、言語での面接が可能になるための手だてをセラピストがどこかで模索していた、少なくとも無意識的にはそういう動きがあったっていう語りのように思うんやけどね。

■風景構成法と治療者の姿勢

皆藤　ちょっと訊いてみたいんですが、この人が入院前に家で自分の覗き魔のことを訴えるためにナイフで腕を切って、血を部屋の壁に塗りたくっているという、この行為については何か思われたことありますか。

川嵜　それは、もうことばのレベルで訴えられるレベルを超えてるんだと思います。必死の訴えですよね。でも、ここで印象深いのは、この状態を指して、「自分の苦しさを訴える行動」と書かれているわけですが、これは治療者の解釈ですよね。

皆藤　そうなんです。

川嵜　普通の医学的な記述ならば、これは「錯乱」とかになるんだと思うんですが、これを苦しさを訴えてる行動なんやと見る視点自体がそもそも治療的な視点だと思いますね。

皆藤　なるほど、なるほど。ぼくもまったく同じこと思ってました。

川嵜　治療者がそういう方向に開かれてるから、いわゆる「錯乱」状態をクライエントが何かを表現しようとしてるようにみえるわけです。

だから、ぼくがむしろおもしろかったのは、そういう治療者が風景構成法①で「まことに異様な風景である」と書いてるところで、ああ、こういう世界を異様だとみることも一応できはるんだ、とちょっと新鮮やった（笑）。

皆藤　ははは。（笑）

川嵜　逆に言うと、それだけそういう方向に開かれている治療者だからこそ、ことば的な世界の方向性というものが、角野先生にとっても重要になってくるのではないかとも思いました。

皆藤　うん、論文全体がある意味ではそういうことのデフェンスになっているなあと思います。

川嵜　そうね。ことばを並べていくと――ことばは線の上に並べないと仕方ないんだけど――どうしても因果的な形になっていきがちだけども、たぶん、この治療者は治療がそういう因果的なプロセスだけで成立するとは思ってないのではないか。

皆藤　うん、成立しないとセラピストも思っている、と思う。セラピストなりに因果の表現で一生懸命固めてるんじゃないかな。たとえば、風景構成法①のときに、「以上のことを考慮して、筆者はA子に……風景構成法を行なった」と書かれてあるけど、ほんとうに以上のようなことを考慮して行なったんやろうか。「よしこのへんだ」とか何か思ってやったような気もするんやけどね。

川嵜　そうそう、世間的なしがらみもあるから、一応ロジカルなふりをしている（笑）。

皆藤　そうそう、そう思うね。だから読者に誤読してほしくないのは、あ、そうか、こういうことが起こってきたらここで風景構成法やるのかとか、そのような理解で読んではだめだということです。それではセラピストが伝えようとしたことが伝わらない。

川嵜　ロジカルな思考が最初にあって、それでこういうふうにしようとかいうのと違ってて、よっしゃこれや、とか直観的なものが動いてるとこが絶対あるでしょうね。

直観の源泉というのは分裂病的な領域だという言い方もできると思うんですよね。そういう領域に開かれてることが直観。角野先生はそういう領域に開かれている人だけども、そういう領域をこういう形の論文にしていくことで、治療者も言語的レベルのこの世界をとりあえず生きるわけでしょ。

皆藤　そやね、そやね。
川嵜　すごい先走っちゃっていいですか。最後の絵、風景構成法⑧で花が水面に映ってるでしょ。あれと繋がってくると、ぼくなんかは思うんです。
皆藤　どう繋がるの？
川嵜　角野先生という治療者の在り方と、分裂病の治療ということとの繋がりなんですが……。
皆藤　ここでセラピストはラカンの鏡像段階の話をしてるけど、これもとってつけてる感じやね。
川嵜　たしかに、ちょっと唐突な感じはしますね。
　ぼくが思ったのは、実像と水面に映った鏡像とが「あの世」と「この世」というようなイメージです。リアルなものとフィクショナルなものと言ってもいいけど。こういうクライエントさんは鏡に映ってる像の方が「この世」的に感じられるのかなっていう気がして。むしろリアルな実像の方がこの人にとって「あの世」なのかなって。普通は逆なんでしょうけど。
　この花の実像・鏡像にも繋がるけど、この人、〈二〉というテーマがすごく多いですね。ペアが多いって論文にも書かれてたけど、これも印象深い。
皆藤　ほとんどすべての風景構成法作品の「人物像」「生き物」がそうですね。
川嵜　風景構成法④と⑤なんかは、この二つの描画そのものがペアとも言えますね。角野先生も指摘してるけど、この二枚は互いに反転している対になってるとも言える絵です。こうやって、風景構成法⑤の絵を逆さまにして、互いの絵の頭のところをくっつけてみるとよく分かりますね。治療者が言われてるのは、風景構成法④で人が山のほうに歩いていってて、向こうに家がありますよね。その山を越えたところに現われた世界が、風景構成法⑤だということ。
⑤では手前に家がある。これは④と比べると分かりやすいけど、シンメトリーに反転している。だから、風景

構成法の④と⑤自体が鏡像と実像っていう感じがするわけね。で、角野先生の読みでは④が「あの世」で、それを越えて実像（⑤）の世界に入っていくわけでしょ。

この患者さんは、「あの世」に近しい人で、そちらの世界の方がこの人にとっては「リアル」に感じておられるのではないかとも思う。分裂病の方一般に言えると思いますけれど。「あの世」って言ってもいいし、それをことばじゃない世界って言ってもいいと思うけれど、ほんとはそちらの方がリアルなんだろうなと思うんですね、ぼくも。

でもその世界をそのまま生きるというのはとてもむつかしい。ぼくらは「この世」で生きざるを得ないわけだし、また、そういう人間としてこのような患者さんがこの世に根ざしていくことにやはりうれしさを感じるんだけれども、こういう人は絶対あの世の方にリアリティがあるっていうのが分かってる人だと思うんですね。で、あの最後の風景構成法⑧で花が水面に鏡像として映ってるっていうのは、そういう実像と虚像、つまりあの世とこの世が両方あって、この両者を一枚の風景のなかに収め得たっていうことがすごいなあと思いました。風景構成法の④から⑤の間で世界が反転するでしょう。この体験を風景構成法⑧で風景のなかに収めたとも言える。そういう意味で川に映ってる花と、実像としての花っていう感じがすごいしました。

もうちょっと言うと、角野先生も鏡像の世界の方に傾いている人――いい意味でですが――でしょう。でも、実像の世界でも生きていかなければならない。実像のふりをしないといけないというか（笑）。人間にとっての実像の世界というのはことばの世界だと思うんですね。だから皆藤さんが言われたのよく分かりますね、「何故ならば」とかね、「こうこうこういう理由で」とか角野先生が論文に使ってるけど、そういう論理はこの世では実像なんだけど、ほんとは虚で、実はそれとはかなり違う世界をベースにして治療してるんではないですかね。

皆藤　いまの脈絡で言うと、風景構成法ってやっぱり鏡だなあっていう感じがするね。風景構成法①を施行したという、これ自体がすごいコミットだと思うんですよ。言語レベルでのもどかしさをセラピストは、治療関係がもうひとつうまくいっていないと感じながら。これって、いわゆる言語レベルの治療関係がうまくいっていると確認できるのがこの世の次元のことじゃないですか。だからこそ、セラピストはうまくいっていないと感じるわけです。そして、風景構成法を導入することで映し出す鏡を出してきた。向こうの世界を映し出す鏡を。こっちだったらどうだろうと、そういうコミットだったんじゃないかなと思いますね。

川嵜　そういう意味で、治療者が風景構成法に転移を起こしていると皆藤さんが言われたのはよう分かりますね。

■風景構成法①

皆藤　風景構成法①を施行中の記載なんかすごいですよね。「描画中のA子は普段と違ってのびのびとした様子であった。彼女から発せられるこの気持ちよい雰囲気は、筆者にとって充分に受け入れることができるものであった。この描画中の雰囲気は、言語的な面接では感じることができなかった親密なものであった」。これ完全に風景構成法に転移してるって感じがするね。これはクライエントにたいして転移してるとかいうふうなこととは違う、そういうふうな治療関係の流れじゃないと思います。

川嵜　「あの世」転移やね（笑）。

皆藤　うん、そうやね、ほんとそうやね。

川嵜　でも、分裂病の方との治療ってそのくらいのことが要るんだろうなと思いますね。

皆藤　風景構成法①でセラピストが語っていることからすると、やっぱりちゃんと見ているなあという気がすごくしましたね。これだけていねいに説明してくれたらよく伝わってくる。それで、最後に「これでいける。よし」という気持ちになったんですね。すごいなあ。なんでそういう気持ちになったのかあ。だいたいこういう作品が出てくると、「これでいける。よし」とは逆の方向に気持ちが動いて不安が掻き立てられることの方が多いんやないでしょうかね。

川嵜　角野先生の表記では、「右側の枯れているような木でも緑がある」とかですね。

皆藤　うん、下はね。

川嵜　微かなサイン、生命の芽生える方向にたいして、それをすごく大事にされてますよね。

皆藤　この作品、角野さんのこの説明っていうか、語りはぼくもとても納得できるものなんですけど、それとはまた別に川嵜さん自身何か思ったことはないですかね。

川嵜　ぼくの印象なんですが……、ぱっと見たとき世界が下からビリビリ裂けていくような感じがした。

皆藤　セラピストは上昇という、上下軸、垂直軸でみてるけど。

川嵜　そうですね。方向としては似た見解になるのかもしれないけれど。角野先生は、「上昇の方向に働く」って言ってますね。それで、うまいことといけば、ポジティヴなエネルギーとしてこの動きが働くのではないか、と。ぼくの表現では、これが世界が二分化される……。

皆藤　ああ、裂ける……。

川嵜　それからやっぱり、釣りをしている人がすごいなあというか。

皆藤　これはすごいねえ、富士山の頂上から釣り糸垂れてる。

川嵜　すごい混沌とした世界にたいして、何かを釣ろうという人も出てくるわけでしょ。大変な作業だけど。だから、元型的っていうことば使うならば、そういう混沌とした分裂病的なすごい世界から何かを意識の方に釣り上げてもってくるためには、釣り人の背景に太陽が要るんだろうなと思いました。そうじゃないと釣り合わない。

この本の第6章にも取り上げた皆藤さんの幻聴の事例を少し思い出しましたね。あの事例も太陽が大きな意味をもっています。この患者の太陽もとても大切ですよね。やっぱり太陽っていうかコスモスの中心みたいなものを背景にしないと、この混沌としたものに対処できないというか。

こういう元型レベルのものが布置されること自体がもちろん大変なんだけど、それでもそれを伴って釣り人が出てきてるっていうのは、角野さんも言うように可能性を感じますね。大変だけど。

皆藤　釣りのテーマってほぼずっと一貫するんですねえ。

川嵜　そうそう、ずっと一貫してますね。一枚目とか何か思われます？

皆藤　うーん。さっき川嵜さんが、角野さんはまことに異様であるって言うんだなあと不思議がってましたけど、まあ風景構成法を知らない人が見たら、一般的にはなんやねんこれっていう感じの作品ですよね。

ぼくなりに引き受けたテーマを語ると、この作品にはこの人の病理なり症状なりが反映されているというよりも、むしろ、どうしてこれまでこういう表現の機会を与えてくれなかったんだという、この人なりのこれまでの人生にたいする申し立てや、「私はこれだけ描けるのよ、これだけ表現できるのよ」という思いが強く込められていると思います。ほんとうに素朴な印象としては、そう思います。

ですから、セラピストが風景構成法を導入してコミットする姿勢にこの人がきちっと反応した。「これだけ描けるのよ私は」って。その描き手の思いを、記載されているようにほんとうにきっちりとセラピストが汲み取っていった。第一印象はこんな感じです。だから、異様というよりも、何か子どもって絵を描き始めのころはこんなん描くんじゃないのかなとか、富士山の頂上から釣り糸を垂れたら何が釣れるやろうとか、ある意味でイメージ遊びの要素も入っているようにも思いました。

川嵜　こういうのたしかに異様なんだけど、異様さをこういうふうに絵に描けること自体がすごいよね。これを違う表現でなんとかやろうと思ったら、さっきあったようにナイフで腕切ってね、壁、血で全部塗らんとしょうがないっていう感じしますよね。

皆藤　思いますね。それから〈二〉というテーマを言われましたが、たしかに作品を通して続いていきますし、ぼくも印象的なテーマだと思いました。それと、もうひとつ思ったのは、この花ですね。富士山の山頂付近右側から花が出てるんですよ。右側の道にもチューリップがあります。これらは最後の風景構成法⑧の花とぼくのなかでは非常に連動しています。そして、富士山の頂上から釣りをするこの人が、この頂上を大地として見たときに開かれた世界が、先取りしていいますと、風景構成法⑧の川と花なんです。風景構成法①の花は風景構成法⑧の川面に映った鏡像ではないかと。

川嵜　ああ、なるほどね。おもしろい。

皆藤　風景構成法①は、太陽を背にして見る影の世界、混沌の世界だと思う。だから、道が途中で止まっていたりとか、そういうのはむしろ当たり前です。見えたり、見えなかったりするわけだから。

川嵜　富士山の山頂の天辺を大地に見立てると、下の方の混沌としている世界っていうのはあの世っていうか鏡像になるわけよね。

皆藤　うん、そうそうそう。

川嵜　それが最後の風景構成法の絵の花と、川に映ってる花に。

皆藤　そうそう、そうそう。

川嵜　ああ、なるほどね。混沌としている世界に咲く花を「釣り上げた」風景が最後の風景構成法⑧の実像と鏡像の花とも言えますね。やっぱり、こういう混沌としたあの世をこの人がどうこの世で生きるかっていう問題ですね。

皆藤　そうですね。

川嵜　混沌に咲く花を完全に消し去ったらものすごくつまんないわけでしょ。その花が咲いていない世界は嘘くさい世界なわけですからね。といってそれをそのままこの世にもってきたらぐちゃぐちゃになるわけ。

皆藤　そうそう、嘘くさい世界っていうのほんとうにそうで、この人が言語の本質を分かってるっていうのとものすごく繋がると思う。

ぼくは知らないけど、妄想の語り部って、「考えの覗き魔」とかいう表現をするのかなあ。覗くわけでしょ、考えを。「考えの覗き魔」って考えを覗く悪魔、だから向こうの世界からふうっと覗いてきたっていうそういう感じもするじゃないですか。そして、覗いてみるとものすごくつまらん世界だったから全部引っこ抜いていく。そうすると覗き魔の世界は非常に混沌としているけれども豊かな世界が開かれていく。そういう脈絡では、最後の作品から逆に辿っていくこともできるだろうと思う。「考えの覗き魔」が引っこ抜いていったらとうとう風景構成法①の世界が開かれたという表現もできると思います。

それから、A子さんはこのセラピストに出会ってほんとよかったと思います。というのは、セラピストはこの人との関係性にすごくこころを寄せていて、この人の症状が取れていくとか、治っていくということよりも、この人と関係をいかに結ぶのかということを主眼において会っていたと思うので。そういう意味ですごくよい出会いやったなあと。

川嵜　強制的に連れてこられた人は、すごく信頼関係が成り立ちにくいって治療者は言っている。当然だと思うんだけども、そういう発想するドクターっていうのは、意外に多くないんとちゃうかっていう印象もありますよね。

皆藤　うん、そう思います。

川嵜　錯乱してるから連れてくるのが当然で、即入院とかね。

皆藤　そういうときにさ、普通、論文では「なぜなら錯乱しているから」とか書きますよね。しかし、角野さんはそこは因果的には思わんわけです。治療関係というスタンスをはずさないから。この辺りは、角野さんの臨床家としての真骨頂みたいな感じやね。

さて、この白鳥は、セラピストは女性性みたいなことをイメージしてますけど、どう？

川嵜　そうとも言えるでしょうし、同じこと言ってるんかもしれないけど、蓮の花も含めて宗教的な感じしますけどね。どうしても風景構成法⑧の鏡像の花に行き着くんですけども、あんなもの普通は描かんでもいいわけですからね。わざわざ川に花が映っているところなんか。でもこの人は描かざるをえない人でしょ。鏡像があって初めて実像が成立している、あの世があって初めてこの世が成り立っている。白鳥や蓮はそのような世界が構成されていく可能性の芽みたいな感じがして、ちょっと宗教的な感じがしました。
皆藤　なあるほどね。
川嵜　角野先生がいう聖性というのはユング的にいうとアニマっていうことにたぶん繋がると思うんだけど。魂とかね。そうすると、ほとんど一緒のこと言ってるんでしょうけど。
皆藤　なるほど。それにつけ加えてちょっと思っていたのは、このいわゆる混沌の世界のなかで、蓮の花っていうのはよく泥との比較で類い稀なる美という描かれ方をするなあということと、白鳥ですね。白鳥で最初に思ったのは、飛翔。飛び立つっていうこと。それで、この世界を構成し直すなんてことをやろうとしたら大変なことで、ぼくはこの混沌とした世界をもう一回再構成するというよりも、飛び立つことによって新たな世界を見出す可能性に賭けていこうとするという意味での飛翔のイメージをもちました。だから、風景構成法②ではある程度飛び上がったところから見ているなあということを、もう白鳥の視点になっているなあと思いましたね。
それと、富士山の頂上のこの人ですが、この位置ではおそらく、必死の思いで「わあっ」と叫んでも誰にも聞こえへん、言語とははるかに遠い、そういう意味でことばともっとも遠いところに位置づけたんだなあと思いまして、ぼくはとても印象深かったですね。道の辺りに人がいたりという感じよりも、富士山の頂上の方がよっぽどこの人らしいなあと思います。そして、釣り糸垂れて、ここから何か釣ってこようとしている。魚釣りって説明いらないよね。魚との波長合わせですよね。そういう作業です。だからセラピストは嬉しかっただろうなあと思います。

川嵜　これ人がいなかったらすごいですね。人を拒否して描かなかったら。
皆藤　あああ、きついと思うなあ。
川嵜　そうそう、きついですね。
皆藤　きついっていうのは、可能性というか、展開への可能性がすごく弱まっていくなあという意味です。

■「太陽」の表現を巡って

川嵜　これ、太陽描いたの、人のとき描いたのかな、いつ描いたのか分かんないけれども、人の背景に太陽がいるんやろうなと思うね。これ太陽が抜きでもちょっと心細いよね。あまりに下がすごすぎて。だから釣り合いとるために太陽的なものが背景にいるんだろうなあと思う。
　で、これもちょっと先取りしていくことになるけど、太陽って中心的なものでしょ。ユングなんかも言ってる「周回」ってあるじゃないですか。これもう少し詳しくしゃべった方がいいのかな。
皆藤　うん、どうぞ。
川嵜　全部の絵を通して太陽はずっと出てきます。一枚目の太陽は絵中の人にとって背景をなす中心にみえますよね。下方の混沌にたいして太陽という秩序の中心が必要なんだと思う。この状況ではそれが絶対に必要なんだけど、でも、ちょっと人と太陽が近すぎるとも言える。あんまり、中心に近すぎるとよくないでしょう。本来、中心にたいしては距離をおいて周囲を巡るのが、この世に生きる人としてのふるまいなわけです。
　風景構成法②でも太陽は中心的な位置を占めてます。でも、三枚目以降、だんだんと太陽が周辺に動いていくでしょ。
皆藤　ああ、はいはい、なるほど。
川嵜　全体を通して風景自体が太陽の周りを周回しだしていくような感じがする。最初の絵に比べて、徐々に太陽から適度な距離をとって。人物はだんだんと太陽から離れていきます。太陽がそのまんまもち込まれてきたらやっぱり困るわけで、太陽の周りを巡って太陽を直視しないのが二枚目以降の風景とも言えるでしょ。だからそういう意味でも、この人がだんだんこの世に入ってきたのかって思いましたけど。

皆藤　ああ、おもしろいねえ。自我やね、自我形成やね。

川嵜　そうそうそう。風景構成法⑤や⑥なんか最初の絵に比べたら太陽の圧倒的な存在感が薄れてますものね。どこからともなく太陽に照らされてこの世があるっていう感じ。

皆藤　自我形成のことを風景構成法的にいうと、風景構成法で表現される世界っていうのは何もその人の内界すべてではありえない。枠で切り取られた世界の一部が表現されているわけです。もう少し言うと、セラピストとの関係性のなかで展開される世界が投入されるわけです。そこで、川嵜さんが語ってくれた太陽の周回の脈絡で言うと、クライエントの世界が太陽を中心に周回しているとしたら、たとえば風景構成法①で切り取ってみたような世界も、風景構成法②で切り取ってみたような世界もこの人にはあるということ。そういうふうにみるときに、切り取れるということは、切り取れる自我ができたとぼくは考える。「ここで切り取るんだ」と。それは、たとえば風景構成法①の世界を切り取るよりも風景構成法②の世界を切り取った方がセラピストとの関係性のなかでは了解しやすい世界になるわけです。風景構成法①よりもより了解しやすい世界へと、この人は風景を切り取っていける。そういう意味で自我が次第に強化されてきている、言い換えれば治療が進展しているということが起こってきている。だから、この人の世界が風景構成法①から風景構成法⑧へと変化したんだという見方よりも、風景構成法①の世界はまだこの人のなかのどこかに生きている、けれども風景構成法⑧の世界をわれわれに提示するところまで関係性が築けるようになってきたんだという理解の方が、ぼくは大切だと思う。というのは、風景構成法①の世界をこの人は消し去ることはできないんやから、この世界を抱きながら風景構成法⑧の世界を生きることになるという意味と同じです。

川嵜　いま皆藤さんがおっしゃった、クライエントの世界をある角度から「切り取った」ものが風景構成法での風景であるという考えはすごく大切だと思いますね。つまり、どの風景も変化してなくなるわけではなく、どこかに生きているという考え。そう、もっと言うと、「自我」とはあることがらにたいする「切り取り」方のことを指すものだともいえる。

いまのことに繋げつつ話を太陽に戻しますと、ユング的に言うならば太陽がセルフで、風景を「切り取る」視点が自我、という言い方をしてもいいんでしょうね。太陽ってやっぱり中心ですよね。中心、秩序をもたらすもの。その意味で、メタレベルにあるものと言ってもいいんだけど、上のレベルから大地、この世を支えるものだと思うんです。この世には整然と秩序があるでしょ。たとえば集合論を考えたらいいんだけど、犬とか猫とか兎とかね。でそれは、ひとつの集合としてまとまるわけです。動物の集合として。「動物」というのは「犬」や「猫」にとってひとつ上のレベル、つまり太陽なわけです。それがあまり近づいてきて、同じ地平で、犬と猫がいたところに「動物」がやってきました、とかになるともう混沌、カオスなわけです。だから、風景構成法①をみて思うのは、普通太陽っていうのはこんなに近づかないと思うのね、人に。

皆藤　ははは（笑）。

川嵜　でも、この人はこの時点ではこのような近い距離に太陽をもってこざるをえないくらい大変だったわけです。太陽で示されるのと同じレベルの混沌に巻き込まれているから。ゆうたら犬とか猫とか牛の世界にいきなり「動物」がそのまま入ってくるようなものでしょ。ものすごい大変やね、混沌としてて。

で、それがだんだんと太陽と距離ができていく。それを直視しないというか。間近に太陽は見えないんだけど、それに照らされるからこの世があるという感じで。動物っていう枠はあるんだけど遠くにあって、それで初めて牛とか猫とか、秩序化された世界ができてるっていうか。

皆藤　そういう意味で言うと、〈二〉という分割のテーマっていうのは、風景構成法①では太陽と白鳥という感じがするね。

川嵜　ああ、そうですね。

皆藤　赤と白で。どちらも中央軸というか中心軸にいる。白鳥は水面から飛び立っていない。太陽は上方。これが転換するというか、ここに〈二〉のテーマのプロトタイプがあるかもしれないね。

川嵜　そうそう、根源的な二分割。

皆藤　そうそう。おもしろいねえ。

川嵜　その意味では、この後にだんだんと出てくる犬のペアとかは、むしろこの世的な二項対立って感じがしますね。風景構成法②のキャッチボールもそうだし、⑦の仲よさそうな鳥とか。対象との親密な関係みたいなのももちろん反映されているんでしょうけど。比べると最初の太陽と白鳥はたしかにすごいレベルですよね。

皆藤　そうそう。

皆藤　この一枚目の作品を描き終わってほどなくこの人の会話が増えて。

川嵜　そうですね、親とも。

皆藤　父親が面会を求めて来るなんてことが起こるんですよね。

川嵜　うーん、すごいね。

皆藤　すごいなあ。これまでのこの人の体験世界からすれば、確実に開かれているわけで、こういう事態が起こってきてもぼくらは何かああそうだなあっていう感じがしますよね。

川嵜　これは治療者もよく分かっているわけでね。

皆藤　見守るだけで「充分であると思っているからである」って書いてある。

川嵜　しかし、現実面での制限とかもちゃんとやってますよ、って書いてある。

皆藤　「ゆるぎなく行なうということで」。

川嵜　現実面での制約もないと困りますからね。

皆藤　なんかね、心理療法的人間関係のなかで働くエロスっていう言い方をすると、角野さんの場合、いわゆる人間関係の転移レベルで働くエロスというよりもさらに次元が深いエロスですよね。で、セラピストはその次元で風景構成法にすごくエロスを感じている。そのエロスをクライエントと共有するというか、そんな感じがするけどねえ。これは箱庭でも同じだと思う。箱庭をやらせてみたらこんなに変わりましたなんていう人は全然エロスがないわけでしょ。だからものすごい変な技法の次元でやっているわけです。

■風景構成法②

川嵜　二枚目、いきますか。

皆藤　風景構成法②では、なんと言っても、「なんで、空に道なのか」というセラピストのコミットだと思うんですけど。しかも、おもしろいのは、「なんで、富士山から魚釣りなのか」って言わずに、「なんで、空に道なのか」というきわめてこの世的なおかしさを語ってるところです。富士山の頂上から釣りをするなんてことも、考えたらものすごくおかしいことなんですよ。でも、こういうことは何も言わずに、「ただ見守るだけであった」でしょう。ここでは思わず言うのね。これは、セラピストが開かれたっていう感じがしませんか。

川嵜　その発言はまちがいなくまったく意図的ではないわけで、そういう「時が来た」という感じだったんでしょうね。これ、セラピストが思わず言ったと言ってもいいし、クライエントが思わず言ったと言ってもいいし、共同作業ですね。

皆藤　うん、ほんまやね。

川嵜　角野先生も書いてますけど、ことばの発する源が違うことばなわけです。その意味で深いレベルなんだけど、それでも言語化ということがここで入ってるわけね。

皆藤　言語化入ってるね。
川嵜　風景構成法って通常は完成された絵をぱっと提示されるから、追体験がむずかしいけど、描かれた順を追って想像してみると、これ、まず川を描くわけですよね。で、山を描いて、田、道って言ったときに、道をここに描くわけですね、上に。これは見てたらすごいと思うよね。
皆藤　この体験をともにすると、風景構成法①の富士山の頂上のラインをこの人はずっとどこかにイメージして、それがこの道に表現されたという感じがします。
川嵜　ははあ。いま言われたらなるほどと思ったけど、そういう発想はちょっとなかったんで。おもしろいですね。

この川は、二股に分かれますね。木はもう少し後で描いたんだろうけど、角野先生も書いてるけど、この川の始まりがよく分からない。
皆藤　はいはいはい、川のこの……。
川嵜　この人にとっての始源っていうのは、すごく大きなテーマだと思うんですね。始源というのは簡単にいうと、「なぜ、私はこの世に生まれてきたのか」という根拠なわけですが。

ぼくは、その川の始源を木で隠したんだと思ったのね。これはとても健康なやり方だと思うんです。箱庭なんかでもよくあります。置きたいけど置けないものを、とりあえず砂のなかに埋めたり、森の中に隠したり。隠すっていうのは、何かあるんだけど、それをはっきりと明示することができないときに、表現するすごいうまい手段だと思うんだけど。普通の人はあんまり「私はなぜ生まれてきたのか」とか考えないわけです。でも、このクライエントは考えざるを得ない人でしょう。でも、さっきの太陽と同じで、その始源、根拠は直視すべきものではないのかもしれない。

だから、川の源流っていうものがちょっとテーマとして出てきて、それには触れられないから隠すみたいな感じがむしろ健康な感じがした。しかも川が二股に分かれるでしょう。これ、やっぱり二項対立的でことばの世界に重なるような気もしました。ことばの世界の源っていうか、分割されてるわけね。

皆藤　なるほど。

川嵜　それがまあ、皆藤さんの言ってることと近いかもしれないけど、すごい深いレベルで起こってて。道って意識レベルと関係すると思うんだけど、意識レベルで起こっているよりも深いレベルでの分割、つまり川の分割だから、道を下の世界に置けなかったんかな。だからぱっと上に上げざるを得なかった。皆藤さんが言ってるのとほとんど重なってきますけどね。下のほうが結局混沌とした世界。風景構成法①に比べて次元は変わってきてますけど。

　角野先生の発言がおもしろいのは、それをことばで「なんで」って言ったわけでしょ。だからことばレベルの方向にいろんな動きが全部共鳴して動き出してるっていう感じがしました。山が分割されてようにもみえるんだけど、これもそんな感じするのね。

皆藤　うんうん、なるほど。

川嵜　太陽っていう中心によって山が分割されていく印象。ことば世界の現象的な開ける瞬間っていう感じがする。この辺り、角野先生のいう「ことばの発する源が違うことば」に対応してるんだと思う。

皆藤　この人が虹を描きますね。やっぱりぼくは、なんで虹なんだろうと思ったんだけど、いまの川嵜さんの話で、なんとなくやっぱり虹かあっていう感じがしました。開けてくるっていうようなイメージです。それから〈二〉という分割のテーマからすると、繋ぐという表現が出てくるはずで、虹ってこの作品には出てこないけど、始まりと終わりがあるわけで、そういうふうな意味の表現かなあと思いました。

川嵜　虹でちょっと思ったのは、ユングの『錬金術と心理学』のなかに、人が虹の下を通っていくという夢が載って[1]て。虹ってあの世的なものだから、人間はその上を行ったらあかんわけです。下をくぐらないといけない。

この世に生きる者としては。そういうこと書いてたと思うんだけど、ちょっとそれを思い出しました。

皆藤　なるほど。

川嵜　風景構成法①では、途切れて分断された道の下がカオスですよね。風景構成法②も最初、道が空にあってその意味で道の下はカオスだと思うんです。それが、角野先生のコミットが「なんで空に道なのか」ということばを通して現われたことによって、空の道が虹になって、カオスは虹の下、つまりこの世に生きる人間のものとして少し収まる方向に動いていく。

皆藤　始源ということ言われましたけど、この人にとってのと言ってもいいし、人間にとってのと言ってもいいし、始源って何処なんでしょうね。

川嵜　普通に生きている人は考えないんじゃないですか。自分の始源や根拠など分からなくてもどこか安心して生きているのが、まあ普通の人では。でも、このクライエントはそれを深いところで考えざるを得ない人なんじゃないでしょうか。

皆藤　ぼくねえ、セラピストとの間で、この人はそのことをちょっとやろうとしかかったんじゃないかと感じるんです。しかしこれ、やりだしたらたまらないっていうか、結局分からないことをやろうとしてることになるわけですよね。この脈絡と、この人の主症状を思うとき、つまりことばの次元で思うとき、「考えの覗き魔が脳に入ってきて、自分の考えをすべて抜き取り外へ伝えてしまう。……」という訴えは、その行為の主体は明確ですよね。「考えの覗き魔」です。ここでは、ことばを誰が発したのか、そして誰が聞いたのかということ、つまり始まりと終わりみたいなものはものすごくクリアになってますよね。そう思うと、風景構成法作品全体を通して唯一人間が向き合うのは、風景構成法②だけなんですね。

川嵜　それは、このキャッチボールをしている人のこと？

皆藤　そう、キャッチボールだけなんですよ。ぼくはここにはどうも、セラピストとクライエントが、少なくともクライエントはセラピストとそういう始源のことについてのやりとりをしようとしたというイメージがあるんです。だからこのボールのような丸は、これはもうセルフが往ったり来たりしているっていうふうな感じがしたね。

川嵜　そういう感じがしますね。これ、ボールをはさんで人が向き合ってるのと、太陽をはさんで山が向き合ってるのと相似形ですよね。

皆藤　ああ、ほんまやね。

川嵜　その意味でも、ボールが太陽的なもの、つまりセルフだというのは分かる。

皆藤　ほんまやね。

川嵜　魚が川の分岐に沿って左右に分かれている。その真ん中で人が何かを釣ろうとしている。これも形が似てますね。だからこの絵、セルフというか、中心を巡っているテーマが何重にも表現されてる感じ。この中心を始源と言ってもいいんでしょうけど。

皆藤　風景構成法②のキャッチボールからは、現実的でとても健康的なイメージを抱く人もいるだろうなあと思うけど、ぼくはむしろ風景構成法①からの系列という意味では、さっき川嵜さんの説明にあったように、風景構成法①の世界が次第に形をとり始めてきているところに必然的にもたらされる始源のテーマというイメージがします。そのことが、キャッチボールしてる人、山と山の間の太陽、二股の川と魚と釣りに表現されている。

川嵜　山も川も二つに引き裂かれているようにもみえると言いましたが、そういう意味では二つに引き裂かれるっていうのは分節化の始まりでもあるわけです。この世としてのことばの始まり、っていうか。その二つに分かれる最初の分岐点が、太陽やボールで示されるセルフというか中心ですよね。つまりこれらは始源なわけです。世界が二つに分節化されていく根源ですものね。風景構成法②の人物はそれをキャッチボールやってるとも言える。その意味で、皆藤さんが言われたように、クライエントと治療者がこの人物に投影されているでしょうね。

皆藤　ああ、そうですね。そう思いますね。
川嵜　でもこれはこの人が一番やりたい、やらざるを得ないことでもあるし、やりだしたら大変なことでもあるんでしょうね。
皆藤　ぼくたちは案外そういうことを、さほど苦労せずにごまかしてやってきてる感じがしますよね。だからこの、「一瞬の言語的な介入が何らかの展開を促す力にもなることがある」というセラピストの語りは、ことばっていうのは通常は意識レベルだけれども、このようなときは明らかに無意識レベルだということです。
　それから興味深いのは、セラピストはたくさんことばを尽くして説明してますが、一言では、そのことばはたまたま出てきたっていうことですね。つまり「偶然」です。この「偶然」とはなんだろう、などということを考え出したら、もうたまらないと思うね。ここを、だいたいぼくらはごまかして。まあ、そういうこともあるわいな、っていうふうにすませちゃうわけです。だから、ぼくに言わせたら、ここは偶然性を一所懸命セラピストが語ってるっていう感じがしました。
川嵜　「偶然性」ってすごく大事ですよね。「必然」的に了解可能な領域ってけっこう狭い領域なんじゃないですか、ほんとは。角野先生のことばはその「偶然性」の領域、太陽と言ってもいいけど、そこからやってきたとも言える。それによってクライエントの世界の分節化が変わるわけでしょう。道だと思ってたのが、虹になる。
　こういうことばを「必然」の領域から放つと危ないでしょうね。計算して言うとかすると。
皆藤　ということは、まあ、セラピストがすごく気をつけておかなくちゃいけないことは、やっぱりセラピストは神にはなれないということやね、極端に言ったら。
川嵜　そうそう、下手したら神様になっちゃう。ニセモノの。
皆藤　そう、そうそう。
川嵜　神様になるということは悪魔も隣合わせですから。下手するとそういうことばが破壊的に働く。

皆藤　やっぱり、そうやねえ。

川嵜　しかし、この太陽ほんま中心っていう感じやね。真ん中にあって。

皆藤　『ユング自伝』のなかにユングがプエブロ－インディアンを訪ねたときの体験が語られていますが[2]、そこでユングは太陽にたいするインディアンの姿勢に深くこころを揺さぶられるんです。それは、神としての太陽を語るインディアンの姿勢なんです。そういう太陽に近いですよね。

川嵜　そうですね。あ、それから、もちろん言わずもがな、ですけど、釣りをしてた人が山頂から降りて来ているっていうことも大きいことですね。

皆藤　ああ、ああ。なんで降りてきたんやって訊かれれば、降りてきたくなったんや、というふうに答えるのが一番いいんだろうけど。

川嵜　あえて言えば、風景構成法①での最初の混沌っていうのが②では少し分節化されてきてる。根源的な二岐という形での分節化ですけどね。だから最初の混沌に対応するような太陽を背景にしなくてもすむっていうか、ちょっと太陽から離れられるわけでしょ。それで山から降りられたのかなと思った。

皆藤　うん、第6章で川嵜さんが取り上げてくれるぼくの事例のクライエントの連想で言うと、太陽は太陽として、人は人としてっていうふうな感じですね。やっぱり太陽と人って手を繋いでは生きていけないわけで、そういう意味でのこの世の世界と神的世界がきっちり分離したとも言える。

川嵜　そうやね。そういう感じしますね。じゃあ、三枚目に。

■風景構成法③

皆藤　風景構成法③では、セラピストの語りはとくに違和感ありませんでした。セラピストはどうも、「中心の上への方向性」ということにすごく注目してるようで、この作品にはその方向性が弱い、したがって、「その分だけよい意味で落ち着いたのではないかと思う」と書いてます。この、「中心の上への方向性」というのはどう思われますか。これはやっぱり大地との遊離かな。どういうようなことなのかなあ。

川嵜　そうなんじゃないでしょうかね。

皆藤　この時期、非常に疲れているように見えたA子さんについてセラピストは、「精神病状態の持続ないし悪化ではなく、回復に（心的エネルギーが）費やされていた」と判断していますが、そういうことと作品のイメージとはマッチするなあとは思います。たとえば、道の分岐点にある大きな岩とか、車が道に乗っていないとか、こういう、ある意味では分かりよい表現が出てきた、この人のテーマが分かりよくなってきたというふうに言っていいと思います。

それから、とりたててどうこうではないんだけども、〈二〉のテーマで言うと、ウサギ、犬、人、魚は〈二〉ですが、鳥だけ三羽やね。

川嵜　ぼくね、思ったのが、風景構成法①では道が分断されてて、片側の道が岩で止められていたわけですけど、この道を左右そのまま繋げると風景構成法③の道に近くなるんだなとまず思いました。つまり、岩はあるんだけど道が繋がる。

皆藤　あああ、なるほど。

川嵜　それで、風景構成法②では川が二つに分かれるんだけど、それが③では道が二股になる。より意識的なレベルでの分節化の始まりということも感じました。

始源ということに関して言えば、川の始源はここでは花で隠されてる感じなのね。川の始まりっていうのが。これは風景構成法②から続いているテーマです。その意味では、③では道の分岐点の始まりが岩で隠されているとも言える。

でも、考えたら川の始まりって、どこなのかなって不思議に思いませんでした？　子どものころ。

皆藤　ものすごく不思議やったね。
川嵜　どうなってるんだろうかって。
皆藤　そうそう。よくＮＨＫなんかで、川の源流を辿るとかね。
川嵜　池から始まるのかな、とか。
皆藤　山やろ。
川嵜　あ、そうやね、ははは（笑）。で、始源ってよく分からないんだけれども、分からないものをとりあえず隠しておくっていうのは、ある種健康な感じするんですね。
皆藤　なるほど。
川嵜　ここで川の始まりを花で隠せるっていうのは、無意識的な根源的な始源というのがクライエントにとって少しおいておけるような感じになったのかなと思いました。この人にとって、ま、隠してもよかろうみたいな感じなんかな、って。
　それで今度は、意識的な始源というか、道の二股という意識的な、二項対立的な領域が問題になってくる。この世的な始源の問題ですね。それをここでは、岩で隠してる感じがすごくした。
皆藤　なるほどね。
　セラピストは風景構成法②で「なんで、空に道なのか」とコミットしますが、これが風景構成法③にも生きてるなあというか持続してるなあと思いました。クロノスとしては、風景構成法②が五月三十一日、風景構成法③が六月十二日だから、およそ二週間。「なんで、空に道なのか」っていうコミットが、あの世の道をこの世に降ろしたという感じがしますね。
川嵜　ええ、ええ。それはたいへんな仕事だから、岩がこの世の道に乗っかったとも言える。
皆藤　そうそう。だから、風景構成法②にある二つの山の中間に太陽という、この大きな象徴的テーマが、風景構成法③では少し弱まってますよね。けれども、〈二〉というテーマはずっと残ってるわけですよね。他のアイテムで。それはやっぱり、道がこの世に降りてきたことと、降りてきたこの道からすれば、風景構成法②にみられた象徴的テーマは表現しなくてもやっていける。この道からみたら、ここそのものが、つまり足元がテーマなのであって、向こうの方、神的世界というのかな、向こうの世界がテーマになるよりも足元だという感じがする。

その関連で、車はどうやろうね。セラピストは道に乗ってないって書いてるけど。

川嵜　車ってなんか思われますか。

皆藤　やあー、意外やったね、ぼくはすごく。

川嵜　車って自分で運転して動かせるものですものね。能動性っていうか。この人、抜き取られるとか、受動的に世界にふりまわされる人だから、この辺りの症状が動く可能性とも関係してるのかな。

皆藤　ふんふん。ただやっぱりなんでこの人が車を連想したのかが分かんない。道に繋がってたのかなあ、分かんないけど。ただ、風景構成法①のときに、セラピストがセンターラインがあるっていうことにわざわざ言及してますよね。で、この辺りの意識性がしっかりしていることを治療的な可能性として語ってますよね。そういう意味の繋がりで車っていうことやったら、なるほどっていう感じ。だけど、能動性という意味で言うと、この人にとってもっとも必要な能動性は言語やろうね。主体が語る言語っていう。そういうテーマで出てくるんじゃないかなっていう感じはする。だけどまあ、やっと横に並んで魚を釣っているというか、ここはちょっともうやめたっていう感じじゃやね。

川嵜　何を？

皆藤　風景構成法②に表現されたキャッチボールはもうしいひん（もうしないの意）っていう感じですね。

川嵜　キャッチボールに対応していた真ん中にあった太陽がちょっと周辺に移行したのとも繋がるでしょうね。

皆藤　ああ、そうやね。

川嵜　だんだんと太陽から離れていきますからね。

皆藤　しつこいようだけど、セラピストが風景構成法②で、「なんで、空に道なのか」のコミットを説明するときに、治療的な展開を促すこともあるし破壊的に作用することもあるという両面性を語っていますが、この辺りは非常に大切なことだと思います。教科書的な言説ではなくて、ここでも関係性そのものに両面性が起こったなあと、ぼくはみています。つまり、風景構成法③で道がこの世、大地に降りますよね。A子は「あんたが、風景構成法②で〈なんで、空に道なのか〉って言ったのはこれくらい大変なことなのよ。それが分かる?」とセラピストにコミットしているように思うんです。でっかい岩が道を塞ぐ形で描かれるところなんか、完全にそういうコミットをA子はセラピストにしていると思います。

川嵜　まったく同感ですね。道が大地に降りたら降りたで大変なわけですから。

皆藤　ある意味では、この人の症状の「考えの覗き魔」としてのセラピストが覗いたわけでしょ。その「考えの覗き魔」は「なんで、空に道なんや」って言って、この人の展開していた世界をコントロールしたわけでしょ。そうして、風景構成法③の世界が展開されたと言うこともできると思うね。

川嵜　なるほど。

■風景構成法④

川嵜　四枚目にいってもいいですか。

皆藤　はいはい。

川嵜　すぐ目につくんですが、岩が横に移動して道が開けましたよねぇ。

皆藤　開けるねえ。

川嵜　おもしろかったのが、この岩がね、形が犬の顔のようで愛嬌を感じさせる、と治療者が書いていて。これ角野先生のセンスやね。

皆藤　なるほど、なるほど。

川嵜　さっきの皆藤さんの話に繋げると、道を下に降ろされたのはええけど、これくらいに大変なことなのよ、と岩をボンと道に置かれたわけでしょう。角野先生は、そのごっつい岩をかわいい犬にみる人なんや、すごいなと思った（笑）。

皆藤　はははは（笑）。

川嵜　すごいよね。そういう治療者との関係性故に岩がかわいいものになったとも言えるけど。

皆藤　すばらしいね。

川嵜　言われたら犬に見えるけど、言われないと見えないような気もするな、これ。

皆藤　山が連山っていうか、そして太陽が残ってますが。

川嵜　太陽、山に隠れてますね。

皆藤　セラピストは山の向こう側の家並みにすごく注目してますね。風景構成法③・④にセラピストはかなり肯定的な印象を抱いていますけど、ぼくは風景構成法④が素敵だなあと思ったのは、田んぼが手前にすごく豊かに描かれたっていうことと、橋が架かったっていうことです。これはセラピストも言及してます。とくに、ここで田んぼってイメージして振り返ったら、風景構成法①でも田んぼは結構描けてるんですよね、きちっと。ところが風景構成法②・③では田んぼにあまりエネルギーが込められなくなった感じで。しかしこの作品ですごくまあ、面積的にも広く、そして色塗りもかなりきちっとできてる田んぼが表現された。この田んぼの豊かさはすごく印象深かったなあ。

続けて言いますと、クライエントとセラピスト、この二人が釣りを終えて向こうの世界に帰っていく。犬も後ろをついていく。山はまだちょっと険しいし、危険かもしれない。けど、帰っていくというそのこと、つまり向こうの世界に向かうというベクトルに乗ってコミットすると、帰れるようになったんやなあと思います。だからこそ、こちら側の世界が風景として構成されている。風景になったと言える。川嵜さんの脈絡で言うと、川そのものの形状が、始源の曖昧さをクリアに解決した川になっています。そういう風景がこの人のなかにできあがってきたというか、描かれたということが、ようやくこの人が向こうの世界に向かって行けるようになったということに繋がっている。そんな感じがしますね。

川嵜　そうですね。始源ってすごく謎なわけでしょ。で、左端に森みたいなのがありますね。始源の謎がこの森に収められたのかなっていう気がしました。箱庭なんかでもわりとよく出てきますよね。左側に森とか作って。無意識的な領域とかよく言われますけれど。そこには何がいるのかよく分からない領域。そういう領域を森という形にすることができるようになった。

皆藤　「木」のアイテムで、こういう世界を表現するっていうのは、ほんとうに印象深いですね。

川嵜　そうですね。だからこそ、帰っていく道もできたんではないでしょうか。帰っていくと言ってもいいし、あるいはこの世に出て行くと言ってもいいかもしれない。民家のある方向ですものね。

皆藤　風景構成法④から風景構成法⑤で、さっき川嵜さんが言われた「鏡像」だったかな？

川嵜　ええ。ちょうど風景構成法④と⑤の上辺同士をひっつけると、山合いの道を接点として、鏡像というか、ちょうどシンメトリーな風景が広がる。角野先生自身も書いてますけど、山を越えて⑤の絵に出て行くっていうか、そういう感じがたしかにしますよね。

皆藤　ああ、おもしろいねえ。

川嵜　治療者は書いてますね。四枚目から五枚目で大きな転換があったんではないか、ここで寛解したんじゃないか、と。

皆藤　寛解したんじゃないか。その点についてはどう思われますか。
川嵜　うん、やっぱりそういう感じしますね。ただ、何回も繰り返し出てきている話ですけど、山を越えたからといってそれであの世がこれで消えたわけではない。
皆藤　そうそう、そうそう。
川嵜　こういう方はあの世がどっかにあるということが、やっぱりある意味で大事なんだろうと思いますね。それがなくなったらこの世ってすごくフィクションくさいっていうか。だからぼくらみんなこの世がすべてだと思ってるけれども、そうじゃなくて、それを背景で支えている山の向こうの世界があるんだっていうことを、深く理解している人たちとも言えるわけでしょ。
皆藤　ぼくは絶対的にそういうふうに思いますね。あんまり精神科臨床に深入りしてないから分からないけど、たとえばその、前もちょっと議論しましたけど、症状が消失したときに、長年来の友人を失った思いだというようなことを語るなんてことは、症状を活発に呈しているそのことそのものが、ある方向からすると症状とか問題とされるわけだけれども、でも、そこを生き抜いて、その症状が消失していったときに、生き抜いた世界にたいする何かこう、ペーソスっていうのかな、哀愁のような体験がクライエントにもたらされるっていうか、ぼくはここがすごく大切で、この体験があることでようやくこの人たちは、ある意味でこの世とあの世の境目の辺りをきっちり歩いていけるような、そんな感じがしますわ。

■風景構成法⑤

川嵜　そうそう。そういう意味で風景構成法④から⑤への反転の際に、風景構成法④の世界がこの人のなかでいらなくなって消えるんではなくて、どっかちゃんとあって、なおかつ⑤の世界のなかに生きる。それがぼくは最後の風景構成法⑧の川に映った花といわゆる実像としての花の二重性という感じがすごいしましたですね。

皆藤　なるほど。まったく同感ですね。

川嵜　風景構成法⑤の太陽はとても遠いですね、印象がね。①や②の太陽と違いますよね。

皆藤　この田んぼもいいなあ。それからここに人がおるんやね。

川嵜　そうそう、家のなかにね。

皆藤　家のなかにね。どうやろうね。川嵜さんに訊きたいけど、たとえば風景構成法⑤で、橋が一本から二本に増えるとか、家がかなりクリアに描かれるようになって、窓がついてなかに人がいるとか、それからちょっと先走っていうと、次の作品なんかでは二階建ての家とかね。いわゆるわれわれが生きている日常性の世界では、よくお目にかかるようなこういう世界をクライエントが描けるっていうのは、描くっていうのは、どういうことなんでしょうね。

　えっと、世界の再構成なんていう言い方をぼくらはよくしたりするけれども、何も、何もかも崩れてしまってまったく世界没落しているところから、もう一回積み上がっていくということではなくって、ある要素っていうのは、断片的にでもこの世性をもってきちっとその人のなかにあると。そういうものが描かれていって、ひとつにまとまっていくっていうことを世界の再構成っていうふうに言うんじゃないのかなっていうことかな。

川嵜　断片的に？

皆藤　たとえば、家だったら家っていうものはこうであるとか、木だったら木というものはこうであるというような、そんなイメージがこの人のなかにあって、それが構成されて描かれていくっていうことです。何が言いたいのか分かんないかもしれないけど。

川嵜　うーん、ちょっと分かんない。

皆藤　結局、川嵜さんが言ってたのと同じことで、こういう風景構成法⑤以降の世界、クライエントのなかで風景構成法①の世界体験をしているときに、世界は完全に崩壊してなくなっていたんじゃないんだっていうことです。風景構成法⑤の世界が描かれるようになっても、風景構成法①の世界は消失したわけではない。世界体験としては消失したわけではないっていうこと。そういうことも言えるなあって言いたかったわけです。

■風景構成法⑥

皆藤　これは一番後で訊こうと思ったんですけど、川嵜さんこの風景構成法作品八枚のなかで、どれが一番気に入ってます？

川嵜　気に入ってるっていうとまたちょっと微妙になるんですけど、ずっとみてて、風景構成法⑥が出てきたときには非常に感激しましたね。ちょっと泣きそうになった。

皆藤　はああ。

川嵜　この絵が好きだというのではなく、治療の流れとしてすごく感激しましたね。

皆藤　じゃあ、風景構成法⑥のどんなとこが感激した？

川嵜　うーん……。

皆藤　これセラピストもやっぱり感激してるんですよね。「驚くべきことに」って。

川嵜　何かほんとに日常のなかにこの人が来たっていう感じがしたのかなあ。角野先生が書いてることは全部同感なんですけど。気に入ってるっていうんじゃ、風景構成法②が好きかもしれない。

皆藤　ああ、風景構成法②ね。

川嵜　クライエントさんにしたらものすごく大変なときでしょうけどもね……。風景構成法⑥についてはどうですか。

皆藤　うん、これはもうセラピストと川嵜さんが言われた通りのことをぼくも思ってます。電柱、電線、アンテナのことにもセラピストはちょっと言及してますが、なるほどそうやなあという印象を受けてます。ただ、その一方で、若干のせめぎ合いのような事態もあるだろうと思いました。「しっかりとした電波しか受け取らないように、またその電線を通して確かな情報しか流さないように、内面をコントロールする用意をしている」というセラピストの語りがあり、そうなると「考えの覗き魔」はもう存在しなくなるだろうと述べられています。けれども、アンテナや電線が描かれるということは確実にやって来ることも意味しています。そういう意味では、「しっかりとした」ものが来るかどうかは分からないと思う。つまりこの人にとって必要なものが来るかどうか分からない。来るものを取捨選択する作業というのは、ここではまだ、セラピストが言うほどには肯定的にはみれないなあとぼくは感じました。

それから、前景の二匹の犬、とても表情豊かで、こっちを覗いているような感じですが、ぼくは、これもあまりよい印象を受けない。

川嵜　そうそう、これちょっと不思議な構図なんよね。なんかもうちょっと言えます？

皆藤　あの、言ってみれば、「へっへえ、こんなんでええかい、よろしいかい」っていう感じかな。つまり、紙芝居のあるシーンをこの二匹の犬が語っているというのかな、そんなふうな感じがします。

川嵜　あ、まったくそうそう。画面のなかに収まりきってないのね。風景に収まりきれてなくって、抜け出してくるっていうか。画用紙の枠に前足を掛けてるし。

皆藤　そうそう。

川嵜　ひとつの注目点として太陽の流れを追ってたんですけど、この絵の太陽は風景構成法①みたいなパワーがなくなって、ひっそりとこの世を照らすみたいな存在になってます。この人はもう①のように太陽と間近に接しなくてもよくって、間接的に太陽の恩恵を受けてこの世に生きるんかなっていう感じがして。この絵もとても日常の風景という感じがするんだけど、それだけでは収まらない異様な感じがこの犬で示されているのかなという気がしますね。いわば、太陽の代わり、太陽のヴァリエーションとしての犬というか。この犬は太陽の流れを引いている感じがする。皆藤さんは、紙芝居みたいだと言われたけども、ぼくも同感で、この犬がいることで背景に描かれている風景、つまり日常が少しフィクションくさい感じになってる。
皆藤　犬が二匹とそれから左前方の木、部分的に描かれている木です、この世界が一枚目。川や魚を釣っている人、家、木、田んぼ、この辺りのところの世界が二枚目。もうひとつ、電信柱の向こう側の世界が三枚目っていう感じです。
アイテムの最初は川でしょう。川を描いて次に山を描くっていうと、これまで描かれてきた山は、風景構成法①ではほんとうに富士山、象徴的です。それから次第に山の形状が変化してきている。そして、風景構成法⑥まできて、こんもりと丸い、ちっちゃい山です。川、山、それから田んぼ、道というアイテムの順序を追って見ていると、山の両側がすごく不安定やなあと思います。素描段階ではとくにそうです。まあ、風景構成法⑤なんかにもちょっと言えるけど。でも風景構成法⑤は田んぼでさっと補った感じがします。
ところが、風景構成法⑥ではこの不安定さは木のアイテム辺りまで引きずられるわけです。しかも道がすごく広い。この辺りっていうのは、全体的印象としてはセラピストも言及しているように肯定的な感じを与えるんだけども、むしろこの人が描くプロセスでひとつひとつ何かに直面して、その直面した何かにたいして次のアイテムでそれを乗り越えていこうとする繰り返しがあったんじゃないかという印象を強く与える作品です。だから、クライエントはすっごく苦労したんじゃないかと思う。この世的に見せるためにすごく苦労した。
川嵜　皆藤さんが言うように、犬からこちら側の手前にひとつ世界があって、それから電信柱の向こうにもうひとつ世界があって、そこはあんまりちゃんと描かれてなくって、この間にはさまれた真ん中の日常の世界を頑張って描いてるっていう感じはしますね。
皆藤　そうそう。さっき川嵜さんが言ってた、風景構成法④の始源のところを表現した、木が森を創ったあの領域が、風景構成法⑥では家になっているというのも、ぼくはなんとなしに気になるんよね。風景構成法④と⑥では、基本的構図はそんなに変わってないように見えて、あの始源の領域に家はある。あんまりうまく言えないけど、ちょっと気になるなあ。風景構成法⑦・⑧でも、この領域は家で固定されるでしょう。

川嵜　なるほどね。それは何か思われますか。

皆藤　うーん、たしか、風景構成法⑥でクライエントは寛解しているんじゃないかとセラピストは述べていましたね。

川嵜　風景構成法⑤でもう寛解してるんじゃないかな。

皆藤　ここはもう動かないんだろうっていう……。

川嵜　ここっていうのは家？

皆藤　家のところはもう、動かないんだろう。

川嵜　風景構成法④での始源としての森の位置を、⑥では家が占めたという見方は興味深いですね。この世的での始源として家のことがテーマになるといってもいいのか……。

皆藤　この人なりのひとつの収まりをみつけたなということかな。あまり分かんないけど。ぼくが一番気に入ってるのは風景構成法④なのね。それはいいんだけど、風景構成法⑥でセラピストは、風景構成法⑤の段階で風景構成法⑥は準備されていたのである、とか述べていて、風景構成法⑥にたいする評価がすごく高いよね。治療的評価という意味ですけど。もう覗き魔は存在しなくなるだろうとか。

で、たしかに風景構成法⑥は感激するというか、イメージとしては、風景構成法①なんかと比べたらすごく大きく変わるけれど、だけど、どうして道はこんなに広いんだろうとか、花も明るくたくさん豊かになっているのに、どうして寒々とまではいかないけども黄昏れているんだろうかとか、そういうことがぼくには気にかかってて、たぶん、この人も描きながら気にかかってたんじゃないかな、と思うんです。

川嵜　逆に犬は生き生きしてますよね。さきほども言ったけど、犬があの世というか太陽の変化形という感じもする。この人の「あの世性」みたいなものが完全に消え去るのでもなく、圧倒されるのでもなく、どのように折り合いをつけていくのかということがむつかしい問題なんでしょうか。収まりが悪いけれど、この犬はその可能性の芽という印象もするな。

■風景構成法⑦

皆藤　風景構成法①を、風景構成法⑥に向き合うように置くと、風景構成法⑥の犬は、風景構成法①の世界を見ている。

川嵜　その①の世界が犬を通して入ってきたのが、風景構成法⑦の画面にちらばってるキラキラした星なんかなと思うんですが、どうですかね。

皆藤　これ、思います思います。

川嵜　たしかにこのキラキラしたの、治療者が言うように不安材料でもあるんだろうけど。⑦では犬が収まってますね。犬の収まった余波みたいなものかな、このキラキラは。

皆藤　セラピストは何が不安やったんやろうね。

川嵜　分裂病的な匂いを感じるんじゃないの。

皆藤　キラキラに？

川嵜　うん。

皆藤　なんで？

川嵜　はっきり書いてないけども、妄想的な気配がまだあるんかなあ、みたいな感じを治療者はこのキラキラに感じて不安なのかなと思ったけど。

皆藤　ぼくは医学用語を使わずに風景構成法で言いますが、これさあ、いま思ったんだけど、風景構成法①を、風景構成法⑥に向き合うように置いて、犬が風景構成法①の世界を見ている。その世界を見る体験が星のように散らばった。風景構成法①は体系化された世界じゃないから、全体を形態として摑むんじゃなくて星のきらめきのような印象として受け取られて、その体験が星となって風景構成法⑦に散らばったというイメージを抱きました。だからセラピストは不安になった。

セラピストには、風景構成法①の世界がどこかふっとよぎったんじゃないかな。最初セラピストは、「これでいける、よし」と思ってクライエントとプロセスを歩んできたんだけど、徐々に、この風景構成法①の世界が、これまでとは反対に、不安を醸し出す要素としてセラピストのなかに生きるようになった、不安体験として動いてるような気がするんやけどねぇ。

だから、動物も収まってるし、風景としても構成されているし、それぞれがきっちり収まっているんだけども、二階建ての家の人は手を振っているんだけども。人と人が会話をしてないね、向き合っていない。ぼくは、風景構成法②のキャッチボールにこだわってるんだけどね。風景構成法⑥で魚を釣っている人もそろそろ振り向いて後ろの人に話しかけたらいいのにとか思っちゃう。

川嵜　この釣り人は角野先生が書いてるように金髪なのかな？　たしかに黄色いけど。で、男の人なんですね、この人。

ぼくはちょっと皆藤さんと意見を異にしてて、金髪で男の子っていうところから、あんまり振り向いてもらって会話すべき人なんではないんかなっていう気がした。

皆藤　なるほどね。よくは分かんないけど、この人本気で釣ろうとしてへんなあって思うんよ。表情がないし、たしかに金髪ということも気になる。この人からあんまり生命感が伝わってこないないなあって思う。川嵜さんが言われたこととちょっと関連するかもしれませんが。

それから、風景構成法⑦の人物も表情ないよね。対照的に風景構成法⑥の動物が異様に生々しいのは、風景構成法①のあの世の世界に似てるからだと思う。そうみると、この人がこの世に生きるっていうことは、ある程度、風景構成法①の体験時に味わうようなエモーションを削ぎ落としていくことだと思うんです。そうしないとこの世に生きていけない。何とか内的エネルギーを釣り上げて釣り上げていこうとするんだけど、でもやっぱりそれでも何かを削ぎ落とさないとこの世には生きていけない。そういうようなことを語っているような気がするね。

風景構成法⑦の動物も収まりをみせてるし楽しそうだけど、何なんだろうっていう感じもするね。何かむりやりに楽しくしてるっていう印象を受ける。それはキラキラ星にもあるけど。

魚はとても生き生きしている、一番生き生きしてるんやないかなあ。この作品はそれぞれが収まり所に収まってるっていう感じかな。

川嵜　風景構成法⑥以降、川と道の位置は安定していますね。

皆藤　この川と道の構図はなかなか崩れないんじゃないかなあ。別に崩れる必要はないけど。

■風景構成法⑧

川嵜　最後の風景構成法⑧の絵のね、描かれている人物は何か思われますか。これ背負ってるんやね。治療者も問うてますね、ひとりの人物がもうひとりの人物を背負ってる、これはどういうことを意味してるんだろうかって。

皆藤　ぼくが思ったことそのまま言いますと、この人の最初の症状にあった「考えの覗き魔が脳に入ってきて、自分の考えをすべて抜き取り、外へ伝えてしまう。その覗き魔が私のすべてを操っている」っていう訴えですけど、この「考えの覗き魔」っていうのは主症状として出ているときは実体はないわけですよね。妄想だから。それが、風景構成法⑧のなかに、「背負う」という表現によって、「考えの覗き魔」が実体をもつに到った。つまり、実体をもつっていうことは人間になるっていうことでしょう。だから覗き魔じゃなくて、「魔」が取れたといってもいいのかな。このような主症状を抱えてきたクライエントが背負うという表現で、いわば「考えの覗き人間」を引き受けていく。そういう表現じゃないのかなあと思いました。

川嵜　なるほど。ベースのところはほとんどいっしょの見方になりそうですね。つまり皆藤さん的にいうと、考えの覗き魔っていうのはあの世的なもんですよね。前の議論でいえば、ことばというものにたいしてそういうことばを超えた世界に属するもの。

この背負われている人は金髪で、ぼくは風景構成法⑥の金髪の男の子に繋がると感じるんです。そして、この金髪はイコール、太陽とつながってくる印象がするんです。一連の風景構成法のなかにずっと出てきたあの太陽ですね。これが病的な形で日常に現われると「考えの覗き魔」という形になるんでしょうけれど。

風景構成法⑥では、犬が風景の縁からはみ出すような感じだったですね。風景構成法⑦では、犬は収まるけどキラキラ星が散りばめられる。このクライエントにとってあの世を消すのではなく、収めていくことはたいへんな仕事なんだと思います。そういうたあの世的なカオス、それに対応するような太陽、犬、キラキラ星が、風景構成法⑧では、人間化していてそれがパワーダウンして背負われているのかなという印象がしました。

皆藤　なるほど。

川嵜　だからこそ背負えるともいえるし。二つある山の片方が削られてるようになってますね。風景構成法⑧は、二対のものの一方がパワーダウンしてる感じするのね。山も一方を削られてるし、一人の人は背負われる立場になっているし、花は川に映っている側が虚像ですよね。だから、パワーダウンしてちょっとこの世に入れ込めるような形の「あの世性」になったのかなあと思った。キラキラ星も花の鏡像がある川の辺りと、太陽の辺りだけに範囲が狭められてますし。ほんというと鏡像なんかの方がリアルなものかもしれないわけですけどね。

皆藤　うーん、なるほどなるほど。

川嵜　この人にとってはほんとはそっちが大事なリアルな世界なんだろうけど、どっかそれを削って生きないといけない、とも言えるんかなあ。
皆藤　このさあ、いまの川嵜さんの言い方でいうと、あの世的なものを表現のなかに取り入れてっていうか、表現してそのことによって生きていくっていうか、この世を生きるっていうようなことと、風景構成法②以降で出た始源のイメージが、ぼくのなかではすごく重なって、変な連想だけど、三途の川を渡るとか、始源の川とかを思うんですよ。
　この最後の作品の流れてきている川っていうのは、あの世からきてるっていうか、向こうの世界からずうっと流れてきている。だからこそチューリップはここに鏡像をおくんだろうし、だからこそこちらの馬はここで水を飲むんだろうし、というようなイメージを抱きました。
川嵜　そうですね、馬もそんな感じするよね。水を飲んでるのは白馬で、ちょっと宗教的な感じがする。道に立ってる馬は黒馬なんだ。鏡像があって初めて実像が成り立っているのが、よう分かっている人なんだろうな。それが分かってるから、金髪の男の子を背負わんといかんのやろうなと思う。
　考えたら風景構成法①から釣りのテーマがあって、すごいもん釣ろうとしてるわけでしょう。金髪の男の子を釣り上げて、それを背負ってるとも言えるわけですね。
皆藤　「おわりに」で、セラピストがクライエントの風景構成法表現にすごく驚いて、「これだけ描画で表現できるならば、この人はきっと風景構成法を描ききって回復していくだろうと確信した」とありますよね。それで、「そのためか、筆者はA子の風景構成法に反応して、共感して、納得していったように思う。それは、問題であったかもしれない」と述べられていますが、これは、どういうことやろね。
川嵜　ほんとに問題と思ってられるのかなぁ。なんで問題だと思うんだろう。まあ、常識的に考えたら非言語的なものにたいして共感しすぎると危ないので、治療の構造や枠をしっかりさせて、客観的な観察にもとづいて対処していかなければならない。描画だけに重点を置くとその辺りが弱くなって危険だから、とかは考えられるでしょうけれどね。でも、角野先生、絶対、問題と思ってへんと思うけど。やっぱすごく言語レベルっていうのにこだわってられるよね。

皆藤　それはそうだよねえ。

川嵜　言語的な方はあまりやらないで、風景構成法でわあーっとやってきたことが問題かもしれないっていうことでしょ、きっと。でも、絶対ほんとはこれでいいんだって思ってると思うね。「A子のこころ（たましいともいえる）と通じていたのであると思う」と書いてるくらいやもんね。

皆藤　角野さんが使ってる言語的という意味での言語と、一般的イメージで捉えられる言語とは違うような気もするしなあ。

ぼくねえ、「無意識のレベルで、風景構成法を通してA子のこころ（たましいともいえる）と通じていたのであると思う」と書かれてあるけど、たしかにぼくにも納得できることなんだけど、なんか、「A子のこころ・たましい」という帰属的な言い廻しでこれらの概念を使えば、それはもうA子を超えてるんじゃないかと思う。人間に普遍的な世界の表現にずっとつき合ってきたということじゃないかと思うんです。

川嵜　それはそう思いますね。

■今後のテーマ

皆藤　この事例は治療途上ということですが、今後残された課題として風景構成法から言えるようなことがあるとしたら、どんなことですか。

川嵜　皆藤さん、なんか思われます？

皆藤　作品はね、徐々に整合的・構成的に、そしてアイテムも徐々に豊かになってきているんだけども……作品そのものが徐々に呪縛されつつあるっていうか、凝縮されつつある印象を受けませんか。近景が描かれてるからだと言えばそれまでなんだけども。だけど、むしろ微視的に見たらこういう世界は描けるようになったんだけども、巨視的に見たときに、この人は世界をどう見てるんだろうと感じる。たとえば、最後の作品の川のずっと手前の側とかはどうなっているんだろうとか思う。あるいは、始源という言い方をすれば、それはどうなってるんだろうとか。それから、たとえば五時間後はこの世界どうなっているんだろうとか。風景構成法①〜③の方が視野としては広角ですよね、それだけに問題性が見えやすいともいえるけど。そうすると、もう一度そちらの世界に戻ったときにこの人はどういう世界表現を成し得るのだろうか。そういうようなことがぼくにはすごく気になる。第一印象は、世界がきゅっと凝縮化してきたなあというところですが。逆の言い方をすれば、風景構成法①の右側の田んぼ、道、家や木のこの辺りの世界にズームインしたら風景構成法⑧になるとか……。

川嵜　なるほど。

皆藤　ある意味で「哀しみ」なんだけど、精神の自由度っていうか。

川嵜　ああ。呪縛っていうと、皆藤さんの言われてる意味合いとちょっと違うのかもしれないけど、この世界に生きるのは、呪縛されているとも言えますよね。

皆藤　というふうに思うと、やっぱりその「哀しみ」っていうか、そういう領域をセラピストが引き受けてないとリバウンドが起こるだろうって思う。

川嵜　もう絶対そうでしょうね。よく言われるし、実際、そうだと思いますけど、分裂病の人なんかすごく状態がよくなって、みんながあんまり、良かった良かったとか治った治ったとか言ってると、自殺される方とか、おられますよね。

皆藤　いますね。展開が非常にすばらしくって、表現も大きく変わるし豊かになってくるし、どうしてもポジティヴに理解する。その流れはごく自然で、そうなんだけども、やっぱりこうなるためにはすごい「哀しみ」があるわけで、そこらへんの領域へのコミットをはずさないっていうことやろな。

川嵜　角野先生はそこらへんよく分かってるドクターですよね。角野先生みたいな人は「哀しみ」を根本的に自身でももってると思うんだけど、そういう哀しみってこの患者さんとすごくオーバーラップするんじゃないかって思いますね。

皆藤　こんなふうなことはどうやろう。一般論やけど、クライエントと共感レベルが深まれば深まるほど、盲点というか、たとえば「哀しみ」へのコミットが弱まったり抜けたりすることがあるんじゃないやろうか。共感レベルが深まれば深まるほど、通常はクライエントの流れに沿っていけばというような言い方がされているけど、なんかそれって、ぼくは盲点を作るような兆しに思えるなあ。

川嵜　それは？　もうちょっと言ってもらえますか。

皆藤　ぼくらはひとりの人間、クライエントに向き合っていくわけだけども、心理療法のプロセスのなかで、その人間やわれわれとの関係性を巡るコンステレーションにものすごく配慮しながら、それを読みながら、会っていってるわけですよね。そういうふうなことが、自分の内であるいは関係性のなかで収まってくると、共感の世界はすごく深まっていきますよね。で、深まっていけばいくほど、共感を破る何かが出てくる感じがするんですよ。共感を破る何かっていうのはぼくらには感じ取れていないものです。だから盲点なんだけど。この盲点にはある意味での二面性があるわけで、つまり、それによって心理療法がさらに展開するともいえるし、破滅的に働くともいえるわけです。共感が深まれば深まるほどそういうふうな盲点が生まれやすいような気がします。

川嵜　共感を超えないといけないということかな？　その際にポジ・ネガの動きが両方出てくる可能性があるということ？

皆藤　そうそう。

川嵜　ぼくの「共感」の定義はいま皆藤さんが言ったようなことなんです。こちらの枠組みが揺らいで破れるとき、それを共感と呼びたいと論文に書いたことがある。

その意味では、角野先生の「なんで、空に道なのか」と言ったことばと対応してますよね。意図を超えてぱっと出てくるっていうか。それでクライエントにとっても治療者にとっても世界の枠組み、分節化が変わっていく。でも、それはうまくいけば世界が変わるけども、下手すると破壊の危険性も孕んでいる。

皆藤　その辺は、心理療法を人間がやるときのどうしようもなさっていう感じがするよね。

川嵜　だからぼくは〈ハプニング〉に関心があるんですけど、角野先生も「信頼して見守るしかない」って言ってるように、意識レベル・自我レベルを超えてるからそういう態度で臨まないとしかたないんですよね。〈する〉のではなく何かが〈起こる〉わけです。この態度の危険性としては下手すると無責任になってしまうわけだけど。だからこそ、「何もしない」けれども「コミット」することが重要になってくる。

ぼくらがやってる仕事って、風景構成法もそうでしょうけれど、結界創りみたいな感じがしますね。結界を創ってそのなかに何かが起こってくることが一番大事で、それに関してはもうぼくらが手を下せないことでしょう。でも結界を創ってないとそういうことが起きないし、創らずに起こってきたらとても危ないわけです。

皆藤　結界を創ったときも、セラピスト側の感覚として、これでできたっていう感覚が摑めないことにはどうしようもない。セラピストが風景構成法①で、「これでいける。よし」って言ってるのは、セラピストなりの結界が創られたと言えなくもない。

川嵜　そうですね。そこで「いける」っていう感じですね。それは後で、事後的に語ろうと思えば、その理由として白鳥がいたからだとかいろいろ言えるけど、ほんとはそれ超えちゃった動きでしょうね。

皆藤　ぼくの場合は、何かそういうのって、そのクライエントのことがふあっーっとかぶさってくる感じ。そのクライエントの抱えてるものがふあーっとやってくるって感じです。そしたらもう大丈夫だ。

川嵜　それすごく分かりますね。ぼくの場合は背中から後頭部にかけての体感として現れてくるな。通常の身体的な背中の境界がなくなって、一、二メートル広がった感触で、そこでクライエントさんの話を聴いている感じですね。いつも起こるわけではないけれど、そういうときはピタッとくる感じで治療の進展の流れが肌で分かる感触がありますね。

皆藤　これは風景構成法の対談コメントなんですけど、心理療法の話ですね。

川嵜　風景構成法をするってことは心理療法をするってことですから。

皆藤　なんか、むちゃくちゃおもしろいですな（笑）。

川嵜　んー。でも、こういうコメントでいいんやろか。

皆藤　いいと思うよ。

川嵜　角野先生がきっちり書いてくれてるからね。川と山の関係性だとか、そういう見方も。だから、ぼくらそれ以外のことしゃべらんとしょうがないし。

皆藤　角野さんは風景構成法のことしか書いてないとも言えるし、それは心理療法のことを書いているとも言える。けど、A子の語りってほんとに少ないね。

川嵜　実際あんまりクライエントが語ってないんかもしれないけどね。それにしても、すごいケースですよね。

皆藤　ぼくも川嵜さんも、最初はあまり付け加えることがないと言ってましたが、やはり風景構成法について心理療法について意味深い内容を語り合う時間がもてました。これも、この事例の力とも言えるし風景構成法の力とも言えると思います。今回は、病院臨床に生きる風景構成法の醍醐味を体験させてもらった思いです。どうもありがとうございました。

第4章

児童臨床における風景構成法の実践

志村礼子

はじめに

ここで報告する事例は、児童相談所で相談を受けた「小学四年生女児の事例」である。「チック」を主訴に来談したが、症状は幼稚園のころから始まり、長い経過を辿っていて、来談時は断続的な不登校状態もあった。いくつかの病院に受診し、通院したこともあったが改善せず、母親は「策つきて」といった風情で来談した。

児童相談所で受ける相談は、年齢層も幼児から青年までと幅広く、内容も養護相談や非行相談から情緒的な問題まで多岐に渡っている。そのなかで心理判定員としての私の役割やアプローチの方法もまた多様である。私は面接でも、ひとつの方法をあてはめるというのではなく、その子どもの興味やそのときの状態、私自身の関心などを合わせ工夫している。ここで報告する事例も、風景構成法や箱庭、プレイルームでの遊びや運動などがそのときどきの面接の中心になった。形態としては母子並行面接で、母親面接はケースワーカーが担当した。もとより母親面接と子どもの面接は切り離して考えられるものではなく、この事例も母親面接のプロセスが子どもの成長を支えたと思う。ここではとくに風景構成法を用いた子どもの面接に焦点を当てて報告したい。

面接では、「風景構成法を描く」という体験そのものが、子どもにとって意味があったのではないかと感じられた。ここで私は、できるだけ面接での彼女とのやりとりを生かして報告したいと思う。

1　事例の概要

来所時、小学四年生の女児（以下K子）。主訴は「チックが五歳ころから出たり収まったりしている、一カ月前からまたひどく出ている、不登校状態もあるので相談したい」ということだった。ケースワーカーによるインテーク面接で、母親は「激しい症状に子どもが苛立って、自分を叩いたりつねったりする。〈どうせ死ぬのになぜ勉強するのか……死にたい〉と言っている。〈前に病院で相談しても何も変わらなかったし無意味、そっとしておいて欲しい〉と来所には拒否的。学校では、休みがちなことを除けば成績もよくいい子と言われている」と語る。

［家族］インテーク当時、父親（会社員、三十九歳）、母親（四十一歳）、K子、父方祖母（六十五歳）の四人家族。

［来談までの経過］
五歳のとき、幼稚園でサッカーボールが目に当たったことをきっかけに、目をぱちぱちさせるチックが始まり、S総合病院の小児科を受診する。「問題ない」と言われるが、その後一年ぐらい続く。小学一年時、友達に叩かれたことをきっかけに頸椎亜脱臼となり、頭痛、発熱でT総合病院小児科に救急入院、十日間寝たきりになる。退院後も一年くらいめまいや吐き気を訴え、「頸椎亜脱臼後遺症」と言われる。小学二年の一学期に、下校途中痴漢に遭う。K子は母親に泣いて訴え、警察にも届けたが事件の詳細は不明のまま、K子は普段どおり登校を続けた。その後三カ月くらいしてから、肩を上下するチックが出始める。

二学期の終わりに風邪から脱水症状を起こして入院した病院で、母親と離れ際に全身硬直状態になり「精神不安定」と言われた。そのころからチックもひどくなり、学校にもまったく行けなくなる。小学二年の三学期には、いままでで一番ひどい状態（お腹や全身がぴくぴくする）になり、N大学病院の小児科を受診。医師から「かなり奇異な症状」と言われ、カウンセリングを数回受ける。「感受性が強く敏感。身体と情緒の発達がアンバランス」と言われる。

春休みに「症状が落ち着いた」ということで、カウンセリングは終結している。そのときカウンセラーより、「落ち着いたら痴漢事件のことは聞いてあげるように」と言われて母親が聞いたところ、K子は「もう大丈夫」と言ったという。小学三年になりチックや吐き気を繰り返し、断続的な不登校が続きながらも、比較的落ち着いて過ごしていた。三学期に風邪で学校を休んだことをきっかけにふたたび症状がひどくなる。全身に力が入り食事中座っていられず、寝るころには全身の筋肉がつったようになって、母親がマッサージしながらやっと寝入るという状態になる。来談する二週間前には、夕食時に物を持てなくなって「痛い！　痛い！」と大騒ぎになり、「病院に連れていって！」という訴えで、再度N大学病院の精神・神経科外来を受診している。CT検査の結果は異常なし。医師からは、「特別な病気はない、心配しすぎないように」と言われる。母親の話から、子どもはすぐに来所することはないだろうと思っていたが、次の母親面接時に思いがけず一緒に来所する。

2　面接過程

以下、「　」はK子のことば、〈　〉は私のことばである。

A 受理面接

年齢にしては華奢。愛らしい顔立ち。髪はポニーテールにして髪飾りを付けている。受付で母親が、子どもは今日は話したくないそうですと言う。〈お母さんのお話が終わるまでお部屋で一緒に待っていましょうか〉と誘うと、頷いて素直についてくる。

部屋に入ると「家を出るときはあんまり話したくなかったの。いまはちょっとなら……」と言って、私を試すようにみる。自分を出すのにためらいのある、用心深い子だなあと思う。〈いままでこういうところに来たことはある？〉と聞くと、「病院でカウンセリングをしたの、でも、たいしたことなかった」とさらりと言う。「お母さんに話したくないといったら、一応行って、話せることだけでも話してみてと言われた」と言うので、〈あなた自身は心配なことがあるの？〉と聞くと、「どういうふうに言っていいか分からない」〈ことばにするのがむずかしいのかな〉と応じると頷き、少し間を置いてから、「ちょっと心配していることある」と言って、学校のことを話し始める。

友達のことから始まり、小さいころからのできごとを自分からこと細かく話したが、二年生時の性的いたずらの事件にだけは触れなかった。初めは小さい声で、次第にはっきりと話し出す。話は自然にチックのことになり、「目がぱちぱちしてお腹がへこんじゃう、体が動いて箸とかコップとか落としちゃう……本当に痛くて、ストレス解消に部屋に一時間くらい閉じこもって新聞を破ったり、足を叩いたりして泣くの。やらないように我慢しようと思うんだけどでちゃう……どうしたら気にしないですむかとか……いろいろ思う」と言う。〈あなたなりに努力して、いろいろ工夫しているけどうまくいかないのね〉と返すと「みんな、リラックスしろとか乗り越えろとか言うけど、そんなに簡単じゃない！」と語気を強める。思わず〈それで治るくらいならとっくに治っているって感じかな〉と言うと、初めて笑顔を見せて「言っても何しても治らない、幼稚園のときはお母さんにも言わないで我慢したし、前のカウンセリングは遊び半分だった、こうなるとお話しするけど、あまり人には言わない方なの」と言う。「何か新しいチックが出ちゃうのは自分で分かるの……口でいうのはむずかしいけど……」と、うまくことばにならないがなんとか伝えようとする。その気持ちを汲みながら、ひとつひとつ大事に聞いていこうと思う。「変なことがあって一年ぐらい経つと似たようなチックになって戻ってくるという感じ……それ以外にできたチックはない!」と言ってから、ぱっと顔を明るくして「いま分かった! これはいままで人に言ったことがない、初めて人に言えた」と言い、あふれるように次々と話し出す。「いろんな場面でチックになりそうというのがあって、避けようとしてもだめ、やめて! と言うときにちょっと違うことをしちゃうとそれがチックになるとか……そのときと同じ場面があると思い出しちゃう。だから友達の家で新しいチックが出ることが多い……」。K子のなんとか伝えようという気持ちを感じて、〈いまはなんとなく分かるけれどことばにできないことが一杯あるという感じかな。時間がかかるかもしれないけれど、このもやもやをことばにしていくことを一緒にやっていこうか、一緒に話したり、絵を描いたりすることが役に立つかもしれない〉と誘うと、首を少し傾げて「ちょっとはできそうな気がする」と言う。面接は「一週間に一度じゃきつい」とはっきり言う。〈二週間に一度くらい〉を提案し、了解する。面接の間中、口を大きく歪ませるチックが頻発する。

この子の抱えているものは並々ならないものだなあという印象と、同時に負けていないエネルギーも感じる。大人びた表現はとても小学校四年生とは思えず、話の内容からも知的に高いことが窺われた。二年生のときに性的ないたずらをされた経験はいまだ癒されていないと感じ、症状はそのことと深く関係していると思われた。年齢にしてはいろいろなことをきめ細かく正確に実感していて、それをことばにして伝えていく力のある子どもという印象をもつ。自分の思いを表現できるという実感やそれが人に伝わるという実感がもてるような関わりをしていこうと思う。また、いままでの症状の様子から小児精神科医との連携が必要と判断し、並行して当所の嘱託の医師の診察も勧めていく心づもりをする。

以降、二期に区切って面接経過を報告したい。

B　I期（第一回～第十三回）
――風景構成法と箱庭が面接の中心になった時期

第一回、受理面接のことを〈初めてたくさんお話して疲れなかった?〉と聞くと「あのあともうちょっと気がついたことがある、チックはいつもほとんど三回ずつ出ている」と言う。風景構成法に誘う。

a　風景構成法①（図4-1）

〈まず川から……〉にサインペンのふたを持ったまま止まってしまう。……沈黙……〈サインペンは嫌かな?〉に頷く。サインペンが負担になっていると感じ、鉛筆と消しゴムを出すと描き始める。私をちらちら見ながら左手で隠しながら描く。じっと見られるのは不安なのかと思い、さりげなく手帳を見て待っていると、だんだん集中してくる。境界ははっきりした線で描かれず、川辺の草と薄く描かれた波で何とか川と分かる。〈よく描けたねえ〉に、にっこりする。〈山〉、隠すことなく描き始める。描き終わると、そっと私を見て終わったことを告げる。〈田んぼ〉、「あまり見たことない」と言って描き始めるが、消して鉛筆を置いて黙ってしまう。〈あまり見たことないのね〉と伝え返して留める。〈道〉、「描いてないけど、ここからここが道なの」と川に沿ったところを指で示す。〈家〉、ひとつ描いて「町っぽくなっちゃう」と言って消そうとする。〈どんな風でもいいのよ〉と言うと描き足していく。〈木〉、首をかしげて黙ってしまう。〈どんな木がいいかなあ〉と言うと、少し描き始めて止まってしまう。……沈黙……。右端に描く。〈人〉、鉛筆を置いて「人は……」と言ったきり黙り込んでしまう。……沈黙……。「描けない」。〈花〉、躊躇なくさっと描く。〈生き物〉、「じゃあ木のとこ」と言うが描き出せず「描けない」。〈石〉、川に沿っていねいに一杯描いていく。〈何かほかに描きたいものやあった方がいいなあと思うものがあるかな？〉には、山の間にビルを描き加える。全体に筆圧が弱い。〈色はどうしよう〉と言うと、置いてあったクレヨンと色鉛筆から迷わず色鉛筆を選び、そーっと色をつける。

〈季節は？〉に、即座に「秋」と答える。〈もみじなのね〉と言うと、にっこりして「この山は赤いもみじなの、枯れかかっているのもある。イメージなの」と言う。〈何時ごろなのかなあ？〉「四時か五時」〈あー夕焼けなのね〉に頷く。〈川はどんな川？〉「浅い川でよく遊んだりする川、山は遠くの方にあって、川には砂利がある、間が道なの」。やりとりしながら、消え入りそうな景色に少し息が吹き込まれるような気がしてほっとする。「木はちょっと太め、二メートルくらい、ここにはこんだけしか描けなかったけど……」。「山のちょっと離れた後ろに町みたいのがある」〈そこには人が住んでいるの？〉と聞くと頷く。「道からずっと遠くなの、だから小さく描いたの。ここは山とか川とかの自然のなかだから、人とか生き物は描きづらい。夕方で人がいなくなっている時間帯……山の後ろに道があって人はそっちにいる……川も結構長い川で、山の後ろから滝みたいに流れてきて繋がっている。山は人が登るような山じゃなくて、自然が多くて、自然のなかだから道とかなくて人も入らないの。ひとつの山の後ろに小さな山があるの。その後ろに家がある……」。一緒に絵を見ているうちに、人の踏み込まない誰もいない山の中、寂寥ということばが迫ってくる感じがする。〈自分はどこにいるの？〉と聞くと、「川のこっち側にも山があって、同じようになっているの（ちょうど川をはさんで対称のイメージ）。川を渡れば行き来ができる……こっちの町（画用紙には描かれていない方）に私はいるの」。人のいる町に行くには山を二つも越えていかなくてはならず、これがこの子の感じている人（世界）との距離なのだと感じる。思わず〈もし私がいるとしたらどの辺かな？〉と聞くと、自分がいるといった町の左端の方を指差して「ここ」と言う。とりあえず、私を自分と同じ側から世界を見る相手として感じてくれたのだと思い、ほっとして次に繋げていけるかなと思う。〈どうだった？〉と聞くと「思ったのと同じふうに描けた」と言ってにっこりする。

図４－１　風景構成法①

図４－２　箱庭①

このとき私から嘱託医の受診に誘うが、K子は即座に「いまはいいと思っている。ここで、志村先生と話したり絵を描いたり、お話をまとめていくと何か分かるような気がする」と答える。これは前回、私が面接に誘ったことへの答えなのだと思い、あらためてその重みを実感する。面接の間チックはまったく見られない。母親からも、チックは自分にたいして何かを訴える手段としか思えない、精神科医の受診をいまは考えたくないという話があり、当面医師には必要があれば私から様子を伝えて相談していくことにした。母親は、K子が前回の面接を「有意義だった、いままでで一番よかった」と言っていたと話す。

第二回、首に湿布を貼って来所する。「学校で一年生とぶつかって、いまはだるい。今日はとくに気づいたことはない。チックは大分でてるけど、我慢することはこのごろない」と言う。箱庭に誘う。

b　箱庭①（図4-2）

誘うとにっこりするが「できないかもしれない」と言う。最初はおそるおそる、次第に大胆になり、手を肘まで砂に埋めては出す。「冷たくて気持ちがいい！」としばらくただただ砂を触って遊ぶ。そのうちに顔を真っ赤にしながら真ん中に高い山を作る。「周りが池みたいな感じなの」。山を崩すと「この間描いた絵を再現してみる」と言って、真ん中に川を作り、川をはさんで二つの山を作る。「できた！」と満足そう。それも崩して「とりあえずちょっと作る」と言ってまた真ん中に山を作り、その上に木や花を置き、虹のアーチを置いて「ここは植物園、虹が入り口、思った通りに作れた気がする」と言う。面接の大半は表情も柔らかくチックも見られなかったが、箱庭の終わりごろに急に身体をがたがたとさせて口を激しく歪ませる。

第三回以降、ポケモンやキティちゃんのキーホルダーやぬいぐるみ、飼っているハムスターの写真などかならず何か持ってきて見せてくれる。〈絵を描く?〉という誘いに「この間みたいに言ってもらって描くのが描きやすい。でもこの間と同じになっちゃいそう」と言う。統合型HTP法に誘う。人間は「描けない」と拒否。「森のなかのお家」を描いて、ウサギを描く。「ここは人間の代わりに動物が住んでいます」。前回の風景構成法に比べて、全体に柔らかく、エネルギーを感じる。「チックは最近痛くなることない」と言うが、「ときどき家で暴発してしまう、みんな、頑張れ!って言う。大丈夫! 大丈夫! って言われちゃう。励まし倒されているって感じ! もうちょっと気持ちを分かって欲しい。いろんな病院に行くと、チック出なくなっちゃうから、本当?と言われちゃうし」と語気を強める。顔を歪ませ声を出すチックが頻発する。

母親は、K子が家でよく「どうせ人間は死んじゃうのに」とか「何をやっても無駄」と言っていると話す。箱庭のことは家でも「自分なりによくできた」と言っていたとのこと。

第四回、やや高揚した感じで学校の社会科見学の話をする。箱庭に誘う。

c　箱庭②(図4-3)

山を作り、「穴をなんとか掘りたい、トンネル作りたい……でもこんなさらさらの砂じゃできない」と言う。その必死な感じに〈水を少し使ってみる?〉と言うと、初めは迷いながら少しずつ水を入れて砂をこねる。トンネルができて大喜び。勢いがついてきて自分で水を入れ始める。「すごーい! 不思議な感触! 考えていたのとは違うのを作ろう」と、今度は平らな山に穴を二つ掘って繋げる。すぐに「これじゃ物足りない、三つの穴を繋げて水を入れる」と言って始めるが、何度やってもうまくいかず壊れてしまう。「できるような気がする……あとちょっと! ……これじゃあ永遠に終わらない……やっぱりだめか、でもあきらめない……」と言いながら何度も最初から作り直す。私もだんだんなんとかできて欲しいという気持ちになる。なんとかしたいけれどうまくいかない、じれるような感じが伝わってきて、その感じがどこかでチックと格闘する子どもの姿と重なって、祈るような思いで見守る。最後は「今日はだめかな……諦めないでちょっとでも作ろう、三つが無理なら二つでも」と言って二つの穴を繋げて水を入れる。時間ぎりぎりでやっとできあがり、思わず二人で「やったあ！」と叫んでしまうほど嬉しかった。

第五回、待合い室のソファで母親に寄りかかり横になっている。「今日は具合が悪い」と言うが、面接室に入ると「（砂を）ちょっと触りたい」と言ってにっこりする。

d　箱庭③（図4-4）

砂をかき寄せて山を作る。「家で考えてきたトンネルを作りたい、そのとおりに作れそうな気がする」と言う。大胆に水を入れ「あーみずみずしくなった！」と言って、腰を入れて力強く混ぜる。勢いがあり表情も生き生きとしている。わくわくするような感じ。「山の上はとんがりにする、道をつけよう」と山を巻くようにして、指で道をつけていく。「続いているの、こうやって登っていく」。山の頂上に旗を置く。トンネルを掘ると山が崩れてしまい、「やっぱり道がなくちゃ……」。結局、木のトンネルを山裾に埋め込む。旗を横に刺して、頂上に灯台を置く。「道から灯台に繋がる階段が欲しい」と必死に探すが、ぴったりの物が見つからない。私も何とかしたい気持ちになり、プレイルームにあるおもちゃの梯子を思い出して持ってくると灯台の下に置く。無人島とカメのいる小さな島を作る。「うまくできた。思った感じ……最初は旗の山、いまは旗が二本ある灯台、トンネルをくぐって灯台に行く道」と満足そうに言う。しばらく見ていてから「崩す！　病院で崩す」と言って、山に病院を埋めて取り出す。

図 4 - 3　箱庭②

図 4 - 4　箱庭③

第六回、表情明るく「今日は、砂で作るもの、決めてきました」と言う。

e　箱庭④（図4-5）

しばらく砂に手を埋めたり出したりして遊ぶ。「おだんごを三十個くらい作って山に埋める、これはすごく大変、できないかも」。足を踏ん張っておだんごを握る。九個作り終えると、真ん中に平らな山を作る。「これじゃ小さい……なんかうまくいかない……予想と違う……」と削ったり足したり、ときどきいらいらしながら、それでも納得いくまで作っていく。できあがった台の上にもうひとつ山を作り、山の上と周りにおだんごを並べる。「イメージではやっぱり柵と旗が欲しい」と言って、旗を立て周りに柵を置く。貝を置いて完成。「なんかプリンみたい。思ったようにはできなかったけれど、思ったよりいいのができた」と言う。眺めているうちに「あーすごくいい！　思ったよりすごくいい！　まだ下手だけど、好みから言うといままでで一番いい」と言ってから「ちょっと付け足し」とカメと鯨の親子を置いて「シャルタウン、せまいけど一応、町です」と言う。

第七回、風景構成法に誘う。

f　風景構成法②（図4-6、口絵9参照）

「まちがえちゃうかもしれないから」と言って鉛筆を選ぶ。〈川〉、波を描いてから「石とか描かないとだめかも」と川沿いに小石を描く。〈山〉、「なんか山に見えない」と描いては消しながら、右と左端に小さく描く。〈田んぼ〉、「見たことないから」と描かない。〈道〉、川に沿った空間を指差して「ここずっと道」。〈家〉、窓にカーテンを描く。上の方に小さな家を描き足す。〈木〉、「一本じゃおかしいかな、道に沿ってこっち（右の枠外）にずっと続いている」。〈人〉、「描けない」と言うが、少し描き始める。「でも、この人この風景に似合わない……

図４－５　箱庭④

図４－６　風景構成法②

人はあまり得意じゃない」。……顔を大きく描いて「だめだ！　描けない」と消してしまう。私もだんだん人が描けたらいいなあという思いが強くなる。「動物なら描ける」〈動物もあとで描いてね〉と励ますと、「うん、じゃあ後ろに小さく描いてみようかな」と言って、また描き始める。……「でも……」と止まってしまう。〈さっきのよく描けていたと思うよ〉と言うと、「それじゃあ描いてみようかな」とまた描き始める。描いては消しを繰り返す。〈顔だけでもいいんだよ〉と言うと、「それじゃあだめだよ！」と声をあげて笑う。「じゃあ、足を川に浸けていることにしようかな」〈いいんじゃあない！〉「髪の毛がこっちになびいているの」〈分かるよ、とっても……〉顔を描いてため息。〈これで身体をどうするかだね〉と言うと、「うん、顔だけじゃねえ」とまた声をあげて笑う。洋服を描いて「これは長さが違うんじゃなくてなびいているの」〈あーいいと思うよ〉。絵に風を感じる。「できました！」と勢いよく言ったあと「あーこれじゃバランスが悪い」と言って、いきなり全部消してしまおうとする。私はどきっとして思わず〈えー上手だよ！　もう少し足を長くしてみたら？〉と言うと、「そうか……」と足を描き直し、「あーできました、これでいい！」と言ってにっこりする。

〈花〉、木の下に描く。〈生き物〉、「描いたことないけど犬を散歩させるようにしよう、リードを握っているように描く」。〈石〉、川辺の石を指さす。描き終わって「自分ではなかなかいいと思う」と言う。〈色はどうしよう〉「今回はクレヨンがいい！　ここは草原、クレヨンでさーっと塗ったほうがきれい」と迷わずクレヨンを選ぶ。途中で急に「超下手、裏に描きなおしたい」と紙を裏返すが、〈私はすごくいいと思うよ〉と言うと、また塗り続けて仕上げる。「なびいているのは風が吹いているの。春に吹くような風……なんかふわっとしている、どちらからも吹いているの」。

〈何時ごろ？〉「十時と思ったけど、学校あるから二時ころかな」。〈どんな川なの？〉「左から右に流れていて、浅い」。〈自分はどこにいるの？〉と聞くと、「自分はいない……でも、いるとしたらやっぱりこの女の子。犬の散歩で川を見ている」と言う。絵を眺めながら「でもちょっと失敗」と言う。〈春風に吹かれて気持ちよさそうな女の子がすごくいいと思うよ〉と返す。女の子の表情がなんとも柔らかく春風というのも優しいイメージで、彼女が気持ちのいい自分を表現できたことがとても嬉しかった。

第八回、明るい表情で来所。箱庭に誘う。

g　箱庭⑤（図4-7）

「今日は違うのを作ろう」と真ん中に木を二本置き、鳥と鳥の巣を置く。その周りに、釣りをする人たち、おにぎりを食べている人たち、子どもとお父さん、鳥に餌をやっている人……などいくつものグループがある。手前に虹の入り口を置いて「公園」と言う。偶然ピッチャーとキャッチャーとバッターの人形を見つけてそれらしく置く。〈三人のポーズがすごくリアルでいいよ！〉「この三人本当にいいよね」と気に入る。でき上がったのを見て「はちゃめちゃかな……とくに野球の三人が抜群におもしろい！」と何度も言っては笑い転げる。人の関わりが初めて表現されたことがとても嬉しかった。最後に壊して、人を顔だけ出して埋めて取り出す。

第九回、「手にいぼができてしまって、痛くて砂はだめだし……」と言うので、風景構成法に誘う。顔を歪ませるチックが頻発している。

h　風景構成法③（図4-8、口絵10参照）

鉛筆を出すと「あーいいや、大丈夫」と言って、サインペンで描き始める。〈川〉、「斜めに流れている、たまにはね……」。境界が初めて線で描かれる。〈山〉、「ちっちゃい山とか砂で作った山でもいい？　……誰かが作った山、人も描いておかないと」。女の子を傍に描く。「旗も描いておこう」といたずらっぽく笑う。〈田んぼ〉、

図4－7　箱庭⑤

図4－8　風景構成法③

「あまり見てない、描けない」。〈道〉、「川の両脇全部が道なの」。〈家〉、「左に向いて建っている」。〈木〉、「セミが止まっている木」。〈人〉、砂山の傍の女の子を指す。「ほかにも描く」と家の前に女の子を描き、「自分の髪型になっちゃった」と笑う。〈花〉、植木鉢の花を描く。〈生き物〉、屋根の上に猫を描く。〈石〉、「ぼろ布みたいになっちゃった」。〈描き足すものは？〉に、砂山に囲いを描いて「砂場」、バケツを描いて「川から水を汲んできて使うの」と言う。「セミがいるから」と虫篭と虫取りの網を描く。川の上にトンボを描いて「川の水に卵を産みに来たんだよ。ちょっとお尻をつけて飛んでいる」。家の前にもバケツを描く。右上に女の子をもうひとり描いて「この子も川に水を汲みに来たの」。三人を見比べて「サイズがちょっと変、砂場の女の子は小さい子、赤ちゃん状態かな」と言う。

〈季節は？〉「夏、セミがいるから」。〈時間は？〉「朝の五時、そうじゃないとセミは下に降りてないから」。〈どんな川かな？〉「左から右に流れていて、ゆっくりで浅い川、渡ることができて、みんなが水を汲みに来れるとこ……女の子は花の手入れをしていて、お水を花にあげるの」。〈大事な川だね、みんなが水を汲みに来て〉と言うと「そう、トンボも卵を産みに来てるしね」と言う。〈自分はどこにいるの？〉には、「ここにはいない、いるとしたら川の中かな、遊んでいる」という。砂場の山から箱庭を連想する。全体にエネルギーの流れを感じて嬉しい。生き生きとした実感が大切にできるようになっている、サインペンを使えたのは、それをそのまま出してもいいと思えるようになってきたのかなと思う。

第十回、元気な様子で来所。箱庭に誘う。

i　箱庭⑥（図4-9）

最初から大胆に水を入れて「みずみずしくしたいの！」。混ぜながら「泥で固める」と言って、しっかりした山を作り、上を平らにする。「この間の三つのトンネル作りに挑戦する。頑丈じゃなくちゃだめ。でも重すぎちゃだめ……無理かなあ……でもとうとうできるかも」と言いながら作っていく。何度も壊れては作り直すが、前回のことが嘘のように短時間で作り上げる。水を入れてから穴を二人でそーっと覗いて確認、ついに完成させる。なんともいえない嬉しさ。「上に人を置いたらおもしろいかなあ」とジョギングやカメラを持っている人を六人置く。崩して人を顔だけ出して埋めて取り出す。最後は、砂を混ぜたりこねたりして遊んで終わる。〈今度はプレイルームで遊ぶのもいいかなと思うよ〉と伝える。

第十一回、受付のソファで横になっている。「具合が悪い。今日は動くと言っていたけど、途中でだめになるかもしれない」という。前回プレイルームに誘ったのが負担だったかもしれないと思い、〈無理しなくていいよ〉と言って箱庭の部屋に誘う。

j　箱庭⑦

まず山を二つ作り、崩して真ん中に川を作る。「これなら加減できていい」と砂を霧吹きで湿らせる。砂の上に人の形を作り、口に象の牙を付け、心臓には赤いビー玉を埋め込む。「すっごくいいこと思いついた！　とてつもなくいいこと考えた！　ビー玉の入っただんごをぶん投げて、赤が入っていたら当り！」と大きなビー玉の入ったおだんごを作る。それを砂箱のなかに投げつけて「産まれた！　ビー玉！　爆弾！」と言ってから「あーなるほどね！　自分の言ったことでなるほどと言ってどうする！」と大笑いする。思わず〈いいよ、すっごい、なるほどだなあ〉と応じると、「超強力爆弾！　最大の爆弾だ！」とおだんごを作っては砂に投げつける。〈何に向かって投げる？〉「むかつく子！　たくさんいる、超むかつく！」と言って投げ、親指を立て「死ね！」と言う。すっきりした顔をしている。

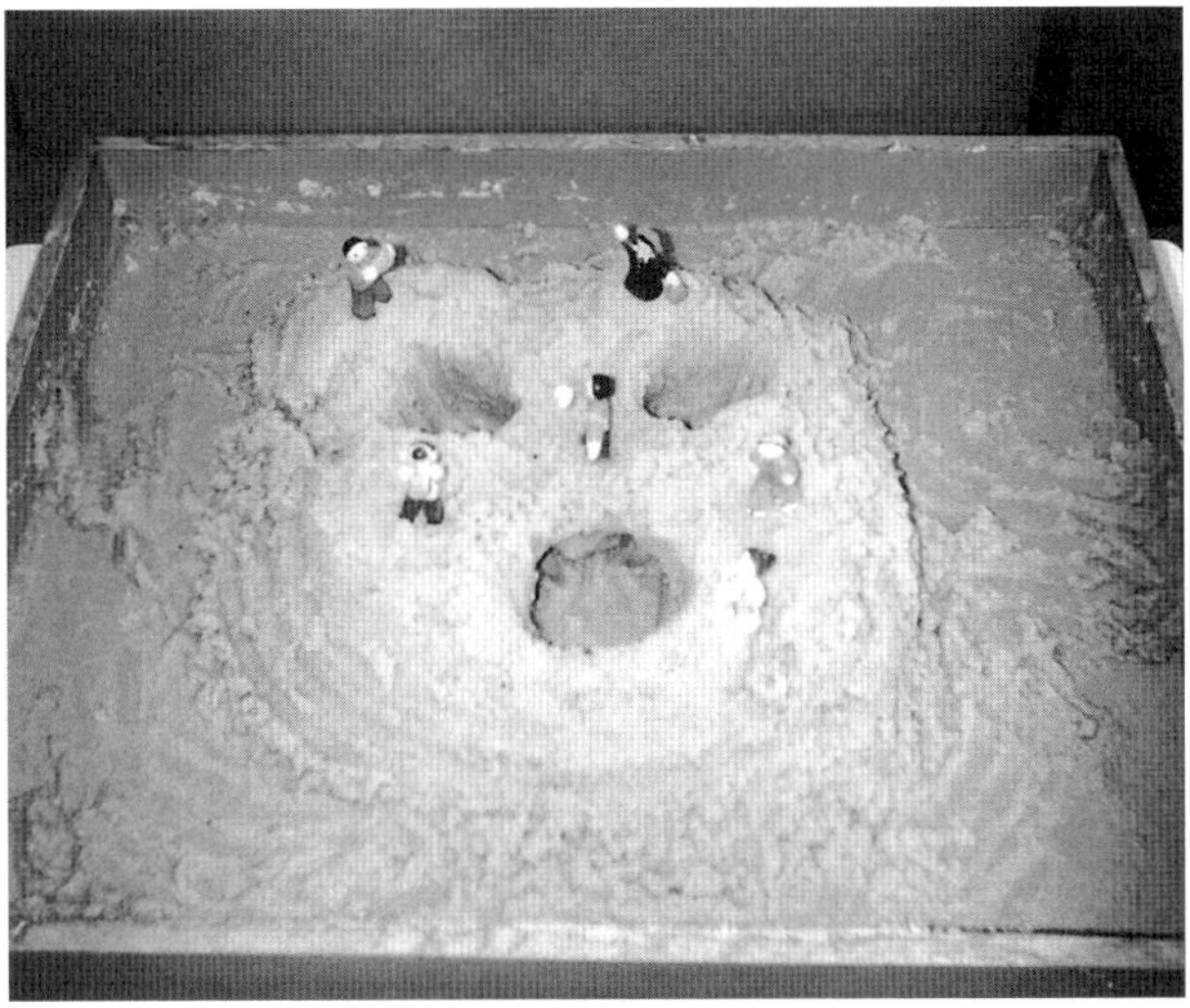

図4－9　箱庭⑥

図4－10　箱庭⑧

第十二回、学校での様子を明るく話す。「たまには砂で遊ぶのもいい」と言う。

k　箱庭⑧（図4-10）

なかなか作るものが決まらず、しばらく山を作ったり崩したりして遊ぶ。「フルーツケーキを作ろう」と、山のうえにりんごを八つと白鳥、持参したガラスのパーツを置き、後ろに案山子を置いて、「これでいい」と言う。

K子は母親にチックのことを「お母さんが大丈夫？　大丈夫？　と言うから治らない。放っておいて欲しい」と言ったという。

第十三回、受付で母親が、今日は学校を休んだので、ゆっくりしたいと言っていて、なんか作るのではなくてお話がいいと言っていますという。〈好きなことでいいのよ〉と言うと、「絵を描きたい」と言う。風景構成法に誘う。

l　風景構成法④（図4-11）

紙を出すと自分でサインペンを使って枠を描く。素描には鉛筆を選ぶ。〈川〉、「今日は斜めに描こう」。魚も描いて色を塗る。〈山〉、左上に小さな山を描く。「砂の山にしようと思ったけど、これは大きい山、遠いから小さい、遠くの空に富士山、霞んでいる」。白いクレヨンでぼかす。〈田んぼ〉、「描けない」。〈道〉、「遠くでよかったら、道路と家と車を描こう」と山の前に一本の線を描き、白いクレヨンでぼかす。〈人〉、「横向きの人練習したんだ」と木の下に女の子を描く。〈石〉、石を三つ描いて「いかにもつまずきそうな石だ」と言う。「今日はなんかクレヨンが使いたかったんだ」と言って色を塗る。「この絵に関係ないもの描いてもいい？」と、天使を描く。

図4-11　風景構成法④

「これ関係ないから色塗らない」……「この人（横向きの子）は川を渡ってこっちに来て、犬の散歩をしてる。川の中を歩いて来たんだよ」と言ってから、「そうだ、溺れている人を描こう！」と川の中に人を描く。「あ、助けている人も描こう。助けている人はパニック」と言って、岸にもうひとり描いて笑う。「助けてーって言って、本当に困っているのはどっちだろう……散歩の人は気づかない。天使は見守っている」と言う。母親と自分の関係を突き放して見ていると感じる。そーっと描かれた道や川を渡ってきた女の子に、子ども自身の主体が育ってきていることを感じる。

学校の友達のことや学芸会など現実的なことが話題になる。そのなかで「ここは卓球できる？　卓球やりたい」と言い出し、プレイルームで卓球をする。私が取り落とすような勢いのあるボールが返ってくる。時間一杯プレーする。母親のもとに戻って、母親が心配そうに、具合大丈夫だった？　と声をかけると、来たときと同じように、元気のない様子で頷く。

Ｉ期を通して、学校にはほとんど休まず通えていて、チックも波がありながらも次第に減少していった。第五回ころからは全身の痛みを訴えることはほとんどなくなり、母親がマッサージをしなくても眠れるようになった。それに変わるように吐き気や胸の痛みの訴えが増え、その都度、心電図や甲状腺などの検査を受けているが、何も異常は出なかった。第十二回ごろ、N大学病院の小児科で、自律神経の問題と言われ、低血圧の治療薬や安定剤（グランダキシン）が処方され、飲み始めた。

C　II期（第十四回〜第二十一回）
――プレイルームでの遊びや運動が面接の中心になった時期

第十四回、来所するなり「今日は元気になったから、運動したい」と言う。〈運動の前に絵を描くのはどうかな〉と風景構成法に誘うと、「あれならやる」とすぐに応じる。プレイルームでは、跳び箱、卓球、三輪車など次々遊ぶ。トランポリンでは開脚跳びに挑戦したり、四十回連続跳びをして汗びっしょりになる。「すごく楽しい！　運動するのが小さいころから好きだった、私って結構すごいかも」と言う。

a　風景構成法⑤（図4-12）

すぐにサインペンを取って自分で枠を付ける。「私はフリーハンドが得意です」。〈川〉、「今日は川がメインです。結構広い川です、こっちに流れている」と矢印を描く。〈山〉、「誰かが登っている山、頂上に旗があって、頂上に登ったという印なの」。〈田んぼ〉、「描けない」。〈道〉、「下書きしたい」と言う。鉛筆で下書きしてサインペンでなぞる。〈家〉、山の近くに小さく描く。〈木〉、「この木は夏にセミが止まる木」。〈人〉、「どこに描くか考えていなかった」と迷う。「ちょっとデフォルメになっちゃうけどいい？」と道の上に女の子を描く。「ピースだよ、こうやってね」とピースしてにっこりする。〈花〉、「これは一年中咲いている花なの」。〈生き物〉、魚。

図 4 -12　風景構成法⑤

図 4 -13　風景構成法⑥

〈石〉、石を描いてから矢印と繋げて立て札にする。「最近、クレヨンでさーっと塗っていくのに凝っているの」と言って色を塗る。

〈季節は？〉「秋、紅葉」。〈時間は？〉「朝の十時ころ、みんな学校行ってて変かな、まあいいか」……「川は、魚が棲めるくらいの深さで釣りもできる。ゆっくりな流れ、透き通っている」……「山は、花が一年中咲いている不思議な山」……「家はちょっと適当」……「山を登って旗を立てた人がいるの。山は二つしか描いてないけど、後ろに三つある」……「この女の子は遊んでいる。誰かにピースしているの」。〈自分はどこにいるの？〉に「手前の方、この女の子が私にピースしている」と言う。最後にサインしながら、「そうだ、この女の子はこのサインにピースしている」と言って終わる。サインへのピースはとても肯定的な感じがして嬉しかった。

第十五回〜第十六回、すぐに「今日は遊びたい！」とプレイルームに行く。「今日はちびちゃいことをしよう！　そういう気分なの」と言って遊び始める。「幼稚園のころみたい」とシーソーや大きなブロックでお家造り、トンネル、追いかけっこ……廊下で女性の声がすると、あわててトンネルに隠れて「あんまり人に見られたくない、お母さんには見られたくない」と言う。母親でないことが分かると、また遊び始める。遊びながら学校でのことや友達と遊んだことが自然に話される。トランポリン五十回跳びに挑戦、クラッシュホッケーは負けん気をみせ、お互い夢中になって七十二試合もして、結局、私を完敗させ大満足する。

第十七回、風景構成法に誘う。「今日もあとで運動がしたい」とプレイルームで、トランポリンや卓球をする。

b　風景構成法⑥（図4-13、口絵11参照）

〈川〉、迷うが「斜めにしよう！」と決めると一気に描く。〈山〉、「山ならなんでもいいんだよね」と砂山を描いて旗を立てる。弾むように描いていく。〈田んぼ〉、「見たことないなあ」、すぐに「見たことある！」と言い、描く。「あー初めて田んぼ描いた」。〈道〉、川に沿って描き「これが道です」。〈家〉、「屋根が描けなくなっちゃった……」。〈木〉、「まあ、ちっちゃいのでもいいや」と植木鉢に描く。〈人〉、女の子を描いて「変になっちゃった……まあいいか」。〈花〉、川沿いに「ずっと並んでいるの」。〈生き物〉、魚と猫。「猫は魚を見てる、食べたいなあ、魚は汗がたらー」と笑う。〈石〉、「大きな石、お婆さんの漬け物石」。田んぼを塗りながら「田んぼには水があるの、その上に緑」と色を重ねる。「あー今日は全部描けた、人も田んぼもちゃんと描けたし」と確認するように言う。

〈季節は？〉「春、田植えが終わったころ」。〈何時ごろ？〉「十二時ごろかな」。〈女の子は何をしているの？〉と聞くと、「砂山ができて喜んでいるの、やったあーって言ってる」。〈川は？〉「左から右に流れている、浅くて流れは遅い渡れるような川」。〈自分はどこにいるの？〉「考えていなかったなあ……いるとしたらお花の辺り、花を見て歩いて行きたい」。〈どうだった？〉と聞くと「田んぼがよく描けた」と言う。以前に描いた絵が、K子のなかでたしかな余韻を残しているのに驚く。

第十八回～第二十回、「運動の部屋に行きたい」とすぐにプレイルームに行く。バトミントンを三十分対戦し、汗びっしょりになる。五年生に進級し、学校のことも「クラスに友達できた、クラブはバトミントンに入った！」など全体に明るい軽い感じで話す。跳び箱、サンドバック、バトミントン、三輪車、フリスビーなど。とくにサンドバックが気に入って、息を弾ませ、真っ赤になって蹴ったり殴ったりする。遊んだあと母親のもとに戻ってからはいつも、はしゃいで運動したことをまったく感じさせない。

第二十一回では、髪の毛を短く切って、イメージチェンジしてくる。明るい印象になる。「習字を習い始めた、友達と一緒に行っている」と嬉しそう。風景構成法に誘う。

c　風景構成法⑦（図４-14、口絵12参照）

「いつもと違うふうに描きたいなあ」と言いながら始める。自分でさっと枠を描き、四隅にハートを描く。〈川〉、「川は周りに描こう」と躊躇なく、ぐるりと周りに描く。〈山〉、「砂山でもいい？　お子様ランチ」と旗を立てる。ゆったり、穏やかな感じで描いていく。〈田んぼ〉、「ちょっと描けない」。〈道〉、「あとで描く、家の周りに描くつもり」と言うが、結局描かない。〈家〉、「たまにガラスにしてみました」と窓を描く。〈人〉、「自分でも描いてみようかな」と女の子を描く。〈木〉、りんごの木を描いて女の子にりんごをひとつ持たせる。〈生き物〉、「ハムスターが得意なの」。〈付け加えるものは？〉女の子の洋服に熊の絵を描く。枠の外側四方に「がっこうへのちかみち、がっこう、こうえん、花や」と書く。

〈季節は？〉「夏の朝、七時くらい」。〈どんな川？〉に「川は道状態……川は浅くて歩いて行けるの。生き物も飲める水……水は外の方に流れて入れ替わっている」と言って、右端に出入り口を描いて「こっちから入ってきて、ぐるっと回ってここから出て行く……ワタシ的にはすごくいいと思う！」と笑う。「女の子は私、りんごを取って食べようとしているところ」。感想を聞くと「この間よりはうまくできた。この間のはあまりぴんとこなかった。この方がうまく描けたと思う」と言う。川が外と繋がり循環しているというイメージに、Ｋ子は自分自身でありながら外とも繋がっているという実感をもてたのではないかと思い、嬉しく感じる。

第二十二回、表情は明るい。「今日は砂とかがいい」と言う。

図 4 -14　風景構成法⑦

図 4 -15　箱庭⑨

d　箱庭⑨（図４-15）

次々に人を置いていく。「〜している人……それを見ていて〜している人」とそれぞれの人を関連づけながら置いていく。自分で言いながらおもしろがり、「なんか変」と言っては笑う。「なんかにぎやか……いろんなとこから見るとすごい……みんな何かやっているから」。真ん中の山に「底無し沼にはまっている人」と言って人形を埋め、そばに「大丈夫？」と言って助けている人を置く。埋めた人形を「これが私」と言う。最後に埋めた人形を取り出し、「あー助かった！　これ助けられた人」と言う。できあがったのを見て、「なんかごちゃごちゃで変……でもよく見ると意味がある……でもやっぱり変……」と言う。

「運動がしたい」とプレイルームで遊ぶ。起き上がりこぼしを思い切りキックする。起き上がりこぼしの動きがユーモラスで、二人で大笑いになる。何度も繰り返す。汗びっしょりになって終わる。母親のもとに戻ってからも、どこか運動の余韻を残していて自然になった印象を受ける。

II期では、学校でも行事に積極的に参加するなど変化がみられ、放課後も友達と一緒に遊んで過ごすことが日常になっていった。目をぱちぱちさせたり、口を歪ませるようなチックはまだときどきみられたが、第十六回ころにはK子自身が「自分でなんとかするから大丈夫、もう薬は飲まない」と宣言し、以来安定剤は服用していない。第二十一回には母親から、まだチックはあるが、明るく元気で過ごしている、子どもについてはいまはあまり心配なことがないという話があった。K子からも「友達と遊ぶことが多い。ここにはときどき遊びに来たい」という話があり、K子の定期的な面接はこの時点で終結となった。

おわりに

こうして風景構成法を振り返ってみると、そのときどきの彼女の様子や交わしたやりとりが思い出され、あらためて気づかされることも多い。ひとつひとつの風景構成法には、描かれたアイテムの構成や象徴的表現から解釈もいろいろにあると思うが、ここでは、とくに「風景構成法を描く」ということが、彼女にとってどのような体験だったのか考えてみたい。

風景構成法と箱庭は、流れのなかで自然に選ばれていったように思うが、そのなかで風景構成法で描かれた世界が箱庭で再現されたり、箱庭で作った世界が風景構成法のなかにさりげなく描かれた。それぞれに体験の意味や深さは違いながら、相互に関わり合うようなプロセスがあった。箱庭で彼女は、直接みずからの身体を使って作ったり壊したり、埋めたり取り出したりと自由にやってみる体験を繰り返しながら、自分を少しずつたしかなものにしていった。そこで得た感覚を、風景構成法のなかに（たとえば砂山として）描くことで、よりはっきりしたものとして受け取るような体験があったのではないかと思う。

また、彼女は風景構成法で、いまの自分の感じをたしかめながら、同時にいままでの自分の枠から起こってくる否定的な感情や抵抗もしっかり実感しながら描き上げていった。描き上がった作品は最初から意図されたものではないので、そこには思いがけない発見があり、それは自分のいままでの思いや考えを超えるような体験となったのではないか。そのことは傍らにいる私にも伝わり、さらにそれをことばにすることで、お互いがその体験をより強くたしかなものとして受け取っていくプロセスがあったように思う。

また彼女は、サインペンや鉛筆、クレヨンや色鉛筆とそのときどきで自分にぴったり合うものを選び、的確に言語化していることに驚かされる。とくに、彼女のように事故や性的な暴力など理不尽で侵入的な体験をもつ子どもにとって、出された用具や提示されたアイテムを「拒否する」あるいは「みずから選ぶ」という体験を積み重ねることで、彼女自身が拒否することができるという可能性に気づき、「自分の思ったことが認められ、やり遂げられる」という実感をもてたことは意味があったと思う。

風景構成法を描くということが、その子どもにとってどのような体験なのか、これからも面接を通して考えていきたいと思う。思春期を迎えて彼女に残されている課題は多い。家族に支えられながらの順調な成長を願って、今後も見守っていきたい。

最後に、私の事例提供の申し出にたいし、快く承諾してくださったご家族に心から感謝いたします。

対談コメント——第4章について

皆藤章×川嵜克哲

■クライエントの抱えるテーマ

皆藤　この事例では風景構成法と箱庭の表現が多くありますが、そのこと自体がひとつの特徴というか、大切なテーマになるかなあとも思います。

川嵜　そうですね。

皆藤　まず、チックという症状なんですけど、川嵜さんチックに関する論文を書いてたよね[1]。

川嵜　ええ、またあとでお話するかと思いますけど、この事例と関連するようなところがやっぱりありますね。

皆藤　というのも、小学四年生というクライエントの学年・年齢と、主訴のことを思うときに、ぼくはやっぱりすぐに身体のテーマを感じるんですね。そのテーマが後々、風景構成法や箱庭にとてもクリアに反映されていくなあという印象があります。

川嵜　それは思いますね。

皆藤　そこで、「面接過程」に入るまでのところで感じたことを話してみようと思います。まず思うのは、K子が「どうせ死ぬのになぜ勉強するのか……死にたい」と語るということです。小学四年生の子どもがこういう内容を語るっていうのはすごいなあ。これって、きわめて本質的テーマでしょ。そして、チックの症状は自分ではもちろん抑えることはできない。どうにもならないものに自分が支配されているような感じ。結局、そうなんだったら、もう人間は最後には死ぬんだ、このことだけは確実なんだから早くその世界に行きたいという体験を、この子は当初からすごく抱いていたのかなあと思いましたね。

川嵜　うんうん。

皆藤　そういう脈絡でみていくと、まず幼稚園でサッカーボールが目に当たったことをきっかけにチックが始まる。何かもう、すごく理不尽でしょう。

川嵜　そうそう、まったくそうです。

皆藤　なぜこの子が、世界からそうした暴力を受けなくちゃいけないんだろうって思わされる。それから、小学一年生のとき、友達に叩かれて頸椎亜脱臼。これも同じことで、ものすごい理不尽。痴漢なんていうのはまったくもって理不尽な暴力ですよね。そうすると、この子がこういうことに立て続けと言ってもいいほどに出会うというのはどういうことなんだろうと深く考えさせられました。ほんとうにすごく辛かったろうなあと思う。

そして、こういう理不尽さからみると、チックも結局、自分にはどうにもコントロールできないものだから、身体からもこの子は理不尽な暴力を受けているという感じがすごく伝わってきたんです。だから、小学二年のころに、医者を受診してカウンセリングを数回受けて、症状が落ち着いたので終結なんていうのは、ものすごく不自然だと思う。

川嵜　うん。

皆藤　これほど世界から理不尽な暴力を浴びている子が、数回カウンセリングを受けて症状が落ち着くだろうかと、素朴に思う。K子が抱えたテーマはチックという症状の消失ということだけじゃなくて、その背景にあること、K子自身が世界に向かっていかに開かれていくのかというところに、すごくすごく大きなテーマがあるとぼくは思う。なのに、どうして数回で終結するんだろう。

それから後、今度は食事中座っていられないとか、全身硬直のような、ものすごい身体性のテーマがこの子を襲ってきますよね。辛いなあ。そういう時期に受診を経て来所する。直観ですけど、K子が抱える身体のテーマに風景構成法はいかにコミットするのか、という視点が非常に大切になると思いました。

そうして、この子は周囲の予想に反して思いがけずに来所するでしょう。すごい子どもだなあと思いました。こういう子どもは、最初の出会いですべてが決まってしまうところがあるように思います。最初の出会いで続けて来るかどうかが決まってしまうということですけど。ぼくは、この子が何か立派に勝負をしに来ているっていう感じを受けました。

川嵜　ほとんどもう付け足すことはないんですけど。ぼくも一番目についたのは、この子がものすごい不意打ちを喰らう、侵入されるということです。ボールがぶつかったり、友だちに叩かれたり。痴漢はこの流れのなかでばーんと来た感じですね。

でも、こういうことが起こったからチックという症状が出ているという、いわゆるPTSDって見方がありますよね。そういう見方も大切なんだけど、いま皆藤さんが言われたのはちょっと違う見方ですよね。そういう流れが生じているそもそものコンステレーションに注目したいということですね。なんでこの子がそういうようなことが生じるようなコンステレーションに置かれているのか、という。

皆藤　そうそう。

川嵜　また、そのコンステレーションがどのように変わっていくのか、っていうことですよね。

皆藤　そうです。ちょっと哲学めいた言い方をすると、世界にたいしていかに開かれていくのかというようなことです。

さて、まずセラピストとの出会いですが、これはセラピストにしてみれば思いがけないことだから、いわば不意打ちを喰らっているわけよね。この子とテーマとしては同じ体験ですよね。印象深い。それから、この子はすごくよく喋ってくれるなあと思った。ほんとうにことばになりにくい体験なんだと思うんだけど、よくことばにしてくれてるなあと思いました。

川嵜　そうそう。そういう、クライエントの抱えているテーマとクライエントとセラピストとの関係性が同型になってくるという視点はとても大切ですよね。

皆藤　だから、この子が喰らったのとテーマとしては同じ事態にセラピストはどう応じるんだろうと、すごく関心を抱きました。この辺り、セラピストとこの子とのやりとりが結構具体的に書かれてあるので読みとれるんですが、セラピストは割とスタンダードな訊き方で入ってると思います。

「あなた自身は心配なことがあるの」とセラピストが訊くと、「どういうふうに言っていいか分からない」とK子は応じる。なるほどそのとおりだろうと思う。とても力のある子だと思う。そこでセラピストは「ことばにするのはむずかしいのかなあ」と尋ね、K子は頷く。これはかみ合っている。クライエントにもセラピストにも力がある。力があるっていうのは可能性を生きようとしているっていうふうに言い換えてもいい。

力がある＝可能性を生きようとするクライエントに関わろうとするセラピストのやりとりがここに表われている。そうしたクライエントとセラピストのやりとりがこのほんのちょっとしたところにきっちり出てるなあと思います。こういうときに、「どういうふうに言っていいのか分からない」と言うクライエントに、「そうかあ、分からないのかあ」とかなんとか言うてるようなセラピストではコミットが弱いなあと思うよ。そして、「ことばにするのはむずかしいのかな」とセラピストが応じたのにたいし、「ちょっと心配していることがある」とクライエントは言いますよね。ぼくは、この子は語る相手を探していたんだと思いました。「どういうふうに言っていいか分からない」にたいし、「ことばにするのはむずかしいのかなあ」との対応で、K子は語ろうという気になった。セラピストが「そうかあ、分からないのかあ」といったコミットの弱い対応をしていては、K子は語らないだろうと思いますね。

川嵜　いま言われていることはすごく面白い。「どういうふうに言っていいのか分からない」と、こういうこと言えるのは力のある子やなあと思いますね。

それからさっき皆藤さんが身体ということ言われたでしょう。身体とことばということがこのケースのひとつの大きなテーマになると思います。端的に言うと、「身体」というものをある意味どこか殺さないと、「ことば」というものは出てこない。その意味で、このクライエントはかわいそうに「身体」を適切な形で殺し切れなかった子とも言えるわけです。この子のチックというなんとも言えない不可解な感じと苦しみはそこから来ているのではないか。だからこそ、セラピストの「ことばにするのはむずかしいのかな」ということばはこの子に届いていると思う。

皆藤　そうだね。だから、たとえばいわゆる健康な次元を生きてる人だったらことばにするのがむずかしいなんていうことを思わない世界に生きているわけです。

川嵜　そうですね。いわゆる健康な人というのはことばの世界に生きてるわけですから。ことば以外というのかな、ことばの外部って言った方がいいのかな、そういう領域のことを気にかけなくてもやっていける。というか、そういう領域に気がつかないことを「健康」と呼ぶんでしょうね。

この子のテーマでしょうね。ことばにならない何かをどうしていくか、ということが。

皆藤　ことばと身体って、言われたようにとっても深いテーマだと思います。たとえば、ものを食べたときにおいしいと思って、おいしいって言いますよね、あれことばと身体ですよね。味覚だけど、それがおいしいと感じておいしいと語る。でもおいしいと感じなくてもそう語れるでしょう。

川嵜　うん、そうそう。だから、ぼくらも純粋に身体でご飯食べてるんじゃなくて、ことば、あるいはもっというと数字を食べてるような感じのとこってありますよね。これは何カロリーだな、とか。

皆藤　もっと日常の次元で言うと、たとえばあそこの店おいしいよという評判がグルメ雑誌かなんかに載るとみんな行くよね、それでやっぱりあそこはおいしかったたって言うけど、ほんとうにことばと身体が一致しておいしいと思ってるのかっていうと、それはどうか分からないんじゃないかな。

川嵜　情報を食ってる。

皆藤　そう。摂食障害の人がさながら数字を食べてる感じがあるのもそうですよね。

川嵜　何カロリーとか何グラムとかね。だから、この子がなんでチックになったか、つまりどうしてこの症状が選択されたのかというのはむずかしい問いだけれども、場合によったら拒食という選択もあり得たんだろうなと思う。

皆藤　ああ、思いますね。うん。

川嵜　下手したらね。すごく身体的なことが絡んできているから。

皆藤　風景構成法でも箱庭でもやっぱりこういうテーマと確実にリンクして世界が表現されるだろうと思う。だからたとえば風景構成法だったら、風景構成法はこの子の身体をどう受け止めるんだろうかっていうか、どう表現するんだろうかっていう、そういうことをすごく思いますね。箱庭もそうで、箱庭はこの子の身体をどう受け止めていくのか。

川嵜　なるほど。

皆藤　あっそうか、さっきセラピストも不意打ち喰らったたっていうこと言ったけど、考えてみればこの子も不意打ちを喰らいに来たとも言えるんだな。

川嵜　そうそう、ぼくもそう思う。でも、それは適切な不意打ちでなければならない。変な言い方をしてますが。

皆藤　そういう意味では、この子は志村さんというセラピストに出会って本当によかった。

川嵜　ほんまやね、それは。しかし、この子のチックも相当大変なチックやね、目がパチパチしてお腹がへこんじゃうとか、身体が動いてとか。

皆藤　「みんな、リラックスしろとか乗り越えろとか言うけど、そんなに簡単じゃない！」ってこの子は言うよね。いいなあ、言えるよね。

川嵜　すごくことばにする力のある子やね。

皆藤　そう思う、うん。

川嵜　もちろん、それはセラピストとの関係性の上で展開しているわけですけど。この子は一回目から「いま分かった！　これはいままで人に言ったことがない」って言いますよね。これ感激しますね。

皆藤　この辺り、すごいなと思いますね。ぼくが感じてたのは、世界からの理不尽な暴力、自分の身体からの理不尽な暴力っていうこと、自分の身体が思いどおりにならないっていうことの辛さには言語を絶するものすごい体験があるんだけど、この子に最期に残された唯一の自分の思いどおりになるものがことばじゃないかということです。

川嵜　ははあ、なるほどね。

皆藤　ただ、そのことばも受け止めてくれる人がいて初めて生きてくるわけで、そういう受け止めてくれる存在にこの子はこれまで出会わなかった、だから自分の思いどおりになることばが語れない。ところがセラピストと出会って変わる。「これはいままで人に言ったことがない、初めて人に言えた」というように、ことばと身体がぴったりとついている。これはすごいなあと思った。下手にこの子が思いどおりになることばを駆使して生きていこうとしたら、どんどん身体が乖離してしまい、これはもうほんとうに途方もなく辛い生き方をせざるを得ない。だから、ここでの仕事のひとつは、ことばと身体が繋がることなんだろうと思う。その最初のものすごい可能性を与えてくれる表現が「いま分かった！……」というふうに出てくる。このことばはほんとうにこころ打たれますね。こういうところは、セラピストが表現を導入しようとすると、ちょっとはできそうな気がしたりもします。

川嵜　表現を導入するとは……

皆藤　セラピストがK子に提案しているようなことです。「このもやもやをことばにしていくことをいっしょにやっていこうか……」とか語っているところ。そして、この提案にたいするK子の語りもすごいなあと思う。ここまでピタッと出会ったんだから、「うん、やるやる」とか言いそうなもんやけど、「ちょっとはできそうな気がする」と。やっぱりこの子の生きてきた世界は並大抵じゃなかったたっていう感じやね。

川嵜　うん。また、そういう言い方で並大抵じゃなかったということを表現してるとも言える。

皆藤　そう。この子が「一週間に一度じゃきつい」って言うのもすごいね。セラピストもこの辺りはちゃんと分かっているね。

川嵜　そうでしょうね。セラピストもそのきつさを分かっていつつ、でも、何かいけそうみたいな感じがあったんでしょうね。一緒にやっていけそうみたいなね。

皆藤　なんかねえ、あのこれは後の経過も読んだからなんだけど、やっていけそうっていうよりも、ぼくにはセラピストがいっしょにやっていきたいんだなあって思った。

川嵜　ああ、それは絶対そうでしょうね。

■ことばにするということ

川嵜　インテークの後の、第一回にいきますか。

皆藤　途方もなくミゼラブルな体験を、語りや表現を通してこころに収めていく作業がどれほど大変なことか、すごく伝わってくる。それは、まず語る相手、表現する相手がいて初めて成立する世界なんだということ、その相手がこれまでいなかったという体験をこの子はこれまで嫌というほど味わってきたと思います。けれども、ようやくセラピストと出会えた。

川嵜　いまの皆藤さんの話を聞いてて、ことばにするということに関して思ったんだけど、カウンセラーはクライエントのいろんな話をずっと聴いてるでしょ。そういうとき、表面的にはことばのやりとりがなされているわけだけど、底の方ではことばのレベルを超えてなんとも言えないものが動いている感触があるときってありますよね。そういう感触をいつもではないんだけど、ことばにしなければならないときというのがセラピーのなかでありますよね。そういうときに、その感触とことばとの間にすごいギャップを感じる。その感触から何かをメリッと引き剝がしてやっとことばにしているような。大事なものをなにか捨ててことばにせざるを得ないような。

皆藤　うん。

川嵜　だから、この子のもっている感じ、あるいはこの子がカウンセリングでやっていくことというのは、そういうのと似てるのかなっていう気がしたんですけど。なんともことばにならないものを、ことばにしていくっていうのはほんと言うと何かを殺す、哀しい作業とも言えるわけでしょうし。でも、ぼくらが生きている世界というのはそういう世界だから。

皆藤　ああ、そうそう。そうですね、うん。

川嵜　たとえばクライエントが「死にたい」とか言って、それがこちらにピタッと伝わってくるようなときって、なんとも言えない感じがあるわけでしょう。そして、それにたいして何か言わなければならないときがありますよね。そこにすごいギャップを感じる。

皆藤　ギャップがあるときっていうのは、自分のなかで……。

川嵜　自分のなかでのことばというレベルと、ことば以前というのかな、ことばでないレベルとのギャップですね。

皆藤　ほんとそういうふうに思うし、そこを、本気で突き詰めていけば心理療法は終わらないと思う。

川嵜　そうですね。

皆藤　だからどこかで、どちらかが諦めて、終わる、終わらざるを得ない。そういう感じがする。たとえば死にたいとクライエントが言ったときに、何かすごくきっちりとこちらに伝わってくる。こちらがピタッと分かってるときがある。そやったら何も言わなくたっていいんだけど、やっぱり死んで欲しくないから、こちらもことばを語る。ぼくはそのときに、次の回に繋がることばを語るっていうことを自分のなかで気をつけています。少なくともそれだけは気をつけています。それから、電話なんかで、もう死んでもいいか、なんて言われたときも、会わないことには答えられないとか、次の回に繋がるようなことば、そういうことは心掛けています。

川嵜　以前、皆藤さんはそういうのを「関係の方にもっていく」みたいな言い方してたですよね。

皆藤　そうそう。ただ、それをやり続けると終わらないのよね。

川嵜　なるほど、そうでしょうね。ただ、誰が、というか、何がセラピーの終わりを決めるのかというのはむずかしい問題ですね。

■風景構成法①

川嵜　一回目に話を戻すと、最初から風景構成法をされてるんですよね。

皆藤　「風景構成法に誘う」とだけ書かれてあるすごくシンプルな記載だけど、受理面接までのところで、なぜ誘ったのかということの答えはもう出てるって感じですね。何かすごい決意を込めて、という感じで誘っている。で、風景構成法①。

川嵜　うん。

皆藤　これかなり具体的に状況が描かれているので、ぼくらもイメージを深めて読んでいけるんだけど。川嵜さんのコミットを話してもらうといいんやないかな。

川嵜　ええとね、ちょっと細かいことだけど、サインペンと鉛筆、消しゴムとかがまず印象的だった。この子が何かを表現するって大変なことですよね。サインペンを使って失敗したらすごい怖いことだと思う。消せない過去というか、取り返しがつかないというか。消すことのできる鉛筆と消しゴムでもって初めて表現できたのかなという感じがしました。

そういう意味じゃ、この子のいわゆる外傷というか痴漢の体験とかね、消せる消せないというか修正できるのかとか、そういうことにも繋がってってとても怖いことなんだろうなあと思いましたね。セラピストもその辺りをセンシティヴに分かってて、すごくていねいに会いますよね。クライエントが不安なのかと感じて、さりげなく手帳へと視線を逸らしたりとか。それで初めて川が描ける。川もまあ非常に淡い川ですけどもね。

皆藤　ほんとやね。

川嵜　次に、山を描いて。で、次の「田んぼ」は描けない。ぼくがこのケースですごく注目してたのは、田んぼです。

皆藤　ああ、田んぼは描けなかったね、ずっと。川嵜さんが田んぼに一番注目していたのは、一回目のときにこの子が田んぼを描けなかったということ、それとも田んぼの象徴性というか、そういうこと?

川嵜　両方ですね。そこの個所を読んでて、あ、田んぼ描けないんだと思ったわけね。で、いったいこれはどういうことなんだろう、と。

この時点でぼくが思ったのは、田んぼって「自然」を去勢したものですよね。「自然」に人が手を入れることによって作られるもの。それが農業（アグリカルチャー）で、それによってまさしく文化（カルチャー）が発生する。だから、文化という人間が生きている領域、つまりそれはことばの世界でもあるわけですが、それと田んぼというのは深く関連している。端的に言うと、田んぼ＝文化＝ことば、と等号で結ばれると思うんです。

逆に、川とか山は「自然」であり、身体性ということと関わっている。子どもというのは「自然」に近い存在ですよね。そういう存在である子どもが大人になるというのは、「自然」が手を入れられることによって田んぼになることと形として似てると思うんです。つまり、ことばをもった存在になるためには、どこかで不意打ちとか侵入ということを経なければならない。でも、この子の場合、その侵入が幼いころにすごく強烈に来てしまう。だから、この子にとって田んぼというあり方は、本来どこかで必要なんだけど、侵入や不意打ちが適切な形でやってこないコンステレーション下にあるので、田んぼを描くことはできない。

この子の痴漢体験と田んぼの描けなさっていうことをぼくはそういう感じでちょっと思ったんで、この絵を見て、そりゃ描けんわなあって感じた。

皆藤　そういう意味ではすごく同感です。田んぼは文化だってこと言われましたけど、しかも大地性があるということも、身体とすごく関連するだろうと思います。言い換えれば、この子は「自然」のなかで教育されてこなかったわけです。教育っていうのは結局、文化でしょ。教育を受けるどころか暴力を受けてきた。

川嵜　そうそう。だから、カルチャーにならない。

皆藤　もうちょっと言うと、最初、川って聞いた途端に止まってしまうというのは、そうだろうなあって思いませんか。つまり暴力を受けてきた「自然」を描けっていうわけでしょ、極端に言ったら。「生」を描けっていう感じです。だからそこでパッと止まってしまう。これはすごいなあと思います。また、よく描けたなあという思いも一方ですごくします。この子にとって、表現するということはこれまで自分が受けてきた理不尽性・暴力性を直視することでもあるし、その作業をセラピストと一緒にやろうというのはすさまじいことやなあって思いましたね。

それともうひとつ、一回目の作品で思ったのは、山の多さです。描線は鉛筆だからそんなに強くはないけれど、山がとても多い。これなんか思われました？

川嵜　いや、山の多さについては注目してなかったな。

皆藤　後々ね、山はね、変わっていく、ものすごく変わるんですよ。

川嵜　ええ、ええ、山はすごく変わっていきますね。

皆藤　ぼくがすぐに思ったのは、非常に未分化な精神性というようなことです。箱庭の砂に手を加えたりするのも、退行促進なんて言われたりするけど、結局自分で創るわけでしょ。そして、風景構成法でも山が砂山になっていくんですよね。これは完全に自分で操作できるでしょ。しかし、風景構成法①の山は自分ではまったく操作できない。

川嵜　ああ。

皆藤　それが未分化ということです。そういう世界体験に満ちているという感じやね。それで、この山の向こうにある家とかビルの世界は非常に対照的な感じがしますね。この子はまだ完全に未分化な世界にいて、山の向こうの世界はほんとうにはるか遠くっていう感じです。

川嵜　遠いですね。

皆藤　この回は田んぼを描けなくて、描かなくて。

川嵜　家も描いてから消しかけるんだけども、まあ描ける。木は描けるけど、人は描けない。で、生き物も描けない。人を描けないというのはなんかね、よく分かる気がしますけど。

皆藤　そやけど、よくこれだけ表現したなあという感じはするねえ。

あの、第2章でのコメントのときに風景構成法の inquiry について話しましたけど、今回の事例では、セラピストはほぼ毎回、季節や時間を尋ねています。ぼくはこれはすごくいいなあと思いました。それは、スタンダードな質問だからいいということではなくて、この面接にとてもピッタリ合ってる感じがするからです。質問のやりとりを通して、ひとつひとつこの子が表現した風景を同定していくというか共有していくというか、その体験によって、ひとつひとつがこの子のなかに収まっていくように思う。セラピストはそんな感じを、「消え入りそうな景色に少し息が吹き込まれる」と表現している。ほんとうにいい感じですね。ほんとうにそのとおりだろうなあと思います。

川嵜　ぼくもそれ思いますね。「季節は？」とか聞くことで、この子のなかで風景が物語化してくるでしょ。そういうのが、ぼくもこのケースに関してはすごくいいなあと思いましたね。そうすることでちょっとまた伝わってくるわけですね、こちら側に。自然のなかだから人とか生き物は描きづらいんだ、とかね。「夕方で人がいなくなっている時間帯」とかもそうですね。

皆藤　それから、「夕方で人がいなくなっている時間帯」って、いわゆるターニングポイントでしょ、何が出てきてもおかしくないときだよね。

川嵜　夕方って「逢魔が時」ですからね。魔が出てくるとき。その魔が下手すると痴漢みたいになるわけでしょ。でも、うがった言い方をすれば、子どもはどこかでうまく魔に会う必要があるとも言えるわけです。

話が少しずれますけど、「引きこもり」なんかに関してもちょっとそういうこと思ってるんです。これは藤田省三という人が言ってることに示唆を受けたのですが、かくれんぼという遊びがありますよね。この遊びで、鬼は他界を彷徨する者であり、また、隠れている側も社会から引きこもっている。つまり、両者とも社会から疎外されているわけです。で、引きこもって社会に出てこれない存在、一人前の大人になっていない存在を一人前の大人にするためには、社会の外部にいる鬼によらなければならない。鬼との接触が必要なわけです。

皆藤　ああ。

川嵜　だから、さっきの身体とことばとも重なるんだけども、ことばの世界に参入するときって、哀しいかな、「自然」は「魔」に侵入されて去勢されることが必要になってくる。それが変なふうな形になると痴漢になるわけだけども。だから、この子はまだ田んぼとか人間とか「自然」以外のものって描けないんだなあ、と思った。

皆藤　鬼とか「逢魔が時」という話がありましたが、夕方はいわばこの世の人間の力で封じ込めた魔が出てきやすいときだというふうに思いました。この子のなかでは人間を描くとか生き物を描くとかいうことは、そういう封印をほどいてしまうことにストレートに繋がるんじゃないかと感じます。

川嵜　そうですね。

皆藤　こんな言い方すると変かもしれないけど、チックがあるっていうのは、いわば身体に魔が棲み着いていると言えるわけやね。

川嵜　ほんとにこの子、魔がさすというか魔にさされるわけですからね。この子にとってボールが飛んできたりとか友だちに叩かれたりとか、痴漢とか、みんな魔ですよね。で、面接の第二回くらいのころに、一年生の子とぶつかるという出来事が起こりますね。なんかそういうのが起こる子ですね。

皆藤　ちょっと先に進んじゃうけど、第二回のは一年生とぶつかって起こるんだけど、このときの理不尽さは湿布を貼るくらいのレベルにまで和らいできたという印象を受けます。

　ちょっと戻って、セラピストは風景構成法①を見ているうちに、「人の踏み込まない誰もいない山の中、寂寥ということばが迫ってくる感じがする」という体験をしますが、ほんとうにそう感じます。それに加えて「魔」がやってくる感じもします。

　この辺りのやりとりのなかで、セラピストは「思わず〈もし私がいるとしたらどの辺かな？〉」と尋ねているんです。セラピストはどこにいるんやって。これは、ものすごい問いだと思う。こういう問いを発する面接報告には初めて接します。すごい！

　少していねいにみていくと、クライエントは川の手前の、紙面には描かれていない「町」にいるわけやね。それで、セラピストはクライエントがいる「町」の左端にいるんですよね。そこでセラピストは、「とりあえず、私を自分と同じ側から世界を見る相手として感じてくれたのだと思い、ほっと」する。えっと、これはぼくは非常に強くしなやかなコミットだと思いました。これほどのコミットが必要な子だと思います。同時に、こんなふうにきっちり会える感じで進んでいったら、セラピストはそれほど不安にならなくてもいいのになあと思ったりもしました。けれども、セラピストはこの子との心的スタンスというか、関係性を確認しながら進まないと不安でもあるわけです。そういう意味ではセラピストは非常に慎重だとも言える。そして、強くしなやかなコミットはこの子にちゃんと伝わっていると思います。クライエントにしてみればセラピストはこれくらいのところで会ってくれてるんやって感じですよね。通常はこのような問いかけはしませんよね。

川嵜　そうね、怖いもんね。

皆藤　たしかに怖い。

川嵜　でも、考えたらいまのセラピストの問いはすごい問いですね。「人の踏み込まない誰もいない山の中」なのに、そこにセラピストという人間が「どこにいる？」って訊いてるわけですからね。自然に侵入する人間的なものを「魔」と言うならば、ここでセラピストはみずから「魔」を引き受けている。皆藤さんが「すごい！」と驚くのもよく分かります。

　ちょっと話が戻っちゃいますけど、〈自分はどこにいるの？〉ってセラピストが問うたとき、対称性みたいなイメージが出てきますよね。「川のこっち側にも山があって、同じようになっているの。川を渡れば行き来ができる……こっちの町に私はいるの」と。ここら辺りで何か思われますか。

皆藤　ふっと思ったのは、あ、そうかそうかと。つまりこっちの方（描かれている世界）が鏡の側というわけでしょ、鏡に映った側というか。本物はまだ描けないよ、という感じです。クライエントは作品には描かれていない「町」にいて、まずは鏡に映したものを描いてみましたっていうところかな。どうですか。

川嵜　ぼくも読んだときのメモには「鏡像」って書いてる。

皆藤　あ、やっぱりね、そんな感じじゃね。鏡っていうか。

■風景構成法①の再現としての箱庭①

川嵜　で、おもしろいのが、次の回に作った箱庭①で、風景構成法①を再現するわけでしょ。真ん中に川作って、山を二つ作ってという対称性の箱庭。風景構成法を箱庭化するわけですね。そのときに鏡像を立体像で作るわけでしょ。これは、片側から鏡像を見ている視点ではなく、全体を一望のもとに見るような視点の位置にクライエントが立ったのかなという気がしたんですけど。

皆藤　おもしろいね、同感です。あとでセラピストも書いてますけど、この面接では風景構成法と箱庭がきっちりかみ合っていると思います。そういう意味では、箱庭で風景構成法の描いた絵を再現することによって、川嵜さんの言う全体の視点から世界を見ることが可能になる。そしてそれは自分の統制下にある世界なんですね。理不尽な暴力を受けてきた世界とは異なる能動性の世界体験やね。自分が世界にたいして開かれている、そういう感じがしますね。

ただ、なんでセラピストは箱庭に誘ったんやろって、すごく思ったけど。それはもう勘なのかな。

川嵜　書いてないから、分からないけどね。

皆藤　すっごいきっちりコミットして慎重に進んでいくセラピストイメージがあるから、そして箱庭だから、何かあったんと違うかという気がするよね。

川嵜　そうやね。

皆藤　箱庭①の「終わりごろに急に身体をガタガタとさせて口を激しく歪ませる」とありますが、これはどう思われますか。

川嵜　なんやろねー。

皆藤　ぼくには、チックっていうのは身体のなかに魔が棲んでいるっていうイメージがずっとあって、その脈絡で言うと、それが動き始めたっていう感じがするんですよ。

川嵜　なるほど。相当いろんなもんが動いているでしょうね。ところで、チックに限らず、面接場面でクライエントの症状が出てくることって、経験的にあんまりない感じがするんですけど、その辺りはどうですか。

皆藤　ああ、そう思います。それでも、分裂病のように症状そのものを完全に生きてる人の場合はまた別ですが。クライエントの症状が面接に出てくるっていうことはぼくはあんまり経験ありません。出てくるときはよほどのときだと思います。

川嵜　症状ってクライエントのなかで未だ物語になってない何かとも言えますよね。だから、セラピーのなかで、症状が象徴的な表現や物語に置き換わっていくと言ってもいいと思うんだけども、それがうまく展開していってたら、症状という形で表わさなくてもいいわけですからね。

皆藤　うんうん。

川嵜　たとえば、自己臭のクライエントにセラピストが「ぼく、いま臭いでしょ」などと言われたら、いままでの面接の流れなんかをすごく反省して思い返したりしますよね。普通はそういうことあんまりないから、クライエントがそういうことを言うのはこちらが相当ずれてるのではないか、とか。

皆藤　そうやね。

川嵜　ただ、この事例の場合は、そんなに簡単に表現しきれるようなものではないからこそ、こういう症状がちょっとバッと出てきてるんかなあと思いましたけど。

皆藤　えっと、川嵜さんの言うとおりで、症状があることはそれが自分の物語のなかに収まっていないわけですが、それはいわば、お前の物語はまだ完成していないぞって症状が語っているとも言えると思うんですね。だから、箱庭①の終わりくらいに症状的なものが出てくるっていうのは、まだ終わってないぞ、油断するな、まだ俺はここにいるんだぞというような症状の語りのような感じがする。お前（セラピスト）はきっちり慎重にここまでやってきたけど、俺（症状）はまだここにいるぞと言っている。おそらく、この子が味わってきた、世界の途方もなく重い重い体験がそう語らしめてるんだろうと思う。けれども、そういうふうに思うと、症状が面接のなかで表現されるっていうのは、ある意味で症状を味方につけることができるんじゃないかなあ。

川嵜　へー、おもしろいですね。エクソシストは悪霊と闘うのではなくて、バーゲン、つまり交渉して場合によったら悪霊を味方につけると聞いたことがありますが、そういう感じで？　もう少し言っていただけますか。

皆藤　症状というのは、ないにこしたことはないわけで、なくなってくれたらいいにきまってるんだけど、それがあることによって、この子はまだ一気に死の側には行かない、まだ生の側に踏みとどまっていられる。この子は、どうせ死ぬのになんで勉強せないかんのやっていう、もうそこまで行こうとしていたんです。その意味では、症状ってたしかに辛いけど、それがこの子の生を確認させているというふうに感じるんですね。そういうことです。

ただまあ、どうせいずれ死ぬんだっていう感覚をつねにもっていないと耐えられなかったこの子が「生きる」感覚へと帰還するためには、やっぱりこれくらいのことは起こるんやろうなあとは思いますね。しかしこれ、どうだろう、ぼくがセラピストでも、風景構成法①の次に箱庭誘うなあ、やっぱり。

川嵜　そういう流れがなんかあったんでしょうね。

皆藤　まあ。ちょっと分かんないから、うがって言うしかないけど、この子の抱えている身体というテーマとセラピストの箱庭にたいするイメージがリンクしたのかもしれない。やっぱり箱庭を創るのは絵を描く以上に身体を使うしね。実際この子、きれいに身体を反応させてくれてるでしょう。「冷たくて気持ちがいい！」とか。

川嵜　そうそう、それいいですよね。大事なとこでしょうね。

皆藤　これくらいの世界を生きてる子が、箱庭で最初から砂をわあっと使って「気持ちいい！」なんてふうになるっていうのは、絶妙な時期に誘ったなあと思う。風景構成法①の時期だったら、川の教示でクライエントの手が止まってしまう。このとき箱庭に誘ったらどうだっただろうと思うと……。
川嵜　そうやね。
皆藤　しかし、箱庭誘うって、並々ならぬ決意だと思うよ、すごいねえ。
川嵜　まったくですね。

■他技法の導入

川嵜　三回目ではＨＴＰ法をするんだけど、そこでも人間は描けないですね。人間の代わりに動物が住んでる、と言う。
皆藤　なんでＨＴＰ法に誘ったんやろ。
川嵜　論文を読む限りでは、クライエントが「この間みたいに言ってもらって描くのが描きやすい」って言うんだけど、「でも同じになっちゃいそう」と言ったから、ということでしょうけど。何かひっかかりますか。
皆藤　うん、まあ「同じになっちゃいそう」っていうことが、この子にとっては転移関係と関連して抵抗感を抱かせたんだろうけど、「同じでもいいじゃない。かまへんよ」っていうコミットがセラピストにあっていいんじゃないかって思う。だから、違う技法を導入するっていうことがあんまりよく分からない。
川嵜　なるほどね。話が少しずれますが、ここでＨＴＰ法ではなくって、たとえばスクィグルやったりしたら、また全然違ってきますかね。
皆藤　スクィグルは動いたかもしれないね。転移関係が表現として見えるから。ただ、いわゆる描線は最初は無意味化状態でしょう。発見するプロセスがそこから描線を統合しつつ意味を見出していく作業だということからすると、この子のなかにすごい深いものを喚起させるとは思います。
川嵜　その深いものを抱えられるだけの関係性がセラピストとクライエントの間に築かれているかどうかが重要

なところでしょうね。それがなければ、描線への投影が逆にクライエントに対して破壊的に働くことがある。

■**箱庭②**

川嵜　箱庭②に関してはどうですか。
皆藤　ぼくこれ、箱庭が身体化してるっていう感じがとてもぴったりするなあ。
川嵜　へー、どういうところがですか。
皆藤　この子が箱庭を創っているんだけど、セラピストも創ってるのよね。たとえば「私もだんだんなんとかできて欲しいという気持ちになる。なんとかしたいけどうまくいかない、じれるような感じが伝わってきて……祈るような思いで見守る」という記載はそういうことだと思う。こんなふうに、いっしょに創るという感じがすごくあるんだけど、こういう感覚っていうのは身体感覚とすごく繋がるんじゃないかと思う。つまり、箱庭を創っていくプロセスでこの子もセラピストも身体が動いてる、身体感覚が動いてる。箱庭が身体化してるっていうのはそういう意味です。
川嵜　なるほど。
皆藤　ぼくのコミットの軸のひとつに「身体」というテーマがあるからそう感じるのかもしれないけどね。
川嵜　いまのお話に繋がっていくと思うんだけど、箱庭で山に穴を二つ開けて繋げて、トンネルを通すというのはけっこう出てくる表現ですよね。でも、この箱庭②では、この子は三つ目の穴を作って、それと繋げようとするんだけどうまくいかなかった。
皆藤　ああ、三つ目がうまくいかなかった。
川嵜　つまり、この子は二つではだめなわけで、三つ目をそこにどうしても絡ませないといけない子なんだろうなと思うわけです。それがとても印象的だった。

皆藤　どんなふうに？

川嵜　ひとつは、さきほど皆藤さんも言われたように、三つ目の穴がトンネルとして繋がらないことにセラピストもすごく共感していて、じれるような感じがする。それがチックと格闘するこの子の姿と重なって、それをセラピストも体験するわけですね。

それからもうひとつ思ったのは、二つの穴をトンネルとして繋げるわけですよね、最初。で、それはうまくいく。ふつうはなんとなくそれでいいわけじゃないですか。でも、この子は絶対に三つ目がいるんですね。それは非常に困難な仕事になるわけだけど。

この〈二〉とか〈三〉というのはこの子にとってなんなのか、ということなんですが。ちょっと乱暴な言い方をすると、〈二〉というのは「私」と「何か」という感じがするんです。二者関係といってもいいし、その原形は母子関係だろうなとも思うんですが、その意味では「自然」なんですね、〈二〉というのは。ぼくのイメージですが。〈二〉っていうのはすごく自然に関わる数なんですけど、そこに現われる三つ目の何かというのは〈二〉の世界に混乱を招き入れるものでしょ。それが出てくるがゆえに〈二〉の世界が揺らぐっていうか、二者関係ではもうあり得なくなる。

だから、〈三〉というのはさっき話していた「魔」と言ってもいいし、それが「自然」の世界に侵襲することで形作られるのが田んぼとも言えるわけです。まあ、二者関係に父的なものが入り込んできて、ことばの世界が開かれると言ってもいいんですが。この子の場合、その〈三〉なるものが痴漢みたいになってしまって、強力な侵襲になってしまうので、怖くて田んぼが描けない。そんな印象がしてました。その意味で、この子は田んぼを自分の世界に位置づけることがとてもむつかしい、けど、それを懸命にやっている。それがこの子のことばにならないチックという症状なんかなぁ、と。

皆藤　なるほど、なるほど。すごくよく伝わります。それとの関連で言うとね、受理面接の後、第一回目のとき

「……チックはいつもほとんど三回ずつ出ている」とこの子は言う。

川嵜　たしかに、「三」がよく出てきますよね。あんまり言うとこじつけめいてくるから迷うんですが、ちょっと思ったのが、昔話なんかでも何かの課題にたいして、長男が試みるんだけどだめで、次男が次にやるんだけどやはりだめで、三男が最後にやったら成功したっていうのよくあるでしょ。あるいは、同じ人物でも一回目、二回目がだめで、三回目で成功とか。つまり、「一」と「二」というのは同一平面上にあるわけで、そこでは問題は解決しない。その平面から抜け出す第「三」の方向へと動くことで初めて問題が解決される。平面とは異なる軸へとジャンプするというか。この子のチックもそういう方向を模索しているという印象がしますよね。

だから、同一平面にいるもの——これは「自然」的な一体感と言ってもいいんでしょうが——、そこからの離脱に〈三〉なる何かが必要なわけです。それによって、ある意味、最初の平面は壊される。ただ、それが下手な形でくると痴漢になるわけだけど。この〈三〉をこの子はどういうふうに自分の世界に入れ込んでいくのか、そういう仕事をカウンセリングでするのかなと思ってこの事例をみてました。

皆藤　ミゼラブルに壊されると痴漢や症状として出現するけれども、クリエイティヴには、そういう〈二〉という関係を超える何かがもたらされることによってインテグレイトされるっていう言い方もできるよね。まあそれは症状が別のものに変わるという表現になることもあるけれども。しかし、この子はその二者関係を超える何かを希求しているし、それに壊されてきたとも言える。

川嵜　そうそう、まさしくそうです。

皆藤　この時期、この子のなかで相当なせめぎあいが起こってるのかなあ。第五回なんかには「具合が悪い」とか、しかし「(砂を) ちょっと触りたい」とか。

川嵜　あ、そうやね。

■箱庭③・④

皆藤　箱庭③はどうですか。
川嵜　山を作って旗をそこに刺して灯台だ、と……。
皆藤　水を入れて。
川嵜　なんか思われます？
皆藤「家で考えてきたトンネルを作りたい」ってクライエントが言うけど、前回のテーマが繋がっているのかなあと感じさせる。それで、水を入れて、「あーみずみずしくなった！」と。これはなんかよい感じやね。こういうのって何か身体とことばがきっちりと一体化してるっていう感じでね。
　それから、セラピストの箱庭にたいするコミットがすごくおもしろいなあと思いました。この子が「階段が欲しい」と言って探すけれどみつからない。すると、セラピストもなんとかしたい気持ちになるんですね。ぼくらでも箱庭のときってそういう気持ちになるけど、まあ、そういう気持ちは書かないよね、論文には。でもちゃんと書いてあるっていうのは、なんかすごくコミットしてると思う。
川嵜　そうそう。それで、オモチャの梯子を思い出して持ってくる。
皆藤　ほんまやね。こういうところで、たとえば、みつからないことそのものをとても大切に考えるという動き方もあるけど。
川嵜　そこは、すごく微妙なところですね。下手するとセラピストが余計なことをしてしまって、面接の流れが歪んでしまうことにもなりかねない。でも、治療の底の方の流れに乗っているかぎり、こういうふうにぱっと何かをセラピストが持ってきて差し出してもまったくかまわない。
皆藤　そうそう。だから、きちんと事例報告を読まない人は、あぁ、こういうときには持ってきたらいいのかと思うわけ。
川嵜　それは、とっても危険ですね。これ、やっぱり前回のトンネルがなかなかうまくできないことをセラピストが深く共感してて、悶々としたりする。そういう関係性があって、そこから動いている感じがする。だから、形としてはセラピストが梯子を持ってくるんだけど、それは、この子自身が持ってきたのと同じことやもんね。
皆藤　その脈絡で言うと、時熟というか、コンステレーションが熟してきて第三の何かが生じることってあるんですけど、だけど、この子にしてみたらそれはこれまでは暴力であったり、痴漢であったり、症状であったりしたわけです。でも今回は梯子を持ってきてもらうわけですよね。まったくもって理不尽ではないプレゼントというか、それがもたらされたっていうか、そんな感じがして、ぼくはとてもいいなあって思う。
川嵜　あー、ほんまやね。なるほどね。それはすっごく大切な見方ですね。
　山の上に灯台や旗を刺すというのは、後もずっと続いていきますよね。それが風景構成法作品のなかにも入ってくる。
皆藤　はいはい、砂山ね。
川嵜　風景構成法③・④・⑤・⑥・⑦。全部出てくるでしょう。
皆藤　なるほど、なるほど、繋がるねえ、ほんまやねえ。
川嵜　この子自身が、だいぶん後の方で――風景構成法⑤かな――で言ってるけど、「誰かが登っている山、頂上に旗があって、頂上に登ったという印なの」と。
皆藤　ああ、ありました、ありました。これかな（作品を指さす）。
川嵜　あれって結局、処女峰の征服でしょ。だからやっぱり……。
皆藤　なるほど、なるほど。
川嵜　そう、処女峰への登頂というのは、下手したら処女にたいするレイプになるわけだけども。いままで人が誰も入らなかった「自然」というところに人が入っていってそれを征服するわけでしょ。旗はその記念ですね。灯台もそういう意味じゃちょっとファリックな印象で、旗と繋がる。どちらも「刺す」わけで。旗って記号でしょ。ことばですよね。

だから、こういう形を通して、この子は「自然」から「ことば」の世界、それはそこで人が生きないとしかたのない世界ですが、そいういう領域へと進んでいく過程をずっとやってるのかなあと思ったんですけど。

皆藤　なるほど。そういう流れで言うと、次の箱庭④のところでも思ったんですけど、水と砂を使って何かを作ってということが、この子の身体がイニシエートされていくというテーマと関わっていると思いますね。

川嵜　そうですね。泥をこねて団子を作るっていうのは人間の原型ですよね。そういう神話がありましたよね。

皆藤　ああ、あるある。うん。

川嵜　そんな感じもしますね。これやっぱ旗立つんやね、この団子に。

皆藤　うーん。そう。いま、ふと思ったけど、この子は箱庭がなんなのかということをとてもよく分かってるなあ。つまり箱庭を見事に機能させているっていうのかな。箱庭のとても大切なところをすごく生かしてくれているというか、そんな感じがした。

川嵜　そうやね。箱庭という「守り」もよく分かってる感じ。この柵なんかも「守り」がかなりちゃんとできてきている印象がした。この子は「守り」の薄いなかで旗を刺されてきたからグチャグチャになってたわけでしょ。でも、どこか旗に刺されるというのは必要なわけです。人の領域で生きるためには。しかし、刺されるためには「守り」がないといけない。この柵はそういう「守り」という感じがした。

皆藤　さっきの川嵜さんの流れの言い方で言うと、鯨の親子とかさ、これ二者関係っていうか母子関係っていうか、で、この柵に囲まれたこれがそれを超える何か。

川嵜　そうですね。以前に作れなかった三番目の穴のバリエーションっていう感じもありますよね、この真ん中の山が。残りの二つは、カメと鯨の親子という内容的にも〈二〉を連想させるものですよね。

■風景構成法②

皆藤　それじゃあ、風景構成法②に進みますね。ここでも川嵜さんが言っていた田んぼは「見たことないから」と言って描きませんね。

川嵜　そうですね。でも、家とかは前に比べるとちょっと描けるんですね、人はやっぱり描けないけども。でも後で、描くんやね、頑張って。

皆藤　この辺りはセラピストとのやりとりがなんて言うのかな、すごく大事です。さっきの川嵜さんの話がすごく印象深く残ってるんだけど、〈三〉っていうことなんですけどね。どういうことかというと、セラピストとの間の相互関係のなかで、セラピストは「人が描けたらいいなあという思いが強く」なったり、「さっきのよく描けていたと思うよ」と言ったりしてますよね。思いやことばを加えながら進めていってます。これは二者関係が展開されて〈三〉、つまり作品が出てくるプロセスそのものだと思います。だから風景構成法の本質的な部分をうまく捉えてるというか、関係性によって作品が生まれてくるということを強く思いました。セラピストのコミットというのは、やはりたとえば「川」と言って描き上がるまで黙って見てるとか、そういうんじゃない。マニュアルじゃない。そういうことをすごく思いますね。

そして、なんと言っても圧巻は人物像ですね。洋服の描画で「これは長さが違うんじゃなくて、なびいているの」。なびいているっていうのがとてもいいと思う。絵に風を感じるというのはものすごい感覚だと思います。すごいなあ。それで、「できました！」と言ってから、バランスが悪いといきなり全部消してしまおうとする。この辺りにもすごいやりとりがありますね。セラピストは「どきっとして」、足を長くしてみてはと提案する。

川嵜　これ、はじめは顔だけだったでしょう。セラピストが〈顔だけでもいいんだよ〉と言うと、クライエントも「それじゃあ、だめだよ」と。それで、頑張って身体を描いていくんだけど、顔と身体というのは意味ありますよね。
皆藤　もちろんだし、この子にとってもとても深い意味があると思う。
川嵜　首から下が描きにくかったのは、やっぱり、この子の性的外傷みたいなことを少し連想しますね。
皆藤　ぼくは、頭つまりロゴスから描き始められて、そういうふうなところから次第次第に身体が繋がっていくという感じを強く思った。
川嵜　そうそう。それは、セラピストのコミットのあり方によるところが大きいと思う。
皆藤　それで、ぼくのメモには、ここでのセラピストとのやりとりが次の風景構成法に生きてくるって書いてあるから、多分そうなるんやと思う。
川嵜　それは、予想として？　それとも結果的に生きてきたなあ、と思ったわけ？
皆藤　生きてくるんじゃないかと思ってた。ここでのセラピストのコミットはクライエントに「表現」ということをすごく望んでいるよね。そうしたコミットにこの子はサポートされるけど、でも一方で根源にある不安、さっき話に出た第三の何かが出てくる不安もすごく体験している。その辺りのせめぎ合いが、描いた絵をぱあっと全部消そうとする動きにみられるように思う。するとセラピストは、「もう少し足を長くしてみたら」というように「表現」へとコミットしていく。だからすごいやりとりやなあと思う。
川嵜　ほんまですね。これで結局、田んぼ以外は全部描くんでしょ。すごいね。
皆藤　風景構成法①と風景構成法②を比較してみると、構図としては川が手前にあってそんなに違わないけど、印象としてはものすごく違いますね。風景構成法①では、人と生き物が、描けていない。このような生命あるものが、風景構成法①の時期には完全に封印されていたっていうことやね。抑え込まれていた。表現する力があるのに、表現の時期じゃないっていうか、表現する場がないっていうか、そんな感じがしますね。

川嵜　そうですね。セラピストとの関係性によって女の子の身体を描けたわけでしょ。描いてもいいんだ、と。この次から、サインペン使いますよね。これもすごく関係してますよね。

皆藤　ああ、ほんまやね。

川嵜　もう消さなくてもいいというか、あるいはちょっとくらい失敗してもいいというかね。ベースの安定感みたいなのがだんだんと出てきたのかなと感じた。

皆藤　これすごいね。

川嵜　この風景構成法②の後からですね、箱庭のなかに人が置かれだすのは。

■箱庭⑤

皆藤　箱庭⑤ですね。「今日は違うのを作ろう」。これも〈三〉というのが出てくるんですね。

川嵜　そうそう、ピッチャーとキャッチャーとバッターやもんね。ピッチャーとキャッチャーとは二者関係ですね、バッターってそこに割り込んでくる〈三〉ですよね。

皆藤　しかも無理なく割り込むなあ。

川嵜　で、この子も「とくにこの三人が抜群におもしろい」って笑い転げるのね。

皆藤　ここでは最後に壊して人を顔だけ出して、埋めて取り出すということをしている。これはものすごく象徴的な行為だと思う。象徴的というか儀式的というか。要するにこの子はこれまで首から上、頭だけで生きてきた、ことばだけの世界で生きてきた、そこから下は全部封印されていた。この子はそれを取り出してくる。そして身体を伴った全体としての私がここにいるという、そういう儀式が行なわれたと思いました。

川嵜　風景構成法②と一緒やね。顔だけだったのが、そこから身体が現われてくるわけでしょ。

皆藤　ああ、そうやね。うんうん。

川嵜　皆藤流に言えば、頭＝ことばと身体が繫がる……。

■風景構成法③

皆藤　風景構成法③からサインペンになるでしょ。だからもうひとつ次元の異なる世界に入っていくという感じがする。変化のときというか、テーマの深化という感じですね。

川嵜　川も変わりますよね、斜めに。

皆藤　ぼくは〈三〉というのにこだわっているんですが、たとえば風景構成法も箱庭もセラピストとクライエントとの間にもたらされる第三のものでしょ。それをやろうとセラピストが誘うわけじゃないですか。それで、この風景構成法③のときにセラピストは鉛筆を出しますよね。これまでこの子は鉛筆を選んでいるから。ぼくは、ここでセラピストが鉛筆を出すのは、第三のものを出してきてるって感じるんです。それにたいして、この子はサインペンを選んでいる。つまり鉛筆をリジェクトしてるわけだ。こういうさりげないところにも、この子とセラピストのすごいやりとりを思わずにはいられない。

川嵜　リジェクトできるっていうのは、相手との間に基本的な信頼感がなければできないですからね。それが弱かったから、この子は侵入されてしまう世界に生きてきてたわけですよね。

皆藤　この子にとっては取り返しがつかないことっていうのは、そのほとんどが否定的な体験、悲惨な体験です。今回はサインペンを取った。取り返しのつかないことが起こるかもしれない。けれども描ける。この辺りがすごいですよね。

川嵜　その意味では、このサインペンは、さきほどから話題になってる〈三〉みたいな感じもするね。下手すると取り返しがつかなくなるような「魔」だけど、ここでは、それが来てもまあ大丈夫くらいになっている。

皆藤　しかも自分で使える。ところで、この山は川嵜さんが語ってくれた箱庭の流れでみるとものすごく納得できたんだけど、まあしかしすごい発想やなあと思いますね。風景構成法だけではこういう山は通常は発想できないでしょうね。
川嵜　うん、そうやね。
皆藤　で、砂山でしょ。すっごい発想やね。
川嵜　皆藤さんは、風景構成法を相当数みてきたと思いますけど、どうですか。こういう山って他にもありますか。
皆藤　初めてです。ぼくね、この山を描いて、最後は砂場にするでしょ。そこでこの子が砂場の枠を付けたってことが、この子のなかの大きな転機になって、それで風景構成法④で自分で枠を描くという行為に繋がっていったように思うんです。
川嵜　ああ、なるほど。
皆藤　それとか、風景構成法⑤の矢印の枠にも生きてると思う。
川嵜　そうそう、それで言えば、風景構成法⑤の四角い形になってる道や、風景構成法⑥でとうとう描けた「田んぼ」なんかも枠という印象がする。
皆藤　風景構成法⑥の「田んぼ」と道の枠ですね、そうそう。
川嵜　最後（風景構成法⑦）なんか、全部枠やもんね。
皆藤　風景構成法⑦の川はすごいですね。
川嵜　この四隅のハートは、結界みたいですね。いま、話題になってるようにこの子はいろんな枠を描いていくわけですが、そういう「守り」がすごく必要だったんでしょうね。その枠のなかに旗が刺された山を描くわけですが、さきほどから言ってますが、ぼくはこれが処女峰が征服されたイメージがどうしてもしてて、それはこの子の身体とも繋がっていく。つまり、人の身体というのは自然そのものの身体とはやはりちょっと違うと思うんです。なんと言うのかな、ことばの世界に入った上でそこからもう一度獲得していく身体というのか。さきほど話してた頭（＝ロゴス＝ことば）と身体が繋がるという話と関連してきますが。そのためには、第〈三〉の介入が必要となる。それは山に刺さった旗でもあるわけです。この子の場合、その〈三〉がどうしても痴漢とかいう形になって悲劇的な形でできていた。それが、枠という「守り」のなかで旗が刺さった山という形で描けるようになっていったという印象です。

それ表現することは、怖さを伴う大変なことだから、風景構成法のなかに風景として描くんではなくって、もっと守られた枠のなかでないと描けなかったんかなっていう気がする。

皆藤　まったく同意見です。そういう意味では、箱庭体験というのはこの子にとっては、もう無限に重い。すごい体験だったと思う。ぼくは、この子は風景構成法③では箱庭してるなあと思った。具体的には砂場のことですけど。

だから風景構成法と箱庭が連動しているっていうのは本当にそう思う。そして、箱庭の体験っていうのは、この子にとってはいわば第三のものっていうか、それが風景構成法③の砂場として描けている。とすると、ひょっとしたら、風景構成法①で話していた鏡像が実像になってきているのかもしれない。つまり、「私はここで箱庭をやった体験がありますよ」という物語がそっと置かれてある、「こういう体験も実は私にはあったんです」と語っている、というようなことが、風景構成法作品を通して鮮やかに蘇ってくる。

人物像の表情もとても豊かだし。関係性を通してここに箱庭体験が語られて、世界が豊かになっている。すごいなあと思いましたね。

川嵜　さっき言われた鏡像が絵のなかに入っていく、って言われたけども、川が斜めになっているのはそこらへんの関連があるんでしょうね。

皆藤　あるやろうね。

川嵜　つまり川が風景構成法①・②みたいに、一番下に描いているのはこっちから見てる視点なわけでしょ。それが、風景構成法③では、その視点自体が風景のなかに入ってきてる感じするね。
皆藤　そうそう。川嵜さんは今回あんまり言わへんけど、「この世」と「あの世」という言い方をすれば、風景構成法①でクライエントもセラピストも「あの世」にいたわけですよね。此岸の側で彼岸を見てるという言い方もできる。だから川が斜めに描かれることで川の線がきちっと出てくる。これはもう、ほんとうに「この世」の視点になったと思います。あるいは、風景構成法②の人物像を描き得たという体験が風景構成法③を産み出したとも言える。
川嵜　それからね、ちょっと細かいけども、この絵では、動物とかも描かれてトンボが卵を産みにきたっていうのもすごく身体的な感じがする。卵産むわけですから、女の子性というか、ちょっとセクシャルなことも入っているわけでしょ。ほんと言うとトンボが卵産むっていうのは、交尾をするわけですから。あからさまに描いてないけど。
皆藤　ああ、そうなんか。ぼくはもうちょっとさわやかに思っとったんやけど（笑）。つまりさ、風景構成法②で「絵に風を感じる」ってセラピストがコミットするでしょ。その流れで、ああ、なんか動物は軽やかに飛ぶっていうか、本当にここは風を感じるっていうか空気の流れを感じるっていうか、そんなふうに体験されたんですね。
川嵜　ああ、そりゃ、さわやかやね（笑）。でもこれだけ豊かに描かれてるんだけど、「田んぼ」は描けないんやよね。
皆藤　ほんまやねえ。
川嵜　だから、ぼくはこの子の「田んぼ」はいつどういう形で描かれるんだろうかとずっと気になってました。さきほどからの議論からして、「田んぼ」と旗の立てられた山というのは等価なんですね。イコールで結ばれるもの。これらは、この子にとってとても重要なものだからこそなかなか描けない。やっと山が枠という守られたなかで描かれるようになってきた。そんな感じがしてましたね。

皆藤　なるほど、なるほど。「田んぼ」のことなんですけど、この子のリジェクトの語りは微妙に変わるんですが、風景構成法③までは、見たことないといった内容をかならず語ってますね。実際に見たことないのかなあ。

川嵜　「田んぼ」見たことない子って、まあ、いないんじゃないかと思うんだけどねぇ。

皆藤　ええ。たとえば、この面接の期間にお母さんと一緒に「田んぼ」を見に行くなんてことあったんかなあ、とか。変な話に聞こえるかもしれへんけど。ことばを非常に巧みに使える子が、虚偽のことばが何かこの辺りに、うーん……。

川嵜　ああ……。

皆藤　見てないとか、言うのって……。

川嵜　見てないというか、見たくないのではないかとも思うんですよね。目を閉ざしている。

皆藤　ある意味では、セラピストに甘えてるとも言える。風景構成法④・⑤で、「描けない」っていうのもそういう感じがする。だから、描けるということは、この辺りのところがかなり内在化される時期なんかなあとか思いました。

川嵜　そういう意味でも、風景構成法③であいう山が描けたのは、皆藤さんの言われる「時期」というか、すごく大きいなあって思いますね。

皆藤　ああ、はいはい、砂山。

■箱庭⑥

川嵜　この絵の次の回の箱庭⑥で、やっと三つ穴のトンネルが完成するわけ。

皆藤　うん、すごいねえ。この箱庭⑥の回、最後にセラピストは「今度はプレイルームで遊ぶのもいいかなと思うよ」って言うんだけども、なんでこんなこと言ったんだろうか。

川嵜　何か感じたんでしょうかね。

皆藤　分からんけど、でも何かを捉えてる発言やと思う。それで、第十一回目のときに具合が悪いというクライエントに、「プレイルームに誘ったのが負担だったのかもしれない」とセラピストはコミットして、箱庭の部屋に戻るんです。だからうまく修正もきいているんですが、ぼくは第十四回を先取りした感じで、セラピストがちょっと急いだかなあとも思います。

川嵜　そうですね。第十四回では、この子から「運動したい」って言ってますよね。跳び箱やトランポリンやったり。

皆藤　えええ、卓球もそうやったかな。

川嵜　うん。ぼくね、この三つ穴のトンネルっていうのは、すごく感激した。印象深いのは、「頑丈じゃなくちゃだめ。でも重すぎちゃだめ」ってこの子が言うでしょう。これは、第〈三〉のものの本質をとても突いていると思いました。〈三〉なるものは安定したものでないといけない。でも、それがあんまり重すぎるようなものだと、この子がそうだったように外傷になるわけです。崩れてしまって。

で、ちょっと思うんですが、ウィニコットなんかが good enough mother というようなことを言ってますよね。それと同じように、good enough father とでも言うべきものがあるんではないか、と。

皆藤　なるほどなるほど。

川嵜　ファーザーの機能のひとつとして、二者関係を切るということがある。自然としての身体を人間ということばの世界のなかに入れ込んでいくとも言えますが。それは絶対必要なんだけども、あんまり守りが薄かったり、terrible father 的にその侵入が強力すぎたりすると、外傷体験になるわけでしょ。この子の置かれてたコンステレーションってそうですよね。不意打ちというか、外からボールがきたりとか、痴漢とか。この箱庭⑥の三つ目の穴が位置づけられたことによって、この子の世界のなかで適切なgood enough fatherというか、第〈三〉のものが定位できたのかなって感じがしたんですね。

皆藤　おもしろいなあ、なるほどね。川嵜さんが言うような、good enough fatherが定位できたってことは、この子にとっては世界にたいする能動性の獲得みたいなことに繋がるでしょう。

川嵜　それは絶対そうでしょうね。

皆藤　ただ、この子の感情や情動を伴った身体ときちんとかみ合ったことばとかが発信可能になるってことはですね、過去の体験にgood enough fatherが物申すっていうか、そういうようなことも起こってくるような気がしますよ。

川嵜　うーん、もう少し説明していただけますか。

皆藤　これまでこの子が被ってきた過去の体験をこの子は語れないんです。ことばのレベルでは非常に流暢に使い回すこの子が語れないんです。けれども、good enough fatherが定位されることによって、それが語れるようになる、あるいは過去の体験にたいする感情や思いが語れるようになってくる。それは身体性を伴った語りになってくる。そんな感じがすごくします。

川嵜　あー、なるほど。そういう可能性は出てくるんだろうなと思いますね。その「身体性」というのは、「生」の自然のものではなくって、ことばの、つまりこの世のレベルに位置づけられた身体ですね。皆藤さん的に言うと、頭とその下の体が繋がっている身体性。

皆藤　ひょっとしたらプレイルームに誘ったっていうのも何か、そう予感しとったんかもしれんなあ。

川嵜　そうかもしれませんね。この箱庭⑥でも、人を顔だけ出して埋めて取り出すのをやってますね。

皆藤　ああ、そうそう。

川嵜　隠されてた身体とね、頭＝ロゴス＝ことばと引っつけるみたいな感じですよね。これ、旗を刺すのと運動の向きが逆ですよね。山に旗が刺されることで、人間が引っ張り出されて姿を現わしてくる。
皆藤　「人を顔だけ出して埋めて取り出す」という表現を何度も読んでると、だんだんと「田んぼ」がイメージされてくるなあ。こうぱあーっと（身振りで表現する）。
川嵜　ああ、ほんまやねえ（笑）。稲作。それは全然思わなかったな。

■箱庭⑦

皆藤　この箱庭⑦っていうのは、すごく大切な体験ですよね、これ。
川嵜　チックと言うと、教科書的にはアグレッション（攻撃性）がかならず出てきますけど、たしかに、この箱庭なんかはそういうものが出てきている感じがしますね。
この子は、「むかつく子！　たくさんいる、超むかつく！」とか、「死ね！」とかね、こういうことほんとはずっーと言いたかったんやろうなぁ。
爆弾っていうのは、チックの等価物みたいな感じやね。それが皆藤さん言われるように表現とか、ことばになってきた。いままでは、逆にこの子は爆弾にばあっとやられてたわけでしょ。ことばにできないレベルでやられていた。
皆藤　ああ、そうやねえ。
川嵜　それが自分で扱えるようになってきている。
皆藤　ああ、ほんまやねえ。
川嵜　すごいね。
皆藤　うーん、すごい。

■箱庭⑧

川嵜　箱庭⑧はどうですか。
皆藤　ちょっとうがって言うと、箱庭④のひとつのクリエイティヴな表現でもありますね。
川嵜　そうですね。④と⑧、似てますよね。山に刺さってた旗が白鳥になったとも言えるかな。
皆藤　箱庭もなんかがらっと変わってくるなあ。旗がなくなって、人が箱庭⑤で初めて登場して、穴が三つとおって、そして……。
川嵜　ぼくね、この左上隅に置かれている案山子がすごく印象深くて……。
皆藤　「田んぼ」と繋がる。
川嵜　そうそう。案山子って田んぼ守るもんでしょう。だから、そろそろ、田んぼが描けるんかなあと思ってたんですけど。実際にはもう二セッション後になるんだけどね。
皆藤　なるほど、なるほど。ああ、おもしろいなあ。
川嵜　うん、案山子っていう「守り」がでてきた感じがした。これは、箱庭④の山の周りを囲っている柵に対応するもんでしょうね。
皆藤　第十三回で、母親の動きについてはちょっと思うこともあるけど、まあ、次いこか。
川嵜　え、なになに？　気をもたさんと言ってよ（笑）。
皆藤　思うことっていうのは、まあ、ここまで進んだら母親のセラピストにたいする感情にも変化があるだろうなあってこと。
川嵜　ははあ。

■風景構成法④

皆藤　「今日は……なんか作るのではなくてお話がいいと言っています」と言う母親に、〈好きなことでいいのよ〉とクライエントに語るセラピスト。母親がセラピスト‐クライエント関係に何か本当にリアルな第三の者として、セラピスト‐クライエント関係を壊そうという意図は毛頭ないけど、両者にとっては、母親は何かを抱えてる第三の者という感じで出てくるなあとちょっと思いました。

それで、さっき川嵜さんの言われた案山子がね、「田んぼ」の護りがこの子の護りというふうに思うと、風景構成法④でサインペンに自分で枠を描くというのもすごく納得やなあと感じるね。サインペンで枠描いて、「絵には鉛筆を選ぶ」。この辺りもなんかこの子、なかなかやるなあっていう感じがする。

川嵜　ああ、そうかあ。いまの皆藤さんの話を聞いてて思ったんだけど、この風景構成法④で溺れてる人が出てくるでしょ。これも、こういうのがやっと描けるようになったっていう感じがしますね。「むかつく」とか「死ね」とか言えるようになったのと同じで。枠に守られてやっと描けるようにね、なったのかなと。

皆藤　そうやね。そしてたとえば、風景構成法①・②の川なら溺れないでしょ。風景構成法④のような、こういう流れのある川だったらすごく豊かな自然だけど、溺れる川でもある。で、溺れたんだよっていう表現ができる。すごいね。そうか、助けてる人も描くんか。

川嵜　天使もいる。でも田んぼはやっぱり描けなかったね。

皆藤　うーん。田んぼってなんなんやろうね。

川嵜　ぼくはやっぱりさっき言ったような感じで見てはいたんですけどね。自然とことばの接点というか、自然が去勢されて人間世界へと開かれるその窓口というか。

皆藤　いまぼくが思ってたのはこういうことです。風景構成法で動きを表現できるアイテムというのは、「人間」

と「生き物」だとこれまで思ってきた。「川」も滝のように描けば動きを表現するけれど、基本的には「人間」と「生き物」だと。けれどもこの二つのアイテムは、動きを表現できるといっても基本的には平面の動きなんだなあと。魚がぱっと顔を出したりとか、そういう表現もありますけど、あくまで基本的には平面つまりこの世の動きなんだと。そう思うと、生命的に大地との繋がりでもっとも動くのは「田んぼ」なんだなあということです。

川嵜　ほうほう。

皆藤　うん、大地の下から生えてくる。

川嵜　生えてくる……。

皆藤　生えてくる。すごく動的なものがそこにある。この子にとってはものすごく拒否したいもの。そういうものが、もうぐっぐっと突き上げてくるわけだから。

川嵜　あー、それは分かるような気がする。その「拒否したいもの」に関連してくるかな？　これは。細かいんですけど、石を三つ描いて「いかにもつまずきそうな石だ」ってこの子が言うでしょ。やっぱり、〈三〉がからんでくるんだなと思った。

皆藤　ああ、ああ、ほんとやな。

川嵜　〈三〉を受け入れるのは相当にむつかしいんだろうなあ、みたいなことをちょっと感じました。少しうがった見方ですけど。

皆藤　第三回でセラピストが描画に導入するときに、クライエントは、「言ってもらって描くのが描きやすい」と言ってましたが、そのときに比べたら、関係ないものが描けるっていうのはすごい能動性だなあと思う。

川嵜　そうですね。天使なんかもそんな感じですね。

皆藤　この天使はおもしろいね。「助けてーって言って、ほんとに困ってるのはどっちだろう……散歩の人は気づかない。天使は見守っている」。ここでセラピストは、「母親と自分の関係を突き放してみていると感じる」。これはどういうことだろう？

川嵜　この前回に、この子が「お母さんが大丈夫？　大丈夫？　と言うから治らない。放っておいてほしい」と言った、とありますよね。チックにたいして母親の方も困ってパニックみたいになるので、本当に困っているのは症状を出してる本人なのか、そばにいる母親なのかどっちだろう、ということではないですか。

皆藤　ああ、そういうことか。

川嵜　セラピストはそういうふうに受け取ったんだと思うけど。つまり、溺れている人と助けてる人に母子関係を重ねてみている。

皆藤　そのことと同時にこの子自身の主体が繋がってきている。だから、この子の主体が育ってきている分、母子関係のところでちょっと離れていってるっていうふうにも思ってるのかな。

川嵜　そうですね。母子の二者関係に少し変化が出てきてるのかもしれない。

皆藤　この後、チックも次第に減少していくんですが、逆に吐き気や胸の痛みの訴えが増えてくる。これはどう思われました？

川嵜　症状が少し分かりやすくなった印象はしませんか。もちろん、チックと比べてどちらがいいとか悪いとかの問題ではないけれど、吐き気とか胸の痛みとか何か受け入れられないものを吐き出すとか、ハートが痛むとか、ちょっと分かりやすい感じ。全身のチックとかに比べるとね。ことばに近い身体症状になってきているというか。

皆藤　まったく同感ですね。

川嵜　これはこれで、もちろん大変だろうけど、でも全身の痛みとかはかなりなくなってきてるんですよね。

■風景構成法⑤

皆藤　それじゃあ、第二期に進みましょうか。結局、第二期はプレイルームでの遊びや運動が中心になり、その間にちょっと風景構成法や箱庭が入ってきてるわけね。この辺りは、さっきも言いましたけど、身体というテーマとも連動してすごく納得できる流れですね。

川嵜　ええ、ええ。でも、第十四回、セラピストからプレイの前に風景構成法に誘ってますね。

皆藤　風景構成法で言えば、前回の作品（風景構成法④）で、セラピストとしてまだテーマを追いたいという思いがあったんだろうと感じます。それは、たとえば「田んぼ」のテーマとかいうことですよね。きちんと風景が統合されるかどうかという、そういうこととは違う。この子なりに風景構成法でやるべき作業は残っているっていうことをセラピストは感じていたと思います。それで、風景構成法⑤です。これは……。

川嵜　ああ、すごいですよね。

皆藤　これはもう、最初からびっくりしました。みずからサインペンで枠付けして、「今日は川がメインです。結構広い川です、こっちへ流れている」と矢印を描く。

川嵜　いままでの川ってどっち向きに流れてたのかなぁ。

皆藤　それから、山ですが、川嵜さんが言ってた、誰かが登っている山、頂上に旗が立って頂上に登ったたっていう印がありますね。

川嵜　この回ですね、「誰かが登っている山、頂上に旗があって、頂上に登ったという印なの」とクライエントが言うのは。これ、処女峰の征服っていう感じがしますね。

皆藤　風景構成法①の山がこのように展開していく。やっぱり、内容としては田んぼが描かれる途上のテーマ……。

川嵜　そんな感じはしますね。この道はなんか四角くて、田んぼっぽい匂いがするんだけど。
皆藤　この道で印象深いのは、「下書きしたい」と言うところです。
川嵜　そうそう、とっても慎重ですよね。それだけ、大事なものだということ。
皆藤　サインペンで描くようになったこの子が「下書きしたい」というのは、すごく大切なテーマに取り組むってことをこの子がすごく分かってる。いいなあと思いました。
川嵜　そうそうそう。
皆藤　「ちょっとデフォルメになっちゃうけどいい？」って、ほんまこの子はこういう言い方するんやねえ。すごいね。ここまでくると、田んぼが表現される素地は整ったっていう感じがします。
川嵜　同感ですね。この道もそうだけど、田んぼというのは形として四角ですよね。それにたいして、自然というのは乱雑であり、また蛇行したりするものですよね。その意味で、この四角というのはまったくの自然ではなく、この子が住まうべき人の世界という感じがする。
　田んぼという項目は風景構成法のなかで、一番歪みが現われやすい項目ですよね。四角というのが自然のなかに収まりにくいので。でも、考えたら、ぼくらは哀しいかな、そういう歪みのなかに生きてるのかもしれない。それが人の世界で。この風景構成法⑤の四角い道は、田んぼに繋がっていく感じがすごくしますけど、この子がだんだんとそういう意味で人の世界に参入しつつあるんだろうなと思いました。
皆藤　その四角ですが、この矢印はどう思われますか。
川嵜　うーん、ぼくは、たぶん皆藤さんがこだわっているほど、この矢印は注意してみてなかった。セラピストは毎回、川の流れの向きを訊いている感じがするから、訊かれる前にぱっと絵のなかに描いてみせた、そういういたずらごころというか自由度がクラインとのなかに生き生きと現われてるのかなとか思いますけど。皆藤さんは何か思われますか。

皆藤　うーん、なんだろう、この世には絶対ない標識だな。川の流れを示す標識ってないですよね。この子なりのウイットなのかもしれないね、こっちですっていう。矢印の下に縦に棒をつけて標識のようにするんだけど、最初は四角の枠と矢印ですよね。これそのものが風景構成法という言い方もできるように思います。
川嵜　ああ、枠のなかで方向性が定まっていく、というか……。
皆藤　そうですね。
川嵜　それからやっぱり気になるのが、いままでの川の流れの向きですね。もしかしたらいままでの向きと逆流し始めたのかなっていう気もちょっとするんですけど。書いてないから分かんないけど。
皆藤　あ、そうそう。クライエントは手前にいて、女の子がこの子にピースしてるっていうことだけど、なんて言うのかな、理不尽さがなくなりましたよね。女の子のピースは世界が迎え入れてくれているという感じがします。セラピストも「とても肯定的な感じがして嬉しかった」と思う。そして遊びが展開されていく。この辺り、母親面接はどんなふうだったのかがちょっと気になるなあ。母親にしてみたら分からんやろうね。この子がこんなふうに変わってきてる、チックは次第に消えていくけど、吐き気を訴える、なぜだろうと思うだろう。この辺りのクライエントの変化を母親が納得できる次元できっちり説明するということ、少なくともこの子との関係で不安を掻き立てないようにすることは、不可欠だと思うんですよ。
川嵜　母親面接ってむつかしいですよね。家族力動のなかで子どもが症状を出すことで、家族が保たれていることも多いから、子どもが元気になりだして症状がなくなりかけると、親の不安が増してきて、無意識に治療の邪魔をしようとするときがありますから。そういうときに母親面接をぴっちりやるというのはすごく大切ですよね。でも、むつかしい。
皆藤　むずかしい。

■風景構成法⑥

川嵜　で、風景構成法⑥ですね。これすごいねえ、おもしろいねえ。山はやっぱり砂山を描いて、また旗を立てるんですね。

皆藤　風景構成法③に比べると、砂山の枠はとれたんやね。

川嵜　そうそう。山が枠なしで風景のなかに、つまり、直接にこの子の世界に入ることができている。

皆藤　全体の枠でこれはいけるっていうことですね。

川嵜　田んぼを「見たことないなあ」って言った後に、すぐに「見たことある！」って言ってここで初めて描くわけですね。

皆藤　この子も分かってて、「あー、初めて田んぼ描いた」と語る。これさ、ぼくはできたら記載が欲しかったけれど、六枚目の風景構成法で初めて描いてくれたわけじゃないですか。セラピストはこれまで、教示で「田んぼ」って言い続けて、でもクライエントは描かなかった。セラピストはどんな気持ちだったんだろうって。田んぼに導入するときに、このときはどんな思いで「田んぼ」って言ったんやろうなあって。

川嵜　そうですね。しかし、これ、常識的に考えたらすごく不思議やろうね。こんだけ賢そうな子で、田んぼ描けないわけないやんか。学校なんかの美術の時間に言われたら、きっとこの子は描くと思うんですよ。四角を描いて稲をぴっぴってしたらいいだけだもん。それを描かない、あるいは描けないというのは、セラピストとの関係性ゆえですね。リジェクトできる関係性。とても大切な項目だからこそ、そう簡単に描けないということを分かってくれる関係性。

皆藤　たしかに川嵜さんの言うとおりで、これほどの子が、田んぼを描けない、見たことないから描けないなんていうことない。しかし、今回は描けたねえ。

川嵜　これは感激やね。

皆藤　そう。それで、田んぼを塗りながら、「田んぼには水があるの、その上に緑」「あー、今日は全部描けた、人も田んぼもちゃんと描けたし」って確認するのがすごいと思う。

川嵜　田植え終わったところなんやね。

皆藤　うん、ほんまやね。

川嵜　また、あんまりさやわかではない話を蒸し返すようですが（笑）、田植えって生殖というか、やっぱりさきほどのトンボとも絡むような印象がどうしてもするんだけど。土に種を撒くというのは、文化人類学的には生殖の象徴ですよね。土に穴を開けて、種を植えることで、そこから新しい生命が芽生えてくるわけだから。

そこには、この子の女の子性というか、もちろん身体性も含まれるわけですが、そういうことが田植えに重なるところもあるんではないでしょうか。セクシャルな外傷体験なんかも含めてね。だから、そういうものがこういう形で描けるようになったということが感激する。

皆藤　それから、この風景構成法⑥で家に屋根がないとか、この辺りのとこはどんなふうに捉えました？

川嵜　あー、そのあたりは、ぼくはノーマークでしたね。

皆藤　ぼくは、風景構成法⑤で道を描くとき、下書きをして慎重に描くでしょ。それにはやはりすごいエネルギーが必要だったと思うんですよ。で、風景構成法⑥の川でしょ。川っていうのは、風景構成法①で手が止まったほどエネルギーが必要だったアイテムなんだけど、川を描いて、それから山。山はなんとかこの子描けるようになったんやね。川嵜さんが説明してくれたとおりのことだけど。そうして、田んぼでしょ。風景構成法⑥ではぼくは田んぼの描画にすごいエネルギーが必要だったと思う。次に道。道は風景構成法⑤では、田んぼのプロトタイプになるようなエネルギーが必要だったアイテムです。言いたいことはですね、この子は大景群の描画にものすごくエネルギーを使っている、その影響が中景群の最初のアイテムの家にでたと思うんです。エネルギーを使って使って、そして「家」で全体像をイメージせずに、思わず筆が動いたっていう感じがするんです。大景群描画の余韻がぐっときたという感じがしたな。

川嵜　それはこういうふうに言ってもいいんですかね。遠近法的にはかなり田んぼは歪んでますよね。それは、頑張って自分のパースペクティブのなかに田んぼを入れようとしてるわけでしょ。で、それをなんとか入れたのはいいんだけど、そのために他のものに影響が出て、結局この世に住まう家と言ってもいいかもしれないけど、その家が全体像としては入り切れなくなってしまった。田んぼを入れたがゆえに。

皆藤　ああ、まったくそう。そう、そういうことです。この子なりに、当たり前だけどすごくちゃんと考えて、川をメインにするとどういう世界になるかとか、そういうことを。だから風景構成法⑤の木はとても大きい。風景構成法⑥の植木鉢の木よりもはるかに木としては豊かに描く。木の全体像は見せてくれないけどね。ところが、風景構成法⑥で田んぼが入ると全体が歪んだっていう、そういう感じが強くするんです。

川嵜　だからこそ、その田んぼが今後どういうふうに変容していくかと……。

皆藤　そうそう。箱庭体験でこの砂山、〈三〉から作品が入り込む。これはものすごくうまく入ったなあっていう感じがします。この田んぼはそういう異質性みたいなものを引き受ける構図にはまだなっていない。むしろ田んぼにひどく壊されかけてるっていう感じです。描いたけど、まだだって思いました。

■風景構成法⑦

皆藤　そして、風景構成法⑦です。

川嵜　風景構成法としては、最後の絵ですね。

皆藤　うーん。これはほんとうに印象深いなあ。さっき川嵜さんが言われたハートがほんまに結界やね。

川嵜　こういう絵ってどうなんですか。あんまりないいんじゃない？

皆藤　まずありませんね。ぼくは初めてじゃないかな。しかも右下の方に水路がありますね。「水は外の方に流れて入れ替わっている」って言ってます。これ考えたらさ、水路なら田んぼじゃない？

川嵜　そうそう。だからね、これ、アイテムとしての「田んぼ」は描けてないでしょ。クライエントは風景構成法⑥で頑張って風景のなかに田んぼを置いたんだけど、そのために全体としての世界に歪みが生じましたね。つまり、田んぼをどういうふうに自分の世界に位置付けるかが、この子のテーマとも言えるわけです。

そういう意味から言うと、これ、風景全体が田んぼで、そのなかに全体が位置付けられたような印象がしました。前に言いましたけど、田んぼはカルチャーであり、人が住む世界。そのなかに、家――今回は屋根がありますよね――や人が置けたような感じがする。

皆藤　まったく同感ですね。田んぼは、風景構成法⑦で本当にちゃんと描けた。

川嵜　全体が田んぼですよね。

皆藤　そうそう。だから、たとえば風景構成法⑥で稲をこういうふうに描いてますけど、この作品の人や木や家は、全部カルチャーという意味では全部稲だと言ってもいいと思います。それで、ぼくは、もうひとつ思ったことがあるんですけど、この作品は四方を川に囲まれて島のような感じですよね、だから守られているっていうイメージもあるわけです。しかし、そうすると出れないんです。だから出ることのできる領域を学校とか公園とかイメージして繋げようとしている。この子がことばが得意だったことを思い出すと、ことばが生きてきたなあと実感します。右側の矢印も風景構成法⑤の矢印を生かしてると感じます。矢印が学校への近道というイメージを引っ張っているように思います。

それから、これはちょっとうがちすぎかもしれませんが、「自分でも描いてみようかな」と女の子を描いて、その子にリンゴの実を持たせますね。りんごの木の実を盗むアダムとイヴをとても連想しました。知恵ですね、それをこの子自身が獲得して再生してきた。

川嵜　ぼくもりんごは印象的でした。皆藤さんが言われたような感じがしますね。アダムは蛇という〈三〉なる魔の誘惑でりんごという知恵の実を食べてしまった。そのために、楽園から追放される。楽園というのは二者関係的一体感の世界、自然の世界と言ってもいいですよね。そこから追放されて、ことばの世界に入ってしまったとも言える。アダムス・アップルって英語で喉仏のことですもんね。ことばととってもつながりが深い。

皆藤　そうそう。

川嵜　それゆえ原罪というか、だから哀しさもあるわけです。楽園から追放された、自然から切り離された哀しさ。

皆藤　風景構成法のスタンダードなやり方、技法みたいな言い方すると枠はこっち側に描いてとかいろいろあるけども、ぼくが最後の作品からすごく思ったのは、この子が風景構成法を自分のものにしたということです。何かに従って描くということじゃない、自分で創り上げていった風景構成法。

ただし、この子自身の体験からすると、一番最初の風景構成法体験というのは途方もない不安だったろうと思います。考えてみたら、言われた順に描くっていうのはすごく理不尽なことじゃないですか。なんで川の次に山描かないかんのやとか、考え出すとすごく理不尽です。そして、田んぼがずっとそのことを語っていたと思います。そうして、この子は最後に風景構成法を自分のものにした。全体が田んぼとも言えるし、そのような第三のものとしてセラピストとクライエントの間に風景構成法が機能したっていう感じがします。

川嵜　箱庭では相変わらず旗立ってるんだけれども、ここではお子様ランチになるんやね。これも面白いね。

皆藤　あ、ほんまや。

川嵜　この子は途中から吐き気とかが出てきてたけど、りんごやお子様ランチとかみると、ちょっと食べれるというか消化できるようになってきたのかなとも感じますね。

■身体の再発見

皆藤　では最後に箱庭⑨ですが。

川嵜　そうですね。なんか「人の世界」って感じするね。

皆藤　うん。これはほんまにこの子が語るとおりやね。印象深いのは人形を埋めて、「これが私」と語り、最後にそれを取り出し「あー助かった！　これ助けられた人」と言うんだなあ。このテーマは風景構成法でも、川に溺れて助けるっていう表現としてあったなあ。

川嵜　そうですね。皆藤さんが言われたことと関連するけど、あの風景構成法④の川で溺れている人も、頭だけ出してて胴体が隠れてるわけですもんね。あのときは、それがまだ助けられない、頭と胴体が繋がらなかった。

皆藤　ああ、ほんまやなあ。

川嵜　これが、この子がカウンセリングでやってきた仕事とも言えますね。頭と身体を繋げていく。身体の再発見というか。

終結の時点で、この子は相当に変わって終わっていくのですが、まだチックは少し残ってますね。このへんは、どうですか。何か思われますか。

皆藤　最後になりますが、ぼくはこの子にまだチックがあるっていうことは、すごく大事なことのように思えるんです。チックはこの子にとって、理不尽な体験から生を実感する体験に変わってきているように思えます。チックにもうやられてしまってということじゃなくて、チックがあることで生が実感できるという感じです。だから、この子のチックが消失するときっていうのは、そういうことを含めた寂しさをこの子が受け止められるときなのかなって感じます。

それから、「おわりに」のところでセラピストが書いてることは、ぼくもほとんど同感です。その辺りを詳しくここで川嵜さんと対談しながらコメントしてきたという感じがしています。風景構成法を描くことがその子にとってどんな体験でどんな意味があるのかっていうことも、ここで相当に語られたんじゃないかなあと思います。

どうもありがとうございました。

第5章

司法臨床における風景構成法の実践

加藤貴生

はじめに

家庭裁判所調査官（以下、調査官という）は、非行少年の資質や環境を調査し、立ち直りのための適切な手立てを模索し、その結果を処遇意見とともに裁判官に報告することを職務とする。調査官と少年との関係は、非行という行為を媒介とした強制的な出会いに始まる。そして、短期間の集中的な面接の過程で、調査官がいかにして少年と深い関係性を構築できるかが勝負どころとなる。同時にできる限りの保護的措置を加え、その役割を他の機関や人的資源に引き継ぎ、密やかに調査官の仕事は幕を閉じるのである(1)。

映画監督の小栗康平は、「映画には二時間なら二時間の、横に流れていく時間があり、それと同時に、縦にも行き来する時間があるように思える。ストーリーに導かれて行く時間は横へ働く力が強いといえるだろうか(2)」「画面の背後に退いてよく見えないもの、セリフにならないままただそこに〈ある〉もの、そうしたもろもろが、映画が進むにしたがって位置をずらし、だんだんと前に出てくることはありうることだ。目に見えてある表面的な事柄、それらが一義的にもつ意味から自由になり、見えなかったもの、聞こえなかったものが前に出てくる。そうなればどんなにかすばらしいだろう。映画がほんとうに深さをもてる。時間は横に流れるだけではなく、縦に、画面の奥と手前を退いたりせり出したりして、動く[3]」と、縦に行き来する時間が、映画の豊かさや深さになると述べている。

ここで言われている、二時間の映画を二時間の面接に、画面を少年（司法では少女も少年と記す）に置き換えてみてはどうだろうか。小栗の言う時間の流れを、調査官の面接に引き寄せ、筆者なりに敷衍してみると、次のようにしっくりと定義できるように思われる。すなわち、ことばで語られる体験を聴き、事実によって方向づけられたテーマ（課題）を理解し、共感するという流れが「横に流れる時間」だとすると、「縦に行き来する時間」とは、少年が体験をことばで語り、伝えようとする行為そのものによって、体験自体が語られる者から自立して行く、その過程でふと垣間見える深いこころの空白、あるいは、やすらぎや寂寥、祈りといったテーマ（主題）に、体験の底に光芒する一瞬の輝きを追うがごとく、近づいたり離れたりする時間の感覚のことである、と。調査官がせりふ以前にあるものと対話をし、たえず縦に行き来する時間を感じているとしたら、面接はどんなにか輻輳的な彩りと深まりをみせることであろうか。本稿では、風景構成法が、そうした時間を作り出すためのツールとして、大きな可能性を秘めていることを示せればと思う。

1　情報を体験として繋ぐ軸としての風景構成法

筆者は少年に風景構成法を実施するとき、「いろいろと話してくれたが、ことばでは言い尽くせないあなたの世界を感じとりたい。また、あなたの語ってくれたことを、私がきちんと受け止めているかどうか、ことばとは違う角度から確かめてみたい」と述べ、導入することが多い。司法臨床において押さえておかなければならないのは、処分の鍵を握る調査官と握られている少年という対等ではない関係から出発することである。どの心理テストにも言えることであるが、結果がどのように用いられ処分に結びつくのかという不安を少年はつねに抱いているのである。そこで、筆者ははっきりと上記のように述べ、ことばで固定されがちな関係性を、いま一度自由に解き放つために実施することを明確にしている。

調査官は、非行の動機や経緯、家庭環境や生育歴、交友関係や職業関係など大量の情報を収集する。それらの情報がひとつのまとまった少年像として統合されていく最大の要素は何か。それは、少年と調査官との関係性に他ならない。

a　風景構成法①（図5-1）

たとえば、A少年は親の敷いたレールに従順に乗ってきたものの、中学半ばにして学業面でも運動面でも挫折をきたして不登校に陥るや、両親から見放されていく不安を抱えるなかで突然ひったくりという非行に及んだ。調査官との面接中も非常に従順で手応えがなく、こちらが繋げていくストーリーにも、「はい、そうです」と繰り返すのみであった。ところが風景構成法を実施したところ、最初、画面上中央から太い川を描き、次に川の上部に山を小さく描いたあと（風景構成法①）、「あの、ちょっと、描き直していいですか」と頭を掻いた。それまでの従順さを貫こうと思えば、そのまま適当に描き継ぐこともできたであろうが、少年は描き直しにこだわった。

b　風景構成法②（図5-2）

ここで、少年と調査官との一方的な関係性が一度解体された。風景構成法はそれ自体十個の提示されたものを描くという強制の側面をもっている。少年は非言語的なやりとりのなかで、ようやく押し付けられたものにたいする反発を示すことができたのであろう。しかし、描き直した作品では、全体が画面中央にこぢんまりとまとめられた（風景構成法②）。少なくとも、関係性の再構築にこそ、この少年の抱える困難さが見て取れた。ここに見られた調査官との関係性の変化から、いま一度情報を捉え直してみると、情報がより少年の体験として迫ってく

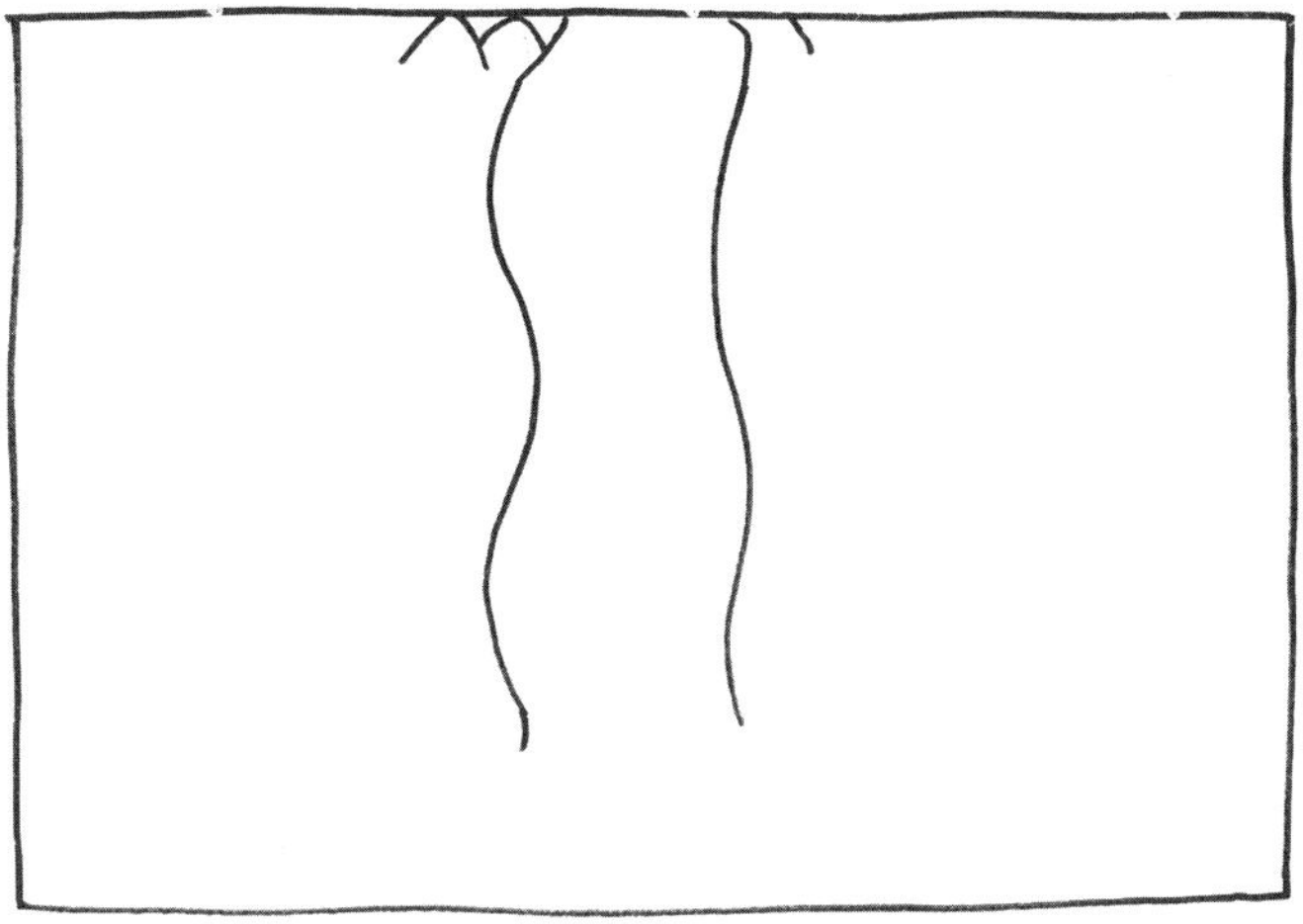

図5-1　風景構成法①

図5-2　風景構成法②

るように思えた。

2　ほどよい関係性を保つ支えとしての風景構成法

筆者はかつて少年院に通い、処遇の実情を学ぶ研修に派遣されたことがあり、数人の院生から調査官にたいする生の声を聴いた。筆者がよりよい仕事をするために勉強しにきたので、率直な意見を聴かせて欲しいと面接の目的を話すと、ある少年はすかさず、「そうですね。調査官はもっと勉強するべきですね。調査官は何も知らないくせに、分かったようなことをきれいなことばで語る。大体、格好つけすぎるんですよ」と、手厳しい非難のことばを突きつけた。担当調査官は筆者も知っている、ひとつひとつのケースを大切にする熱心な調査官だったので、少なからずショックを受けた。

たしかに調査官の見立ては誤っていなかったが、家族間葛藤の真っ只中にある少年にしてみれば、家族画を描かされ、それにコメントを付けられたことで、自己の存在を賭けた苦悩が絵一枚で軽くあしらわれたような不快感を抱き、未だその思いを拭い切れずにいるのだと思われた。それまでの面接での関係性が、一枚の絵とそのコメントによって、表層レベルで固定化してしまい、縦に行き来する時間がストップしてしまったのであろう。それは、下手をすれば、自己の問題にたいして自覚的に取り組もうとする意欲を削ぐことに繋がりかねない。

短期間の集中的な関わりにおいて、少年の存在を賭けた苦悩をどのように扱うかということは大変にむずかしい。ともすればこの例のように、家族画は読みとりの返し方にもよるが、その表現の直接性ゆえに表層的なレベルで関係性を固定化してしまう恐れがある。逆に箱庭療法などでは、関係性が深層的なレベルに下降してしまい、縦の動きと横の動きとのバランスがとれなくなり、収拾がつかなくなるということも起こり得る。

筆者の経験では、風景構成法はそのような危険性のもっとも低いツールと言える。それは、十個の提示されたもので描くという規定性が、少年と調査官とが根源的には同じ地平で生きているという対等性を暗示し、ニュートラルなメッセージを発しているからであると考える。また、縦断的変化を見るとき、定められたアイテムの変化の具合を、少年と調査官とが同じ視点からともに眺めることができる――視点の共有――という特徴も、ひとりの人間との一回一回の関係性のスタートラインを明確化させるようである。少年は比較的抵抗感なく内的な世界を表現でき、見守る側の調査官も安心感と余裕をもってその世界にアクセスすることができる。規定性ゆえの自由度の高さが、かえって伸縮自在な距離感覚を保証し、縦に行き来する時間を活性化させるのである。

3　事例の提示にあたって

調査官は調査の対象たる非行少年を、たんに静的な客体としてみるのではなく、つねに動的な主体としての関わりを通じて把握しようとしている。心理療法の視点や経験を可能な限り取り入れているのであり、編者によって、司法臨床という一項目を設けていただいた所以である。しかし、調査官はあくまでも法の領域に身を置くものであり、個々の少年の福祉と法の公正な運用とが不協和音を奏でないように配慮することを忘れてはならない。この複雑な立場が、司法臨床独自の関係性のあり方、構築の仕方を編み出しているのである。筆者はそうした司法臨床における少年とのやりとりに、風景構成法がきわめてなじみやすいものであると概説したが、その実例として次に二つの事例を紹介する。

ところで、ここ数年来、少年非行の凶悪化が声高に叫ばれ、少年法の理念である個別教育主義があたかも甘やかしであるかのような論調も見受けられる。次に掲げる二つの事例は、いずれもわれわれ調査官が扱う事件としてはとくにめずらしいものではなく、昨今の関心に呼応したものではない。そのことを承知であえてこれらの事例を紹介するのは、家庭裁判所あるいは調査官が営々と積み重ねてきた、少年法の理念とする健全育成、個別教育主義の体現とは何か、その一端を示したかったからである。少年法の基調である個別教育主義が隅に追いやられ、調査官の活動の本質が変質させられるようなことがあれば、もはや司法臨床という領域はありえず、そのことば自体、口にしてはならないとさえ筆者は考えている。個別教育主義が少年を甘やかすものではなく、むしろ、ときには刑罰以上に少年に厳しい試練を要求することも事例を通して理解していただけるものと思う。

ここで、二つの事例を提示した理由についてふれておくと、調査官のケースの取り組みには、大別して二つのかたちがあると筆者は考えている。そのひとつは、調査官が少年と調査官との二者関係を中心に据え、そのやりとりのなかからケースが動いていくというものであり、もうひとつは、調査官が少年を取り巻く物的人的資源をうまく活用し、場合によっては少年に訪れる運（人は偶然によって成長の機会を与えられることの方が多い）をも取り込みつつ、少年の立ち直りの舞台をコーディネートしていくなかからケースが動いていくというものである。このときの調査官は軽業師であり、コンサルタントでもある。事例一は前者のタイプに、事例二は後者のタイプにそれぞれ当たるものとして提示した。なお、事例はプライバシーに配慮し、その本質を損なわない限りにおいて、改編した。名前はすべて仮名である。

4　事例一

A　概　要

［少年］　ミホ（女子）。十五歳、中学三年生。

［非行内容］

行きずりの男性にナンパされ、隣町までドライブをして夜明かしした帰り、金がないから恐喝して遊ぼうと考え、他地域の中学校の前で降ろしてもらい、たまたま登校してきた中学一年の女子生徒に因縁をつけ、ビルの階段の踊り場へ連れて行き、かばんを奪い、千八百円を脅し取った。その際、年下なのにへりくだった態度をとらない被害者になめられたと腹を立て、顔面を蹴ったり、雨傘で背中を殴ったりした上、タバコの火を腕に押し付けた。さらに被害者をタクシーに乗せて連れ回し、小学校の体育館で降ろすと、被害者を正座させ、顔面や頭部を箒の柄で殴ったり、足蹴りにしたりした上、タバコの火を手の甲に押し付け、水を入れたバケツに何度も顔を押し込むなどの暴行を加え、不仲だった不良仲間の名を名乗って立ち去った。地元に帰って男友達とカラオケ遊びをし、その晩自宅に戻ったところ、警察から連絡があり、検挙された。

［家族］

母（四十一歳）店員、兄（二十歳）無職、祖母（六十六歳）無職の四人暮らし。

三歳時に父母が離婚。母が言うには、病弱の母親（ミホの祖母）の面倒をみるのに忙しく、父から「ぼくを取るのか、母親を取るのかはっきりしてくれ」と迫られ、母親を選んで父と別れたとのこと。

母はひとり娘で、酒乱の父親のもと、母親に溺愛されて成長し、未だ生育家庭から自立できていない。裁判所へもかならず祖母が母を心配して同伴する。母は「母親を選んで子どものために生きてきた」と述べる。ミホと父とは月に一度は会っており、父宅に泊まることもある。

母はミホにたいして不自然なほどフレンドリーに接しており、気を使っている。ミホは母のことを、いつもひとりでダジャレを言ったり、子どもみたいなお母さんだと述べる。兄は中学時代から不登校で、卒業後もほとんど就労せず、家でごろごろとして過ごしている。

［生活歴］

乳幼児期は夜泣きと発熱が多かった。その他、発育上、とくに問題は報告されていない。小学校では温和で笑顔が絶えないと評されている。中学一年の二学期に、三年女子の不良グループ紫薔薇会の姉分になり、三学期には二代目を引き継ぐ。グループから抜けようとした生徒に暴力で制裁を加えたり、校内で恐喝をしたりとやりたい放題になる。二年になり、養護教諭のかばんから三万円を盗み、友人に食事をおごるが、おごられた友人も共犯扱いされたことで仲違いし、校内の不良グループから締め出される。そうして校外へと交友関係を求めるようになり、いくつもの中学校の不良仲間と顔見知りになり、暴走族の見物やナンパ遊びに興じる。二年の終わりに本件非行を惹起し、三年の始めに家庭裁判所へ事件記録が送られてきた。

B　調査面接

生活態度の乱れがひどく、放置できない状態にあること、非行の様態がきわめて悪質で資質鑑別の必要があることから、家庭裁判所はミホを呼び出し、少年鑑別所に送致した。その手続き中、母はさかんにミホを庇い立て、「誰だって間違いを起こすことはあるじゃないですか！」と、裁判官に食ってかかり、決定が告げられると祖母も大声で「ミホ！　ミホ！」と叫んでいた。

少年鑑別所において面接。ミホは開口一番、「少年院に行ってくればいいんでしょ」と、調査官を小馬鹿にしたような目つきで居直り、まったく会話にならない。非行を犯した少年と会うとき、こういう場面に出くわすことはめずらしくないのだが、調査官は、このときばかりは心が凍りつくような感じを受けた。それは、あたかも、それまで良好な関係を保っていた仲間から、ある日、突然に理由も分からないまま無視されたときのような、大げさに言えば、世界の外に放り出されたような衝撃と怒り、悲しみの感情を想起させるものであった。ミホは「不良なんて、ただ外見だけを派手にすれば誰だってなれる。その逆もかーんたん」と言い、高を括っている。調査官は自身の内面の空虚さを感じながら、ともかくも非行化した経過などの事実を追っていた。その過程でミホの口から、「不良になったのは、早く大人の女になりたかったから」ということばが出てきた。「大人の女って、どんなイメージ？」と聞いたが、ミホは「分からないけど……」と口をつぐみ、そっぽを向いた。調査官は、ミホは生育過程において、大人というものに出会えていないのではないかと思えた。軟弱な父、未成熟な母、それぞれがミホの機嫌を取りながら接している。風通しのよい隙間ではなく、よそよそしい空虚な隙間。ある程度、ミホの輪郭が見えてきたようだ。しかし、調査官は縦に行き来する時間の動きをいまひとつ感じ得ない。そこで、三回目の調査面接時に風景構成法を実施した（風景構成法③）。

図５－３　風景構成法③

a　風景構成法③（図５－３、口絵13参照）

夏の夕方、山の上には入道雲が立ち込め、太陽の光が右側の山を赤く染めている。尖った二つの大きな山、うねりを伴った川の流れに、内に充満したエネルギーを感じる。山の麓から手前へと延びる道には、山から急いで平地へと降りてきたサルがおり、注目を引く。少年はこのサルだという。何ゆえ、夕刻、群れを離れて平地に降りてきたのであろうか。ミホに説明を求めたが、含みのある笑顔を向けるのみで、答えは得られなかった。助けを求めているようにも見えるし、すばしこくずる賢いサルのイメージとミホの表情から、調査官を挑発しているようにも感じられる。ひいてはミホにたいして、おのれの無力感、ひいてはミホにたいする怒りさえ抱かせられていた。それに呼応するかたちで、ミホの内面の何かが調査官に向けられてきたことを感じずにはいられなかった。

C　試験観察経過

▽第一回審判（五月十日）

非行や生活態度にたいするミホの内省は乏しかった。この際、少年院で系統だった矯正教育を受けさせるべきとも考えられた。「行ってくればいいんでしょ」と言うミホに、「そう、行ってらっしゃい」と送るのはたやすい。しかし、ミホにとっては、あえて社会に戻し、内面的な作業を掘り起こしていくように働きかけるプロセスが、いまは何よりも重要だと思われた。少年院に送るのは、それからでも遅くはないだろう。社会のなかで、調査官がミホの自我をサポートしながら、自己の感情に向き合えるかを課題とし、四カ月から六カ月の経過をみて、最終的な処分を決めることとなった（試験観察）。

▼第一回面接（五月十七日）

この面接の前日に中学校の生徒指導から、ミホが団地の空き地で、同級生のユカリや二年生の女子生徒と一緒に喫煙し、ビールを飲もうとしていたところを補導された、との連絡があった。

ミホは鑑別所入所時と変わらない態度、表情で出頭。「朝はお母さんと一緒に登校している。学校ではユカリと一緒に個別指導を受けている。補導されたのは、同級生からいろいろと悪口を言われたことでむしゃくしゃし、男子グループに相談しようと溜まり場へ行った。話のできる友達がユカリのほかには男子グループにしかいない。（試験観察は）最初は簡単だと思っていたけれど、いまはめちゃくちゃ厳しい」。

対人関係をめぐるストレスから、不良集団への帰属欲求を強めることが懸念される。これからの面接で、問題が生じたときの不安定な気分の対処の仕方を、ひとつひとつ一緒に考えていくから、焦らずについてくるようにと励ます。ミホにこれまでと違った大人との関わりを体験させるため、個別面接を徹底させることにする。

▼第二回面接（五月二十五日）

「四日前に個別指導からクラスに戻った。みんな中学生らしくなっていた。給食や移動教室の時間になると、仲のよい女子がいなく、わざと無視をする人もいるので辛い。男子の一部とは話ができ、なんとか頑張れた」。

一週間の頑張りを詳細に聴き、ひとつひとつ評価してやる。ユカリを迎えに行こうと学校を抜け出したことで生徒指導とトラブルになり、翌日は頭痛や耳鳴りで学校を休んだという。調査官は「そういうときは思い切って休め」と言ってやる。昨日、生徒指導に聞いたら、「ミホにしたら上出来だ」との評価だったと伝え、意欲さえあれば、結果的には信用してもらえるものだから、焦らず信用を勝ち取ろうと励ます。

▼第三回面接（六月四日）

見るからに何かがあったなと分かるふて腐れ顔で出頭。「学校は休みがち。机に落書きされたり、椅子にガムを置かれたり、嫌がらせを受けている。登校しても給食と移動教室の時間は出ない。給食をとらないことで担任と喧嘩をした。ユカリが登校しなくなり、自分ひとりでは何をやっていいのか分からないので休んでしまう」。

ここから総崩れにならないようにと、細心の注意を払い、ミホと一緒に対策を考える。学校にも秘密の調査官との作戦会議。ミホは順調にいかなくなったことで調査官に叱られ、不利な処分に繋がるのではないかという不安をふて腐れ顔で隠そうとしていたのだろう、生気を取り戻し、身を乗り出して一緒に考えている。一時間ばかり話し合い、結局、授業を抜けても学校の外には絶対に出ず、図書館で本を読むなどしておとなしく過ごす、ユカリとのつきあいで授業に出たり出なかったり、休んだりはしない、など五点を秘密の約束にした。

▼第四回面接（六月十五日）

「ここ一週間、ずっと欠席。ごたごたがあって……。同級生のアヤカに呼び出され、喧嘩しようとぐじぐじ言われたけれど、ちょうどユカリとも喧嘩していたので、どうにでもなれ！　友達なんかいらない！　と思って家に帰った。そのあとも怖い先輩が家に乗り込んで来るとかで、お母さんに頼んでもらって、学校を休んでいる」。

調査官は「なんでこんなことになるのかねえ」と、少々呆れてつぶやく。ミホは「遊んでいた友達を裏切っては、あっち行ったり、こっち行ったり。ほとんど自分が裏切っていた。こうなったのも私のせい……」と、初めて弱みを見せる。挑発に乗らなかった点は評価して、当面の二週間をどう過ごすかを考える。ミホは、ユカリと仲直りして来週から登校する、アヤカの挑発には絶対に乗らない、この二つがポイントだというので、これらを目標とした。母には、登校を見合わせる場合でも先生とよく話し合い、かならず期限を設定するようにと指導。

▼第五回面接（六月二十八日）

これまでにない浮かれた表情。「アヤカからその後も二回呼び出しがあったが、自分は行かなかった。ユカリとも自然に仲直りができた。遅刻は多いけれど、移動教室で授業に出ないときでも学校の外には出ずに図書館にいるし、ユカリが休んでも登校している。学校が終わったら男子生徒や先輩とカラオケに行ったりして、九時ごろには家に帰っている」。

調査官との小さな約束が守れていることで、ミホは満足し切ってしまっている。調査官との約束を守ろうとしたことは嬉しいが、朝食抜き、給食も食べない、夕食もそこそこに遊びに出かけるなんて、体に悪いよと気遣うが、ミホは柳に風。母には、とにかく門限をしっかりと守らせることだけは留意するようにと強く話しておく。

［生徒指導から電話連絡］（七月十日）

ミホはここ一カ月、まともに登校した日がない。先日もミホと母を呼び出して校長が訓戒指導した。このままの状態だと、学校での指導は限界だという意見書を出すことになろう。怠学のほかには、他地域の中学の家出少年との交遊、校内の男子グループとの交遊が問題（生徒指導の意図は、ミホに緊張感をもたせることにあったようで、ミホの目の前で調査官に電話をしているとのことだった）。

▼第六回面接（七月十三日）

どことなく挑発的な視線。「生徒指導とユカリ、それに自分の三人で話し合いをしていたときに、自分が反抗してしまったので、先生が家裁に電話をした。前よりも悪くなっていることは自分でも分かっている」。そうは言いながらも、個々のことを問うと、何かにつけて言い訳が先に立ち、ときに反抗的な目つきで調査官を睨みつける。母に、校長から何を指導されたかと聞いても、「別に注意されたことはなかったですよ」と楽観的。調査官は「今日は気持ちよく面接ができない。不愉快な気持ちがこみ上げてきて困っている」と言い、とくに指導をせずに席を立った。ミホもドアを蹴りつけて帰って行った。

その後、七月二十六日にユカリの保護者がミホの担当者は誰かと、突然、調査官室に訪れ、「ミホという子のせいでユカリが言うことを聞かなくなった。裁判所はミホの行動の何を見ているのか！　どんな指導をしているのか！」と、ミホが裁判所の指導の陰に隠れて、いかに乱れた行動を繰り返しているかをものすごい剣幕でまくし立てた。調査官は、最善の指導をしている、ユカリさんのことで裁判所へ抗議にくるのはお門違いだ、と話しようやく帰ってもらった。そう言いつつも、調査官のショックは大きかった。何も見ていない？　そうかもしれない。だんだんと揺らいでくる。なんのためにこれほどのエネルギーを注いできたのかと悔しさが込み上げる。

ひとり相撲だったのかという嘲笑も禁じ得ない。調査官にとって、ミホと関わる際の、しっかりとした中心線のようなものが失われてきているのを感じた。

▼第七回面接（八月一日）

調査官は、今回は出頭しないかもしれないと思っていた（願っていた？）が、ミホはきちんと出頭してきた。でも、調査官は「よく来たね」と言う気にはなれなかった。

「夏休みになって、毎日ユカリと料理を作ったり、ファミコンをしたりして、ほとんど家にいた」と、けろりとしている。調査官は「まあ、一学期はあなたなりに頑張ったので、疲れが出たのだろう。しかし、いいことづくめでは、ほんまかいなと思ってしまうよね」と言う。ミホは調査官が何を言いたいのかを察したようで、うつむき、沈黙した。調査官もこの四、五日の陰鬱な気分の日々を思い起こしていた。

しばらくの沈黙の後、風景構成法を勧めてみた。ミホは嫌がるでもなく淡々と描いた（風景構成法④）。

a　風景構成法④（図5-4）

川がまっすぐに流れ、山と川との間に距離ができ、田で中景が広がった。太陽はきつく照っているが、雲は寂しげに浮かんでいる。川と道とで分割された右隅の原っぱにイヌが寝そべっている。ミホはこのイヌだと言う。前回に比べると、攻撃性は明らかに消失しているが、抑うつ的な印象を受ける。

「やっぱり疲れているんだね」と、調査官が作品を眺めながら言うと、ミホはみずから語り始めた。

「この前の面接のあと、お母さんと喧嘩してユカリを誘って家出をした。先輩の家に泊まっていたら、ユカリのおばさんが来て、ユカリを連れて帰った。ユカリのおばさんはカンカンになって私を怒って行った。私が誘っ

図5－4　風景構成法④

たのは悪いけれど、なんで私だけが悪者になるのかなって思ったら、うちのお母さんも同じように人のせいにばかりしているんだなと思って……。なんで私を怒らないのかって……。考えてみたら、私、お母さんにいままで、自分の気持ちをはっきりぶつけたことがない。心を許して相談したこともないみたい。お母さんは自分のいいように私を作っている。でも、そんなこといったらおしまいだし……」「お母さんと喧嘩したのはなぜ？」「お母さんが、〈調査官はなんであんな言い方をするんだろうね。ミホちゃんはこれだけ頑張っているのにね〉と言うから、〈私も悪いのや！〉と怒鳴った。そしたら、〈お母さんの気持ちが分からないの〉と言うので、〈あんたこそ、私の気持ちも分からんと〉と言い合いになって……」「家出してどうしたの？」「むしゃくしゃして、よっぽどナンパで遊ぼうかと思ったけど、お父さんのところへ行った」「行く場所があってよかったね」「でも、お父さん見ていたらかわいそうで。なんか弱々しくって。細かいことを気にして悩んでしまう人だから。私もお兄ちゃんもお父さんのこと、馬鹿にしてたから」「馬鹿にしてた？」「いつも優しい顔ばかりしているから。……お父さんが夜中にひとりでラーメンを作っているところとか見るとかわいそうで。〈なんか作ってあげようか〉って言うんだけど、〈いいよ、いいよ、もう作ったから〉って。お父さんも早く女の人を見つけて一緒になればいいのに。私が間に入って、お母さんとまた一緒になるように話してあげたこともあるんだけれど、お母さんにふられちゃって……」。ミホの頬に涙が伝う。

「大人の女、大人の男、……それってなんだろうね」という調査官の問いかけにミホは少し沈黙したあと、「でもいいよ。うちの親たち、これ以上、変わらないと思う。ちょっとハンカチ忘れたから、お母さんに借りてくる」と言い残してミホは面接室を出た。母が「どうしたんですか」と、気色ばんで面接室に入ってきた。調査官は「心配いりませんよ」と言って、面接を終えた。

▼第八回面接（八月二十五日）

調査官から「今日で試験観察の面接は何回目かな？」と切り出すと、ミホは「五回？　六回？」と答える。調査官はミホにそろそろ終盤に差しかかってきていることを意識させようとした。「裁判官が許可してくれたら、そろそろ保護司さんの力を借りて、自力で頑張ってみるかな」と問うと、ミホは「もっと長くして欲しい」と、ポツリと答えた。ミホなりに試験観察という枠組みをしっかりと受け止め、自分のために活用しようとしていたことが分かって喜ばしかった。枠は規制と保護の両面の機能をもっていることを改めて確認させられた。調査官は「じゃあ、二学期の半ばまで様子をみて、それから裁判官に決めてもらうことにしよう」と提案。「生活や行動が乱れたら、少年院の可能性も出てくるよ」と付け加えた。ミホはしっかりと頷いた。

▼第九回面接（九月六日）

「やっぱり教室には入りづらい。廊下でほかの生徒とすれ違うのが嫌だ。ユカリがアヤカと仲良くなって、私から離れて行った。自分には影響はないんだけれど、だんだんユカリが悪くなっていくようで心配。昨日、突然、ユカリから〈アヤカと一緒に二年生を締める〉などとわざわざ電話をしてきた。電話の意味が分からなくて、気になっている」「あなたが電話をするときは、どんなときだろうか」「寂しいとき。あっ、引きとめて欲しいのかなあ」「そうかもね。で、どうする?」「思い切って一日休んでゆっくり考える」。

▼第十回面接（九月二十一日）

九月十一日から、遅刻はあるが皆出席。調査官は驚き、ほめる。「前に家裁に来たとき、一日休んだら、三日は頑張ってみようと思った。そしたら、周りの人とも結構話ができて。でも、英語とホームルームしかまだ教室に入れない」「ユカリの件は、悩んだ結果、ユカリの判断に任せた。心配だったけれど」とミホ。調査官は「一日悩んで考えたというエネルギーが伝わったのかもね」と返す。大きなトラブルはなく、ユカリも平静を取り戻し、ミホとの間で、学校の外では遊ばないという約束を交わしたのだという。

ミホはあれほど敵視し嫌っていた生徒指導のことを、一緒に文化祭のポスター製作の作業をしたり、伝統楽器を弾いたりして、よくしてくれる、と嬉しそうに話す。そろそろ調査官との面接も打ち切り時かと思い、風景構成法を実施した（風景構成法⑤）。

b　風景構成法⑤（図5-5、口絵14参照）

川が右上から左下へと画面を二分するように流れる。山が遠のき、道が遠くからまっすぐに伸び、川と交差して橋が架かった。内的世界をよりクリアに表現できたのは、葛藤に耐えうる自我の力が強化したからであろうか。橋の向こう側に家、バス停、お地蔵さん、手前に棒人間ではあるが、大きな人がペアで木の近くを歩いている。空間に適度な余裕が出てきた。今度はネコではなく、人の小さな方が自分だと言う。家から距離をおき、お

図5－5　風景構成法⑤

地蔵さんに見守られながら、自立への出立を暗示しているかのよう。

「家が遠くにあるね。離れて行くの？」「ううん、お母さんもお父さんも放っておいて家を出ることはできないし」「片方の人は誰？」「誰かは分からないけど、二人なの」と、照れくさそうに言う。「どこへ行くの？」「いまはどこへも行かない」。

母はミホが裁判所へ行くのを楽しみにしている様子だと言い、卒業まで試験観察を続けてやって欲しいと要望したが、調査官は「そろそろ保護司さんにお任せしましょう」と言い、母にも終結の心づもりをしてもらった。

▼第十一回面接（十月五日）

登校状況は一進一退の様子。しかし、ミホの表情がすごくよい。母も、目と目を合わせて話せるようになったと喜んでいる。

調査官は、厳しい状況のなかでの試験観察だったが、ミホ自身が試験観察を積極的に活用し、ここまでこぎ着けたことにたいし、心の底から安堵とねぎらいのことばをかけた。ミホは目を真っ赤にして涙を拭った。次回で調査官との面接は最後だと告げ、「この半年間を振り返って」というタイトルで感想文を書いてくるよう指示した。

▼第十二回面接（十月二十五日）
十日前から風邪をひいて体調を崩し欠席が続いている。今日も三十八度の熱があるが、調査官との面接のために出頭したと言う。

ミホを前にして感想文に目を通す。この半年の成果として、具体的な生活の改善ぶりが記されていたが、とりわけ「試験観察という、きんちょうの毎日のなかで、いままでぜんぜん知ろうともしなかった、人の心などが分かりました」という文章に調査官は感激し、幾度も読み返した。半年前には想像もつかなかった素直な心が穏やかな表情に表われていた。

▽第二回審判（十一月二十日）
裁判官は、事件記録にある被害者の被害状況の写真をミホに見せるように書記官に指示した。写真にはタバコの火を押し付けられた火傷の跡、ずぶ濡れで腫れ上がった顔面、内出血した背中などが何枚にもわたり写されている。「これを見なさい」と裁判官。ミホは目を背ける。「しっかりと見なさい。この現実から目を背けている限り、この事件は終わりません」と、ことばに力がこもる。裁判官はじっと沈黙したまま、ミホを凝視し続ける。審判廷は厳粛な空気に包まれている。ミホは写真にちらっと目をやると、泣き出した。裁判官は「しっかりと見ましたか。いいですか。人を傷つけるということは、自分自身を傷つけるということでもあるのです。多くは言わないが、このことだけは覚えておきなさい」と静かに語りかけ、人の心が分かったというミホのことばを実際に確認すると、保護観察の決定を言い渡して閉廷した。

5 事例二

A 概 要

［少年］ トシオ（男子）。十五歳、中学三年生（係属時）。

［非行内容］

中学三年の三学期、学校へシンナーを吸いながら登校し、保健室のベッドに寝そべり、カーテンを閉めてシンナーを吸い続けているところを教師に見つかり、学校から警察に通報され検挙された。警察で取調べを受け、帰宅させてもらったが、「どうせ俺は危ない奴だ。これから何をやってもダメだ」という自棄な気分になり、金を得て放浪しようかと思い、恐喝を考えた。シンナーを吸い、サバイバルナイフを購入し、通りがかりの中学生に近づいては離れ、何度もためらいながら意を決して二人組の中学生を捕まえた。「俺はシンナーを吸っている」と言い、さらにナイフを入れているポケットを叩きながら、「俺はナイフを持っている」と言って脅したが、被害者は逃走。通報で駆けつけた警察官に逮捕された。

［家族］

父（四十七歳、配管工）との二人暮らし。母（四十二歳）は所在不明。妹（十三歳）は中学一年生で父方祖父母宅にて生活している。

小学一年時に父母が離婚。父が酒乱で荒れ狂う毎日だったため、トシオと妹は母に引き取られたが、小学六年ころから、母は複数の男性を自宅に連れ込んだり、子どもらを置いてたびたび家出をするようになった。まもなく母は完全に行方不明になってしまい、中学入学時にトシオと妹は父に引き取られた。しかし、二人とも引き取るのは困難との理由で、妹のみが父方祖父母のもとで養育されることとなった。

父はトシオの生活や行動にたいして、体罰を加えたり、激しく叱責したりするが、トシオは父にたいして一切反抗することはなく、無表情でやり過ごしている。父が言うには、たまに涙を見せることもあるらしい。母については、どのように考えてよいのか分からずに混乱しているよう。妹はマイペースでとくに問題行動もなく、普通に生活している。

［生育歴］

保育園では皆がお遊戯をしているなか、横でひとり遊びをしていたりと勝手な行動が目立った。トシオが話すには、小学校入学当初から同級生としばしば殴り合いの喧嘩をし、周囲から「危ない奴」という目で見られていた。教師の目を引こうと、教室の後ろに寝転がって歌を歌ったりするが、教師からは「はい、はい」と放っておかれ、そのうち「要注意人物」と見られ、「特別扱い」された。小学六年時、親戚でキャンプに行った夜、波が押し寄せてくる怖い夢を見て、「死ぬ！」と吠えて海の方へ走って行ったことがあった。中学には「鳴り物入り」「札付き」で入学。地元での不良交遊がさかんになり、一年の夏休みから原付バイクの窃盗を始め、二年になるとシンナーを覚えた。シンナーは先輩からもらったり、日曜大工店からボンドを購入し、ほぼ毎日、いらいらするときに自宅の浴室や屋外で、洋服が液体でべたべたになるほどに吸っていた。

B　調査面接

少年鑑別所において面接。事前に中学校から、「学校でもふてぶてしく、何を考えているのか分からない。こんな奴は初めてだと取調べに当たった警察官も呆れている」との話を聞いていたが、調査面接時の態度は物静かで行儀よく、意外にも素直に心情を話していた。幼いころから「危ない奴」だと周囲に見られ、ほかの生徒と違う扱いを受けてきたこと、根は寂しがりやだが、人見知りし、他人の目が気になって恥ずかしくて喋れないこと、同級生の不良仲間と行動をともにしてはいるが、なんとなくひとりだけ浮いているような感じがし、学校に行かないと話のなかに入っていけないので、シンナーを吸いながらでも登校しようとしていること、などを被害的な口調ではなく淡々と語っていた。

調査官には、トシオが「危ない奴」と自己規定してしまった経過が手に取るように見えてきた。早期から対人不適応を起こし、大人の気を惹こうとした極端な行動がことごとくいなされ、むしろそうした未熟なかたちのSOSが「奇行」だと捉えられ、かえって「要注意人物」とのレッテルを貼られて語り継がれる始末となった。その後、中学入学を機に本人なりにイメージの改善を図ろうとしたものの、それもあえなく失敗し、結果、不良交遊に依存せざるを得なくなった。ところが、不良グループ内でも「ひとりだけ浮いている感じ」がつきまとい、こころは完全に孤立してしまっている。

しかし、調査官はこのような理解をもとに、いま目の前にいるトシオと対話を重ねることにためらいと不安を感じた。調査官がトシオに「全然、そんなふうには見えないのになあ」とつぶやいたところ、やはりトシオは白けた顔をしていた。トシオの体験そのものを感じ取ってはいないのである。このままでは、縦の時間の動きが固定されてしまうように思えた。三回目の面接時に風景構成法を実施した（風景構成法⑥）。

a　風景構成法⑥（図5‐6、口絵15参照）

トシオは一時間かけて慎重に描き上げた。まさに力作であった。調査官も思わず没頭し、すごく新鮮な気持ちにさせられた。トシオが調査官とのまっさらな出会いのなかで、風景構成法を通して、これまでの世界との関係を結び直すチャンスにしようとしているようにも思えた。左上から右下へと太く流れる川は、清水が緩やかに流れている浅い川だという。トシオは清水に足をつけて、サカナと戯れているのだという。あちこちで飛び跳ねるサカナたちは、自我の統制の及ばない無意識のエネルギーの動きを象徴しているのだろう。左下の空間に花畑がやや強迫的に描かれているが、これなどは病理的な退行、シンナーで得られる幼児的な万能感の指標とも読みと

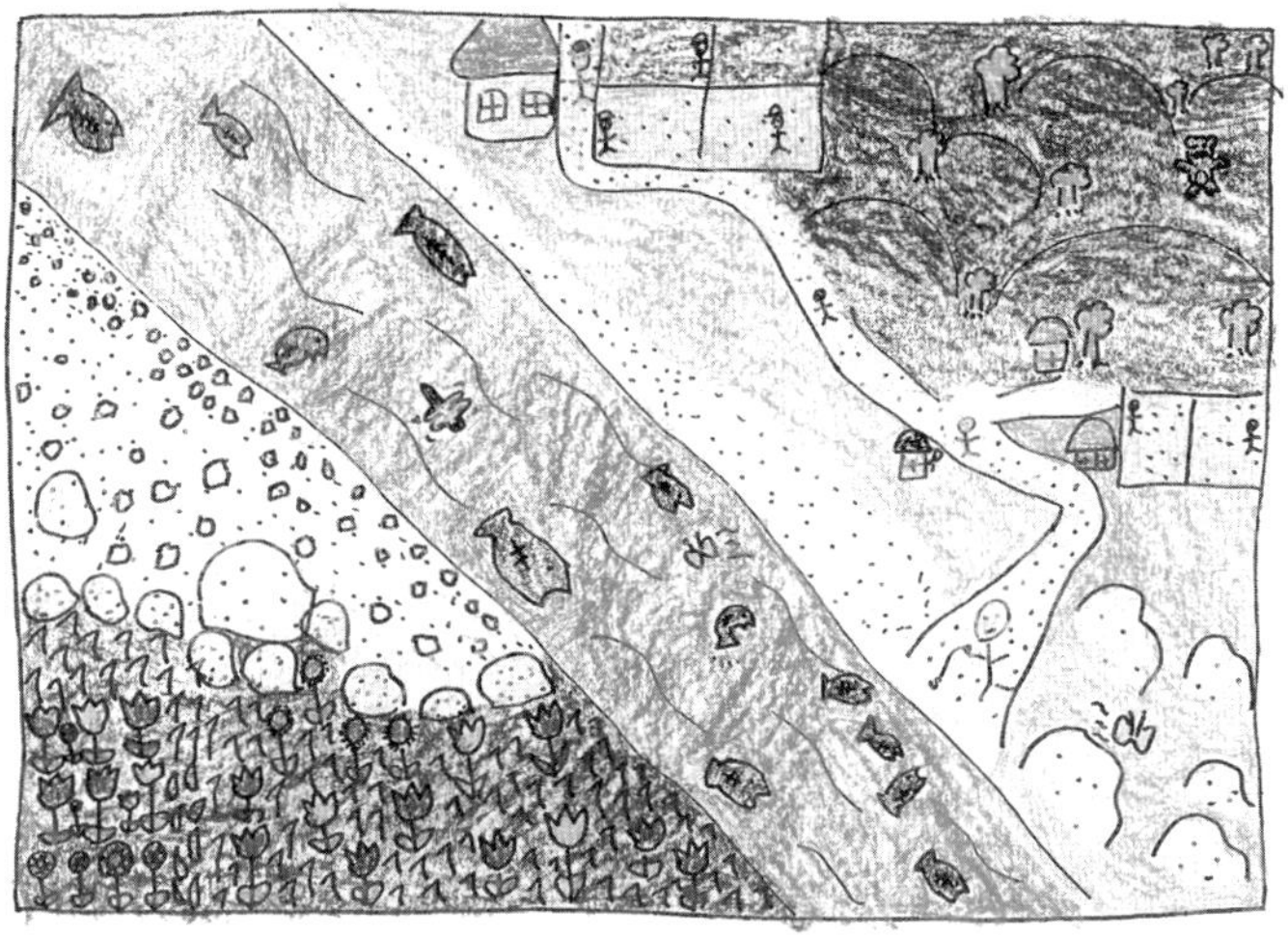

図5－6　風景構成法⑥

れよう。いずれにしても、調査官は何よりも、自分自身を素直に表現したいというトシオの根底に潜む欲求そのものを強く感じ取った。

C　試験観察経過

▽第一回審判（三月十五日）

シンナーへの依存度の高さ、学校や対人不適応の深刻さ、父の監護能力の乏しさなどを考え合わせると、在宅処遇はむずかしく、少年院に収容し保護することも考えられた。しかし、それよりもまず、新たな環境を提供し、新たな援助者のもとで、新たな自己の物語を編み直す機会を与えてやれないものかと考えた。ちょうど、トシオはまもなく中学卒業を迎えることもあり、家庭裁判所が非行少年の補導を委託している自立援助ホーム[4]にトシオの受け入れをお願いすることができた。トシオのそこでの様子を見た上で、半年後を目処に最終処分を決めることとなった（試験観察）。

［入所後の様子］

ホームは市の郊外に拡がる農村地帯にある。トシオは、同い年の十五歳とひとつ年上の少年（二人とも働いている）と同室になった。ホームの報告によると、トシオは女性指導員に甘え、膝枕をしてもらうのを嬉しがり、赤ちゃんことばであれしてこれしてと要求する。その一方で、同室の少年たちとの間では緊張が高い。「あの子はどこまで自分を受け入れてくれるか、人を試しに試して、そうしないと相手との関係が作れない。人との関係においてはいつも不安で多弁になる。いいかげん、多弁になると相手からなぐさめてもらえるどころか嫌な顔をされるので、余計にいらいらしてきて攻撃的になる。悪い部分でしかコミュニケーションが成立しない。対人関係の距離の取り方や不安の表現の仕方を学ばせる必要がある」と女性指導員は話し、どの程度、退行するトシオの甘えを受容してよいのか困惑していた。

▼第一回面接（三月二十五日）

調査官が訪問すると、トシオは少し照れくさそうな笑みを浮かべて出てきた。「寮の生活は思っていたよりも楽しい。寮母さんがやさしいから。同室の人とは緊張して、うまく話ができない。毎日、働いて疲れて帰ってきて、みんな機嫌もよくないし」。

調査官は女性指導員にたいするトシオの過度の退行をどのように扱えばよいものかと悩んだ。が、結局、指導員には申し訳ないが、しばらく様子を見ることにし、話題を就労の件に絞って、男性指導員とともに就職の具体的な段取りを話し合った。

［ホームから電話連絡（四月一日）］

昨日、トシオがひとつ上のユウタの原付バイクを無断で乗り回し、ユウタと殴り合いの喧嘩になり、今日もいらいらしている。女性指導員にも当たり散らし、困惑している。

▼第二回面接（四月一日）

ホームからの連絡を受け、調査官は男性指導員にトシオを裁判所へ連れてきてもらった。トシオは何食わぬ顔をし、無断でユウタの原付バイクを乗り回した理由をなかなか話そうとしない。「何か不安なことでもあったのか」と尋ねると、トシオはボソボソと話し始めた。「寮母さんに耳掃除をしてと頼んだら、ユウタがそれを聞いていて、〈お前、いくつや〉と馬鹿にして笑った。それでむしゃくしゃして腹いせにユウタのバイクを取った。寮母さんはユウタのことはいつも信頼して大人扱いする。ぼくのことは信頼してくれていない。ユウタがひとつ上だということを差し引いても、あまりにもユウタばかりをひいきする」。調査官は「ユウタ君の一言に腹が立ったのもあるだろうけど、寮母さんの気持ちに不安を感じていたんだね」と言い、「今回の経験で、何に不安を感じているのか少しは自覚ができたね。その不安はだれもが最初に感じることだけれど、そんなときにはどうしたらよいか考えてみよう。それから、危ない奴だと思われるかどうかは、ここでユウタにきちんと謝罪できるかどうかだよ」と現実的な助言をすると、トシオは「ユウタが本気で馬鹿にしたのかどうか分からないので、きちんと謝る」と頷いた。

▼第三回面接（四月二十日）

調査官がホームへ訪問すると、トシオはにこやかに応じた。「ユウタに謝った。ユウタも許してくれて、十六歳になったらすぐ免許を取れよと励ましてくれた」と話す。

女性指導員によれば、トシオの退行や甘えが満たされないときのいらいらはまだまだ続いているが、少しは抑制できるようになったのかなと思うということだった。連休明けには、建築会社に建設作業員として就職することが内定した。

▼第四回〜第六回面接（五月十五日、六月五日、六月二十六日）

トシオは五月六日から仕事に就き、少し日焼けし健康そうに見えた。「仕事はきついけれど、社長（雇主）がすごく親切な人なので安心した。ずっとやっていけると思う」との感想。順調な生活ぶりが報告された。

［無断外出］（七月二日）

ホームから調査官に連絡が入った。「昨日からトシオが無断外出してホームに帰ってこない。付近を探し回ったが見つからなかった。ホームの生徒とはとくに問題なくやっていたし、仕事にもきちんと行っていたので、理由は思い当たらない」。

［トシオを同行］（七月二十五日）

七月二十五日の深夜三時、調査官の自宅の電話が鳴った。宿直からだった。ホームの所轄警察署から、トシオを保護したが、どうすればよいかとの連絡が裁判所に入ったとのこと。トシオはホームの近くの空き地に駐車されていた車のなかで寝ていたのだった。裁判官に連絡を取り、翌朝、一番に調査官が緊急同行状をもって警察署へ行き、トシオを裁判所に同行することとなった。

警察署の取調室でトシオはうなだれていた。調査官は少し時間をもらい、トシオに手錠なしで出頭するかどうかを問うた。トシオは「なんで最初から少年院に入れんかったんや。危ない奴やと言うとったやろが。自分は頑張っても頑張っても失敗するようにできとるんや。もうどうでもいいわ！」と、調査官に吐き捨てるように言った。調査官は「鑑別所でゆっくりと話をしよう」と言い、緊急同行状を見せ、やるせない気持ちを内に秘めつつ、毅然とした態度で手錠をかけた。(5) 即日、再度の鑑別所送致となった。

▼第七回面接（七月二十七日）

少年鑑別所において面接。調査官は、トシオがホームの近くで保護されたことを不思議に思っていた。トシオは無断外出中、市内に出てきて、友人宅で寝泊りしたり、野宿をしたりしていた。その間、五回以上はシンナーを吸ったと述べる。「ホームの近くに帰ってきたのはどうして？」「寮母さんに会いたかったから」「もう少しで自分から戻れたのにね」「戻ったら少年院やと分かっていたので、何遍も迷った」。

トシオが無断外出をした理由はこうだった。「社長から、十六歳になったことだし、自動二輪の免許を取ったほうがいいと言われ、寮長に預かってもらっていた貯金から教習費の十万円を支払った。自分には取れる自信がなかったので、本当は嫌だった。でも、嫌だと言えば、親切にしてくれた社長に見放されるのではないか、お前なんかいらないと言われるのではないかと思うと、とうとう言い出せなかった。結局、予約した日に教習所に行く気になれないで、もう嫌になった。せっかく、妹のためにと思って貯めていた貯金を全部どぶに捨てた。どうせ働いても同じやと思ったら、やけくそになってホームを飛び出した」。トシオは絞り出すように語った。社長の善意のひとことを断り切れなかったことが見捨てられ不安に結びつき、トシオにとっては重圧となり、同時に薄幸気分を刺激したのだった。

不安に衝き動かされ、自棄的な行動に走ってしまうことは同じであっても、人の善意や信頼を裏切ること（ただし、このような罪障感をどのように解釈するかはむずかしい問題を孕む）にたいして反応し始めたことは、試験観察以前とは明らかに違った変化だとみてよいのだろうか。調査官は仄かな期待を抱くとともに、トシオにとっての関係性の重さ、すなわち、ひとつひとつの関係に自己の全存在を賭けては絶望感に陥るというパターンの、とてつもないしんどさを思うと、やり切れない気持ちになり、沈黙するしかなかった。

▼第八回面接（八月三日）

少年鑑別所での二回目の面接。調査官は、トシオをこれ以上傷つけさせないためには、少年院という強い枠組みで保護し、矯正教育を受けさせるべきなのかという気持ちに傾きかけていた。トシオはひとことも発しようとしない。重苦しい沈黙のなか、調査官はどのように会話の糸口をつかめばよいものかと考えあぐね、風景構成法を描いてみないかと勧めてみた。するとトシオは、描くのはいいが、ひとつだけ聞いてもよいかと調査官に話しかけてきた。「調査官はどうしてぼくを少年院に入れようとしなかったんですか？」「どうしてだと思う？　その答えをあなた自身につかみとって欲しかったからや」「ホームを無外（無断外出）して、調査官にも顔を合わせづらかった。けれど、調査官に連れて行かれて、変なことかもしれないけれど、正直言ってほっとした。あれが知らんオマワリやったら暴れとったかもしれん……」。そう話すと、風景構成法を描くと言い出した（風景構成法⑦）。

a　風景構成法⑦（図5-7、口絵16参照）

ホームのイメージ風景。二本の農道がアスファルトの道へと開かれる。トシオは農道にいる棒人間。ホームから外の世界に飛び出そうというところ。川と道との平行に自我機能の弱さを感じながらも、構図の安定性にホームでの適応レベルのよさが感じられ、心強く思った。ただし、非行少年たちにしばしば見られる「きまじめさ」は、良い悪いという二者択一の世界の一方への過剰な適応、いわば「安定への逃避」と裏腹であることが多く、そこは慎重に見守る必要がある[(6)]。それにしても、おしきせられ、否応なしに社会化させられること（人がおとなになるということでもある）と引き換えに、また捨て去らなければならないもののいかに大きいかを思い知らされた気もし、生きることの寂しさをも感じずにはいられない。

図5－7　風景構成法⑦

「とりあえずホームに戻りたい？」「戻りたいけれど、寮長さんや寮母さんにはどうしても顔を合わせづらい」。調査官は、「審判であなたの心の強さを見せてほしい。そうすれば裁判官にも思いが伝わるかもしれない」と話した。

▽第二回審判（八月十日）

審判には、トシオをホームへ戻すことも念頭に置き、男性指導員にも出席してもらった。トシオは目を合わせようとしない。裁判官はトシオに無断外出のいきさつなどをひととおり聞いたあと、指導員と少年に裁判官席の横に来るように指示して対面させた。裁判官は椅子から立ち、「さあ、どうするんだ」とトシオに迫った。トシオはうつむいたまま、もじもじとしている。指導員は無言でトシオのひとことを待つ。「このままでいいのか、どうなんだ」と裁判官。トシオは涙を流し、「戻りたいです。よろしくお願いします」と言い、嗚咽した。試験観察続行となった。

▼第九回面接（八月二十日）

調査官は久しぶりにホームを訪ねた。トシオは血色もよく、表情も和やかだ。「ホームに戻ると、みんな歓迎してくれた。すごく感激した。でも、なんとなく緊張している」と話す。ただ、就職先がなかなか見つからないことが心配だという。女性指導員は、トシオが以前に比べて馬鹿丁寧なことば遣いをし、相手を気遣った口調でものを言うようになったと言って笑った。

ホームでは、行事のバザーに出品する作品をそれぞれの生徒が製作していた。トシオは小物台を作っていた。几帳面な仕上げぶりで、木の表面は紙やすりでつるつるに磨きがかけられていた。調査官は「この木の肌触りと匂い、ぬくもりが大好きなんだよな」と、何度も何度も手でその感触を味わっていると、トシオはかつて見せたことのない最上の笑顔を見せた。

▼第十回面接（九月十日）

調査官がホームへ訪ねると、トシオは男性指導員と一緒に植木に水を与えていた。これまで、トシオは男性指導員やホーム長ら、男性にたいしてはどことなく拒否的、警戒的であったが、このところ男性指導員とよい絆が芽生えてきたことを感じる。トシオは、指導員と何度も採用面接に行ったが、仕事がなかなか見つからないと言い、せっかく試験観察にしてもらったのに期待に添えないことを詫びていた。調査官は、試験観察を無事に終えれば、トシオが父のもとに帰住することを考えて、父について仕事を手伝ってみないかと提案した。トシオは「いやあ……お父さんが嫌がるだろうし」と消極的。「あなたは嫌ではないんだろう？」と聞くと、トシオは「怖い。なんか怖い……」と考え込むと、父が酒乱で暴れ回っていたころの恐怖、母が突然姿を消し、泣きわめく妹を慰めながら勇気を振り絞って一一〇番したときの言い知れない不安などをしみじみと語った。調査官は胸を痛めながら、ただ聴き入るしかなかった。
その後、ちょっと調査官とも遊んでみないかと言い、調査官が持参した雑誌を切り抜き、それぞれがコラージュを作った。トシオは作りながら、「お父さんに見放されるのが怖いのかなあ」とつぶやいた。左側に南国の真っ青な空と民家、右上にフラミンゴの群れ、左隅に縁側でひとり寂しく座っている子どもの写真などを貼った。子どもと空とは旅客機で繋がっている。それにしても強迫的なほどに空間を埋めるのに躍起になり、最後は組み合わせパズルのように何度も並べ替えては配置を考え込んでいた。ひとつのことに囚われ、自分で自分の課題をむずかしくしてしまい、にっちもさっちもいかなくなる傾向が窺える。作品からは、孤独と集団、旅立ち、守りなどのテーマが表われているように感じられた。調査官は「広々とした未来が感じられるね」と言い、気づいた点についても話してみた。トシオもたしかにそういう面があると頷いた。

［父と面接］（九月二十一日）
父にたいし、試験観察を終えることができれば、トシオを一緒に仕事につれて行ってやれないかと働きかけた。父は、当初は親方の許可を得るのがむずかしいなどと難色を示していたが、調査官がこれまでトシオと関わってきて、調査官なりに感じたことを話してみると、父は「わしにもそういうところがあってねえ。血は争えませんなあ」と、少し神妙な面持ちになった。そして、どこか自分自身を見せつけられているようで、ついいらいらしてしまう、本心ではトシオから逃げているのかもしれないとまで話した。調査官が「お父さんの出番ですね」と言うと、父は「まあ、頑張ってみますわ」と応え、近々ホームへ面会に行き、トシオに父から誘いかけてみると約束した。調査官が「不安な成り行きを、よくここまで文句ひとつ言わずに見守ってくださいましたね」とねぎらうと、父は「こっちこそ、家裁におんぶにだっこで申し訳ないですわ」と述べた。

図5－8　風景構成法⑧

▼第十一回面接（十月八日）

ホームへ訪問。トシオはやや緊張している。「九月の終わりにお父さんが面会に来てくれて、〈試験観察が終わったら、わしと一緒に現場に行こう。そのかわり大変やぞ〉と言ってくれた。自分はついていけるかどうか不安だけれど、とにかく嬉しかった」と話す。次回、裁判所で調査官との最後の面接をするので、試験観察を振り返り感想文を書いてくるように指示した。

▼第十二回面接（十月二十九日）

風景構成法を実施（風景構成法⑧）。

b　風景構成法⑧（図5－8）

初回の構図に戻った。しかし、決定的に違うのは、花（植物）をリジェクトしたことである。前に病理的な退行の指標とみていた花畑や色とりどりの彩色がなくなった。描線は力強くなり、構図の単純化が行われている。シンナーを断ち切る意志の並々ならぬところを感じた。ただし、川幅は大きくなり、相変わらず自我の統制の及ばない無意識のエネルギーの強さが際立っている。これが、今後の父との関係において、どのようにほどよく収まっていくのか、興味深い。しかし、これ以上、裁判所は結論を先延ばしにはできず、見届けられないもどかしさを残しながら、保護観察に引き継ぐことになった（十一月十九日、第三回審判で保護観察決定）。

まとめ

本稿の事例においては、いずれも風景構成法が、少年と調査官との関係の展開にきわめて重要な局面をもたらしている。個々の場面における詳細な検討は編者のコメントに委ねるとして、ここでは筆者が風景構成法の機能のどこに着目し、司法臨床において実践しているかということを、いま一度述べておきたい。

一般に、非行少年は自己イメージが悪く、言語による自己表現力が拙いと言われる。ことばの力にたいする無力さをいやというほど学習してきたものが多いのであろう。実際、調査面接において、少年の側からの能動的な自己表現を引き出すことはなかなかむずかしい。ところが、筆者が風景構成法をやり始めて本当に意外に思い、心打たれたのは、多くの少年たちに見られた、この描画に臨む姿勢のひたむきさであった。この絵には少年たちの生きてきた過去、生きている現在が凝縮されていると思った。だから、まさに個々の少年によって、面接と同様、筆者の見守る態度も自然とそのとき限りの無言の対話となる。身を乗り出し、息を凝らして見守ることもあれば、さりげなく、静かにそっと見守ることもある。あるいは、彩色段階では少年の後ろに背を向けて立ち、窓から無心に空を見上げるときもある。少年は画用紙に向かい、内的世界と格闘している。その過程でカタルシスを得ているのかもしれない。しかし、それにしても、このひたむきさは何を意味しているのだろうかと考えるとき、それは、外の世界と新たな関係を結び直したいという切実な欲求であると思わずにはいられない。

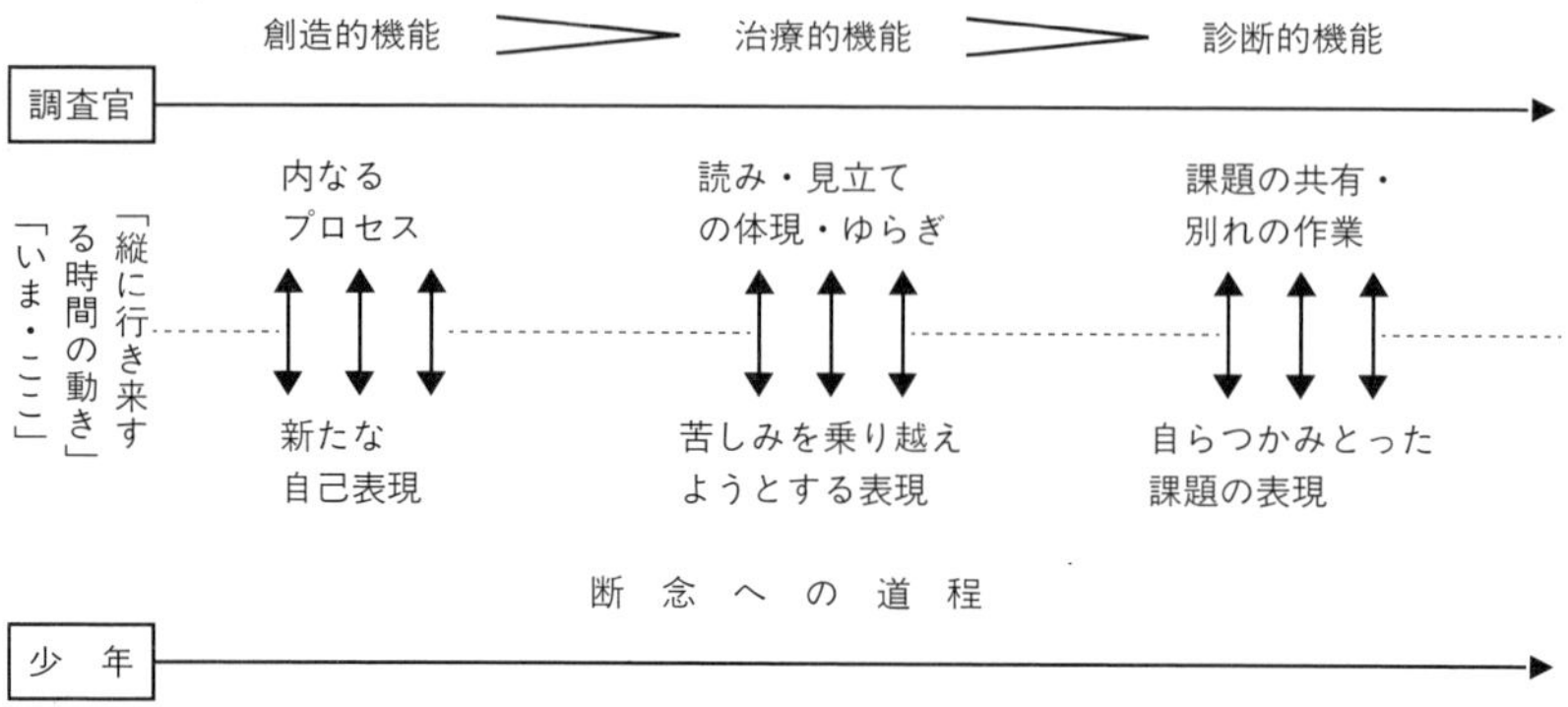

図5-9　風景構成法をめぐるやりとり

さて、風景構成法の機能を、診断的機能、治療的機能、治療者側にもたらされる創造的機能という三つの機能に着目するとすれば、本稿の事例は、第三の機能がもっとも強く働いた事例だと言えよう。それによって、第二の機能がより効果を増し、結果として第一の機能も有効に活用できたのではないだろうか。事例一での一回目は、少年にたいする調査官のおののきという、直観的な感じへの囚われから関係性の構築に行き詰まったところで、事例二では、情報から描いたストーリーによっていわば早分かりをし、これも事例一とは反対の意味で関係性の構築にしっくりといかないものを感じていたところで、風景構成法のやりとりが、救いの手を差し伸べてくれたと思われる。

ところで、司法臨床においては、少年の将来に重大な影響を与える判断を下さなければならないという宿命的責務を負う。そこでは、一般にも了解可能な因果論的事例理解が処分の理由づけとして最重視される。裁判官は生育史や家庭環境、非行化の経緯と現に惹起された非行事実という事実の丹念な積み重ねによって近未来を予測するし、調査官はそこに発達心理学理論、家族力動理論、あるいは精神医学的知見など、さまざまな理論や知識、そして、調査官の経験の蓄積(司法臨床の知)を織り交ぜながら問題の所在を浮かび上がらせ、予測される近未来への手当ての方策を模索する。そうした目的や理解の手法を第一とする面接では、つねに話のスジをすばやく読み取り、的確な見立てを行なうと同時に、それらを言語化して少年や保護者に返すという作業が重要になる半面、「いま、ここ」の関係をとおして少年の全体像を理解しようとする姿勢が弱まりがちになりやすい。先に紹介した少年院での少年の生のことばに端的に語られたように、その読みや見立てが押し付けになってはいないだろうかと謙虚に振り返ってみる必要がある。

その読みや見立てを言語化して伝える前に、調査官自身が少年との関係に縦に行き来する時間の流れを作り出し、そのなかで調査官側の内なるプロセスを感じ取り、読みや見立てを関係のなかで何度も行きつ戻りつさせ、熟成させるという態度が重要なのであろう。そうすると、少年自身がそれを「つかみとり」[7]、ぐっと自分に引き寄せ、深め、そして可能性に繋がることばに変えていくのではないか。事例それぞれの二回目の風景構成法は、そうした転回点をもたらせてくれたと考えられる。そして、そろそろ別れだと少年が察する時期に実施した三回目の風景構成法は、少年みずからがつかみとった課題を端的に表現することに成功している。とはいえ、風景構成法は、回を重ねるにつれ、ある種の清々しさとともに、仄かな寂しさを醸し出してくるように思えるのはなぜだろうか。それは、少年の内的作業（たましいの仕事）が、「断念への道程」そのものであるからだと筆者は考えている[8]（図5-9）。

われわれは他者の苦しみを分かり得ないことのもどかしさを知っている。そこに一定の理解を与えなければならない心地悪さも知っている。さらに、それらを限られたことばで伝えなければならない厳しさをも知っている。その二重、三重の苦しみでしか受け止めることのできない、少年と調査官との関係性のなかからこぼれ落ちてくるものを、風景構成法をめぐるやりとりは、静かに、そして雄弁に語っているように思う。

対談コメント——第5章について

皆藤章×川嵜克哲

■家庭裁判所調査官の仕事と心理療法を巡って

皆藤　今回は司法臨床における風景構成法の実践ということで、家庭裁判所で調査官の仕事をされている加藤さんの事例です。この事例は、調査官の仕事がどのようなものなのかを知らないと充分にコミットできないと思います。それから、事例そのものは他章に語られている心理療法とは異なる側面もあります。ぼくは、調査官の方々と風景構成法の研究会をやったりしているので、その辺りはけっこう知っているつもりです。そこで川嵜さんに訊きたいんですが、最初に映画監督の小栗康平の語りを引いて調査官の仕事を説明しているところがあるんですが、この辺りについてはどんなふうに思われましたか。

川嵜　ぼくは映画は詳しくないので、この監督は知りませんでしたけれど、とても的確な引用だなあと思いました。いい文章ですよね。こういった引用の仕方で、加藤さんの風景構成法にたいする理解の深さ、あるいはそれ以前に心理療法的な関わりの姿勢が垣間見えますよね。

画面の背後に退いてよく見えないもの、あるいはセリフにならないまま、ただそこにあるものがだんだんと前に出てくるというのは、風景構成法だけじゃなくて心理療法そのもののことでもあるし。これはすごくいいなあと思いました。

皆藤　そうですね。加えて言うと、加藤さんが少年（司法で少女も含む）との関係性の深い構築ということをすごく大切にしていて、そのことと風景構成法がリンクしてくるんだろうなあと思います。

それじゃあ、ここでは調査官の仕事についての説明は省いて、流れに沿ってコミットしていきましょうか。

川嵜　ぼくね、加藤さんの提示している風景構成法が流れとしてなんか分かりにくかったんですね。事例自体の流れは分るんです。すごくうまく展開しているのが分かる。ただ、風景構成法だけの流れを取り出したときにぼくは少し流れが分かりにくかった。それはひとつはいま皆藤さんが言われたように、司法臨床の場というものがいわゆる心理療法とはスタンスっていうのかな、構造がちょっと違う、そういうところに由来するのかなとも思ったんですが。

調査官の方たちは、彼らの職種に沿った流れのなかで深い関係を少年たちともつでしょ。そうすることによって初めて現われ出てくる事実や推測を捉えることができる。それが「調査」なんだろうなと思うんです。だけど、調査には一方で期限もあるし、ここの最初にも書いてあるけど、「立ち直りのための適切な手立てを模索し、その結果を処遇意見とともに裁判官に報告することを職務とする」わけです。ですから、いわゆるクリニックモデルでの心理療法のような形で、また心理療法的な意味で最後まで相手の人に付き添っていくというのとは異なるわけですよね。最後まで付き添うというのは、職種によっていろんな最後、終点があるのはもちろんですが。

ぼくも調査官の方と話す機会がときどきありますが、その辺りにけっこうジレンマをもってる人がいるような感触があるんです。つまり、少年と深い関係になるんだけど、その深さに見合った最後まで付き添えない、いったい私たち調査官というのは何をするんだろうか、というジレンマ。皆藤さんなんかは調査官の方とのおつきあいをたくさんしてきて、その辺りはどうでしょうか。

皆藤　おられますね。調査官の仕事って、ことばの定義はもちろんあるわけだけど、実際に少年に出会ったときに自分は調査官として何をやってるんだろうと自問自答する人はすごくいると思います。そういう声はよく聞きますね。
それから、川嵜さんの話を聴いていてちょっと思ったんですけど、加藤さんも書いているように、調査官が出会う少年は「非行という行為を媒介とした強制的な出会いに始まる」わけで、相手は犯罪を犯した少年ですよね。そして、その少年が更生していくプロセスをともに歩んでいくというイメージが調査官の仕事としてあると思うんです。いわゆる矯正教育のようなイメージです。素朴に言えば、非行からいかに立ち直らせるか、その手だてを考えるというような。だけども、われわれの仕事である心理療法に引き戻して言うと、じゃあ心理療法で悩みを抱えたクライエントが来たときに川嵜さんはそんなこと考えるだろうかというと考えないでしょう。その辺りのところが分かりにくさと繋がってないかなあ。
川嵜　そうですね。調査官の研修なんかにもときどき呼んでいただいて、事例研究をしてるんですが、そこでもいま皆藤さんが言われたようなことがありますね。
たとえば犯罪のクリエティヴィティみたいなことをコメントしたことがあります。そういう考えは、ぼくらはたぶんすっと伝わるわけでしょ。症状で言うならば、それを単なる邪魔者で除去していくものとみるのではなく、そういう症状をもってこの人は何をしようとしてるのか、とかね。犯罪なんかもそういう面があると思うんだけど。もちろん、だからどんどん犯罪やってくださいということではないけれどもね。犯罪もそのなかに何かクリエィティヴな芽があるのではないかとみてみる。そういうこと言うと、割合になるほどと反応してくれる調査官の人もいるし、ぴんとこないっていう人もいるし、なんかむっとしてるような感じの人もいるし。この前に加藤さんと初めてお会いして、ちょっとそういう話したら、加藤さんはそれは非常によく分かるって言ってましたけど。
皆藤　よく分かるっていうのは、川嵜さんの感じてることが？
川嵜　そうそう。皆藤さんがさっき言ってた「非行からいかに立ち直らせるか、その手だてを考える矯正教育」

というのは因果的な考えになりがちですよね。原因としての悪いところをみつけて、それを直していく、という。加藤さんはベースとしてあんまり因果論的な見方に縛られてない方だと思いますが、ご本人曰く、「それでも司法の現場だから、因果論的な筋というのはすごく強い。裁判官なんかに説明するときには因果的なストーリーを使わざるを得ない」って言ってられました。それはすごくよく分かるわけです。ぼくらもまた説明するときはそうすることが多いですし。

だから加藤さんなんかはぼくらが思ってる心理療法と近い感じでされてるんかなとは思うわけ。でも一方で、やっぱり違うんだろうなとも思います。これはもちろん良い悪いではなく、職種の違いなわけですが。たとえば、加藤さんの文体のなかに、何かをしてあげるとか、かなり能動的なことばがちらちらとありますよね。それは皆藤さんが言われたように、なんとか子どもを立ち直らせたいとか、よくしたいとか、そういう熱意からくるんだろうなと思います。それはとてもまっとうで大切です。ぼくらもそういう気持ちがないわけじゃない。けれども、ちょっと違ってもいる。そのへんの違いっていうのがどこかあるのかなって思います。

皆藤　そうそう、そう思います。ぼくは、自分の実践している心理療法のことを思うとき、治すとか治るとかいったことを目標・念頭においてクライエントにお会いしているわけではありません。だけども、一方ですごく素朴に、人間の心情として治ったらええのになあと思うことはあります。たとえば、こういうアドバイスをすればこのクライエントはかならず立ち直る、症状が消失する、問題行動が解決されると分かっているのであれば、ぼくは百万言費やしても言い続けると思う。かならず治るんやから。そやから言い続けると思うし、そういう意味ではすごく素朴に治って欲しいなあとか、良くなって欲しいなあと思う。けど、そういうこと念頭においているとクライエントの話が聴けなくなることもあります。その辺りはものすごくむずかしいところだなあと思います。加藤さんの場合、職業の枠に縛られるところはどうしてもあるでしょうね。

それから、これは最近ぼくが思っていることで、この本を川嵜さんといっしょに作ろうと思った動機のひとつでもあるんだけど、じゃあ、そういうときのわれわれが考える心理療法の理論というのはどのように構築されていくんだろうということです。そのことにわれわれはまだ何も応えていないかもしれない。「何も」というのは言い過ぎかな、ほとんど応えていないかもしれない。

そんな状況にいると、たとえばある人が相談に来られる。話を聴いていると、これは精神医学的にみて分裂病が疑われる。そうすると、精神科での治療の必要性があると判断する。こういった道筋は精神医学的にはそうですよね。でも、ぼくがイメージする心理療法からすると、たとえば「あっ、この人は向こうの世界を語りにやって来たんだ」と思って話を聴くこともあるわけです。そこで、こういうふうに聴くことがはたして許されるのだろうか、簡単に言うとそういうテーマがずっとぼくの内にあります。最近はすごく身悶えする感じやね。方法論の明確な領域がときに羨ましくなってきますね。

川嵜　因果論的に原因 - 結果という線で方法論を立てるとクリアで分かりやすいし、そしたら操作することができますからね。

皆藤　そう。で、ぼくはたくさんの調査官と話をしてきましたけど、ほとんどの人が矯正ということを念頭において少年と会っています。最後に感想文を書かせたり。あるいは、なかなか更生しないことに腹を立てる調査官もいます。もちろん、事例によりますが。たとえば、「私がこれだけ一生懸命あなたの幸せを考えて動いているのに、どうしてあなたはそれに反することばかりするの」という感じですね。そんなふうに、少年の矯正を念頭におくというのが調査官の一般的イメージだとすると、比較の問題やないけど、加藤さんはとても独特な調査官だと思いますね。

川嵜　そういう印象はしますね。

皆藤　もちろん、加藤さんが少年の矯正を願ってないわけではけっしてない。そういうことではなくて、ぼくはどうも、加藤さんは非行の少年に出会うたびにその少年たちが犯してきた罪や行為が、まるで自分が犯したことであるかのように引き受けていく傾向があるんやないかと感じるんですよ。それはもう、突き詰めていくと人間であることの罪ですよね。それを引き受けて、懺悔しながら贖罪の日々を送るというのが、彼が実践している仕事じゃないかという気がします。

川嵜　ああ、それはよく分かりますね。精神科医なんかで、角野先生なんかもそうだと思いますけど、分裂病に呼ばれているとか、「呼ばれている」っていう表現するときがありますよね。そういう意味じゃ、加藤さんなんか非行に呼ばれている人っていう感じするね。

皆藤　ああ、それはすごく思いますね。

川嵜　それと、事例のなかで少年に感想文を書かせるというところがあるんですが、ぼくも家裁の研修なんかに呼んでいただいたときの初期のころに多くの調査官が少年に書かせているので、ちょっと不思議で「最後に感想文書かせるのは、そういう決まりがあるんですか」と訊いたことがありますね。

感想文って、意味がある場合があるのはもちろんだけど、どうしてもいい子になって書くことが多いのではないかと思うんですね。自分の子どものころの読書感想文なんかを思い出しても。「とっても感激して涙が出ました」とか。だから、あまりに皆が皆、感想文を書かせているのでちょっと不思議な感じがした。

皆藤　その辺り、加藤さんなりの問題意識があるんじゃないかと思います。どういうことかというと、感想文というのはことば、ことばによって構成されますよね。彼の表現で言うと「ことばで固定されがちな関係性」の表現です。それを「いま一度自由に解き放つために」風景構成法を実施すると加藤さんは書いている。この辺りに、調査官の仕事にたいする彼なりの意識性を感じるんですね。

川嵜　なるほど。そういう意味じゃ、最後に感想文を書いてもらうことで「自由に解き放った」ものを再度固定するというか、調査官としてはそういう職務をしているのかもしれないな。現実的に根付いてもらうための方略もそこに含んだ……。

皆藤　だからこういう言い方すると失礼かもしれないけど、加藤さんもそこで非行を犯していると思わない？
川嵜　ほーお、ってよく分からないんだけで（笑）。
皆藤　本当は感想文なんて書かせなくたっていいわけじゃないですか。だけど調査官だからやらなければならないということになる。しかし、人間加藤貴生は、感想文じゃなくてもっと別の次元で少年との関係を生きている。深い関係性の次元とでも言えるような世界に生きている。その次元には感想文は必要ない。だから、必要ないことをやっているという意味で非行化してると言えなくもないわけです。
川嵜　なるほどねえ。言い方を換えれば、逆にそこで更生してるって言ってもいいかもしれない。感想文を書かすという行為によって、ことばで固定されたこの世に参入していく。
皆藤　そうそう。
川嵜　更生する喜びと哀しみ。
皆藤　そうですね。えっと、少し風景構成法の方に進んでいきたいんですけど、風景構成法①・②の辺り、事例に入る前の作品ですね。ここでは風景構成法によって少年に能動性が発現することに加藤さんは注目している。少年が「描き直していいですか」と「描き直しにこだわった」ところです。そして、「関係性の再構築」という表現で、風景構成法を用いる意義が述べられています。ここでは、ことばではなくイメージが機能することによって人間の能動性が発現してくること、それが「関係性の再構築」に繋がっていくこと、そういうことが風景構成法を用いるひとつの大切なテーマだと加藤さんは考えている。
川嵜　で、描いた少年が親の敷いたレールに従順に沿ってきたことと、重ねて見てるわけですね。
皆藤　うんうん、そうですね。これは調査官のかなりの方が思っているんだけども、描画のなかでも、家族画は一番クリアに少年の家族状況が出てしまうそうです。それで、書き直せないんですよ、実際少年にとってもそうなんだから。「生」がぼろっと出てしまう。たとえば、食卓を囲んでいる家族画で、ひとりだけぽつんとテレビを見ている。表現されてしまうとものすごく分かるわけですよね。そういうものを描かすと、少年との関係がギスギスしたものになることがある。表現が直接的だから、傷に直面してしまう。しかも、その体験を抱える関係性が弱い。これにたいして風景構成法は、風景を描くということからして、少年には家族画のように自分の傷に直面することがない、傷との直接的繋がりを意識させにくい、そういう特質があるような感じがしますね。だから、家族画を描かせている調査官は、描画なのでたしかにイメージ表現なんだけれども、「やはりそうなんだ」というふうに、すでにことばの次元で分かっていることを裏づけていくために家族画を用いるようです。だから家族画がよく用いられるとも言えるでしょうけど。それとは逆に、ぼくは家庭裁判所では箱庭療法があんまり用いられていないという印象があるんです。箱庭は一気に深いわけですよね、本気でやりだしたら。それこそ調査官も少年もわけが分かんない。

川嵜　司法臨床の場合、ある種の強制力が働くのではないでしょうか。調査官が少年に、もし嫌だったら描かなくていいんだということを保証してもどうしても、司法という場からのある種の強制力が働くような印象がする。そこでそういう家族画みたいなのをする場合、へたすると傷みたいなのが出てくる可能性がありますよね。

傷が出てきてもいいんだけど、それがしっかりと抱えられるならば、という条件つきです。何が抱えるのかといったら、少年と調査官との関係性が抱えるわけだから、つまりはしっかりとした関係ができているかどうかということになるのでしょうけれど。

■事例一

皆藤　まあ、われわれは事例を通して心理療法の視点から風景構成法にコミットしていきましょうか。その方が加藤さんにとっても参考になると思うし、われわれにとっても勉強になると思いますから。

それじゃあ、事例の方に入っていっていいですかね。事例一ですが、ぼくは結論的に言っちゃいますけど、これはやっぱりイニシエーションだなあと、大人になるイニシエーションの事例だと思います。だから、この事例に題名をつけるとすると「世界と結婚した少女の事例」とか、そんなふうに感じましたね。

川嵜　ぼくは「猿から人間へ」という題名かな。ああ、この題名も結局、イニシエーション的ですね。

皆藤　ははあ、そしたらこの事例の風景構成法に入るまではどうですか。

川嵜　風景構成法に入るまで？

皆藤　うん、猿が出てくるまで。

川嵜　論文にも書かれてたけど、調査官にとってはこういう子っていうのはめずらしい子ではないんでしょうけど、やっぱり大変な子ですよね。

皆藤　加藤さんがこれを特別な事例ではないと思っているわけではない、とぼくは思うんやけど。とくにめずらしくない事例だというような書き方をせざるを得なくなるっていうのは、なんか……。

川嵜　そうそう。面接して開口一番人を小馬鹿にしたような目つきで、この少女が居直るでしょ。「こういう場面に出くわすことはめずらしくはないのだが」と記している一方で「心が凍りつくような感じを受けた」わけですよね。これは文面的には矛盾してる。

皆藤　個別性をすごく言ってるわけね、この子との関係性。だから職業としてこういう少年に会いながらも、加藤さんのなかではかならずしも職業に同一化して会ってるわけじゃないというか、きわめて心理療法的というか、あるいは自分の感性をすごく大切にしているというのかな、そんな感じがしますよね。

川嵜　そうやね。

皆藤　調査官にとっては何も特別な事例じゃないのかもしれませんが、この少年の非行歴や家族のことや生活歴などをみると、まあ大学の心理教育相談室には来ませんね。

川嵜　そうですね。非行の子ってあんまり来ないですよね。

皆藤　来たとしても、大学の心理教育相談室という枠ではどうにもならんかもしれないね。心理療法の枠と言ってもいいかもしれない。

川嵜　相当の強制力がなかったら続いて来ない。

皆藤　普通は来ない。これはある調査官から聞いたんですが、裁判所の建物がどうしてああいう造りになってるのかというと、社会的な権力・権威の象徴なんだそうです。だから建物自体がすごく強制力をもっている。少年に、やっぱり従わなくちゃ生きていけないんだといったような感覚を呼び起こすような造りになっているわけです。そう思うと、たとえばこの少年が心理教育相談室あるいはわれわれのところに連れて来られたとして、そのときこの少年との心理療法が成立していくプロセスには、こちらのオーソリティがすごく必要でしょうね。オーソリティと表現したのは西洋的な意味での「権威」ということですが。

川嵜　そうですね。父性といってもいい。権力ではなく権威ね。

皆藤　そう思いますね。

川嵜　でもね、加藤さんから聞いたんだけど、おもしろいのは、家裁の裁判官って法衣を着ないんですってね。普通に背広着てネクタイしてるらしい。それに普通、裁判官は被告よりも一段高いところにいて判決を下すんだけど、家裁の裁判官は皆と同じテーブルに着くんだそうです。

　だからか、普通なら裁判官の判決っていうのは絶対的なもので服従せなしょうがないわけでしょう。だけど家裁では、ときに被告が裁判官の胸倉つかんで「なんでや！」とか文句言うことなんかもあるらしい。

皆藤　裁判官が。ははは、それはおもしろいね。ちゃかしてるわけやないけど。

川嵜　「そういうのはなんでなんです？」ってぼくが訊いたら、それが家裁のポリシーっていうか、姿勢なんだというのが答えでした。つまり、少年犯罪にせよ夫婦の問題にせよ、同じ人間として同じ地平に立ってやるんだみたいな姿勢があるんだと。

だから、いわゆる司法という父性的な権威だけでなく、人間として同じ地平に立って関係を深めていくという二重性が家裁自体にあるんだなと思いました。父性オンリーで事に当たってる人もいるのかもしれないけれど。

皆藤　父性だけでやる人はきっとものすごく父性を取り違えてやってると思うね。

川嵜　そうですね。それは権威ではなく、権力になってしまってるのではないか。

皆藤　そうそう。

川嵜　そういう強制力・父性というのが大事だし、一方でそれを崩すみたいなことも大事だって論文に書いてるけど、これは両方とも絶対必要なんでしょうね。この辺りは、心理療法にも言えることです。

しかし、さっきの話に戻るけど、こういう子が心理療法に連れて来られた場合なんかに、本気でやろうと思ったら裁判所レベルの父性が絶対いるよね。むつかしいやろうね。

皆藤　むずかしいと思うね。

川嵜　面接経過に戻ると、小馬鹿にするような目で見られて凍りつくような感じを受けた後に、「仲間から、ある日、突然に理由も分からないまま無視されたような……世界の外に放り出されたような衝撃と怒り、悲しみの感情」がしたって記述がありますよね。これ、ミホが根底に抱えている気持ちとすごく似てるんでしょうね。

皆藤　はは あ、そうですね。

川嵜　初回でこういうレベルで関係が成立するっていうのはすごいなあと思う。

皆藤　ほんとそう思うね。開口一番「少年院行ってくればいいんでしょ」って言うでしょ。ここでいたずらな父性を使う人なら、「何言ってるんだ」とかなんとか言ってものすごく怒って、それで関係が切れてしまう。

川嵜　そうそう。

皆藤　それで、「調査官を小馬鹿にしたような目つきで」と、若干そういうもの（いたずらな父性）がざわざわうごめき始めるわけよね。しかし、「このときばかりは心が凍りつくような感じを受けた」という感性は、そういういたずらな父性ではどうにもならないことを調査官に教えているように思いますね。

川嵜　そうでしょうね。

皆藤　このプロセスで、ミホの口から「不良になったのは、早く大人の女になりたかったから」と語られますが、このことばについては何か触発されたことってありますか。

川嵜　ああ。

皆藤　このことばから調査官はミホが「大人というものに出会えていないのではないか」と思ったのかなあ。

川嵜　なんか思われますか。

皆藤　ぼくは、「少年院行ってくれればいいんでしょ」という語りと「早く大人の女になりたかった」という語りにギャップを感じるんですよ。素朴な第一印象として、同じ子どもがこういう語りをするんだということにすごく驚いた。

だから、「不良になったのは、早く大人の女になりたかったから」って言うんだけども、これを聴いた調査官は、この子は大人の女にどんなイメージをもっているのかを尋ねたのかなあと思ったけど、的はずれかな。

川嵜　「早く大人の女になりたかったから」というのは、不良になったこの子なりの理由を語っているわけだから、ほんとうはすごく謎のことばですよね。だからこそ、訊きたくなるのは分かりますよね、大人の女ってどんなんだって。でも、そう簡単に分かるわけのない、この子のいままでの人生に関わってくることばなんだと思いますね。この子自身にもまだ分からない、こうとしか表現しようのないことばとも言える。だから、「大人の女って、どんなイメージ?」って訊かれると口をつぐんでそっぽを向くしかない。

皆藤　ぼくが思ったのは、心理療法家として聴くと、あっ、この子のイニシエーションのテーマがいまここで語られているんだということになりますね。

川嵜　そう、文字通りとったら、まさしくその不良という行為を通して大人になるっていう。

皆藤　そうそう。だからそこまでの次元で受け止めてしまうと、不良という行為の両面性が出てくるわけですよね。不良はかならずしもまったくの悪とは言えなくなってくる。そういうむずかしさがありますね。調査官の仕事ってそこまでの次元で受け止めるんだろうか。どうなんだろう。そんなことをちょっと思った。

川嵜　両面というのは言うたら、犯罪性と創造性と言ってもいいと思う。だからまったく心理療法的に言えば――ぼくらはそれしかないわけだけど――犯罪性ではなく、創造性の方にコミットするやろうね。もちろん、犯罪性の方を軽く見積もるわけではないけれど。姿勢としては。

皆藤　ああ、そうそう。

川嵜　ああ、この子は頑張ってきたんや、この子なりになんかやろうとしてそれが不良という形をとってしまったんやなぁ、とか心のなかで思うかもしれない。場合によったら、言うかもしれませんね。「ああ、頑張ってきたんやねぇ」とか。

皆藤　そうそう、だから「不良になったのは、早く大人の女になりたかったから」という語りがすごく入ってくる。ぼくなら「そうかあ」と応えるかも知れない。でも、調査官ってそういうことを言ったらいかんのちゃうかな。

川嵜　むつかしいとこでしょうね。

皆藤　この場面は、「そうなんかあ、受け取った！」という感じやもんね。

川嵜　この子も、それじゃ、大人の女って、どういうのになりたかったのかというと、まだイメージが出てこないわけでしょ。分からない。

皆藤　うん、分からないね。

■風景構成法③

皆藤　風景構成法③はどうでした？

川嵜　まず思ったのが、そっぽ向いてて取り付く島がない感じの子が、これだけの絵を描いて表現するというのがすごいなあって感じましたね。

皆藤　なるほど。どういうことかというと、ペアの人物がいますよね、で、この子は自分は猿だって言ってる。ぼくは、猿は「少年院行ってくればいいんでしょ」と言ってるこの子なんやと思った。そして、イニシエーション体験がほんまに始まるこの子は、ペアの人物の一方だと思った。もう一方は調査官でしょ。こういうこと、調査官はたぶん気づいていてわざと書かなかった気がする。分かんないけど。

川嵜　あー、なるほど。たぶん、意味としては重なると思いますけど、ぼくはこの青色の人、皆藤さんが調査官だろうと言った人はこの子の、なんて言うのかな、たましいみたいなもんと思ってみてた。

皆藤　なるほどね。それから、調査官はどうも猿の方にコミットしているような感じですね。「すばしこくずる賢い猿のイメージとミホの表情から、調査官を挑発しているようにも感じられる」とか、「調査官はミホにたいして、おのれの無力感、ひいてはミホにたいする怒りさえ抱かさせられていた」と述べられているところがそうです。だけど、ぼくやったらこっち、あのペアの人物の方にコミットしていく。

川嵜　あ、それは絶対そうですね。

皆藤　ここの次元で言ったら、調査官とこの子の関係って、この子にしてみたら相手は大人の男じゃないですか。その男とこういう関係をもつということを、ミホはこれまで体験していなかったんじゃないか。というのは、加藤さんもどこかに書いていたと思いますけど、風景構成法をするということは対等な地平で会うということとですが、そういう地平で会うことってミホにはほとんどなかったんじゃないのかな。そう思うと、猿の方にコミットするんだったら、ミホは調査官にすごく怒って欲しかったんやないかって強く感じる。「ばかもん」って、ものすごく怒って欲しかったんじゃないかな。

川嵜　怒りは湧いてるのね。すごく、加藤さんのなかに。

皆藤　うん、湧いてるねえ。

川嵜　それをそのまま出してはいないけどね。後の方でちょっと出すよね。

皆藤　それを出したらいかんことはないだろう。調査官として怒りを語っていけないことはないだろう。

川嵜　調査官としても怒りを出したときにそれが関係のなかで受け入れられるかどうか、不安やったんちゃいますか。確信がなくて。後でかなり出てきますよね、怒りが。「今日は気持ちよく面接ができない。不愉快な気持ちがこみ上げてきて困っている」とか（第六回面接）。

皆藤　そのへんがね、どういうのかな、こだわるけど、矯正教育とか非行の矯正とかいうベクトル、そういう流れに沿うことの不愉快さなのか、それとも関係性のなかですごく大切なことをやっているのに、それをやろうとしない、あるいはそれが傷つけられる不愉快さなのか、どっちなんだろうっていうのが分からない。

川嵜　調査官がどう捉えていたかは分からないけど、少なくとも関係性のなかから出てきた怒りが入ってることは間違いないと思います。さきほど、皆藤さんが「ミホは調査官に怒って欲しかったのではないか」と言ったけど、その怒りが含まれているのではないか。

皆藤　それはやっぱりこのペアの人物のところですかね。「間違いない」っていうのは。

川嵜　そうですね。このペアになっている赤と青の人物の関係性への信頼ですね。

皆藤　なるほどなるほど。

川嵜　ところで、風景構成法③の猿に関して、調査官が「何ゆえ、夕刻、群れを離れて平地に降りてきたのであろうか」と問いますね。これ、なんかとってもいいなあと思った。
皆藤　おもしろいねえ。ミホに説明を求めたって書いてある、ははは（笑）。すごいよね。加藤さんらしい。
川嵜　ミホも笑顔を向けるのね。含みのある。ぼくは、この猿をそういうふうに調査官が捉えてるっていうのがいいなあと思って。
この群れから離れた猿っていうのがね、絵を描く直前にあった、世界から放り出されるっていう調査官の体験でもあるんだろうし、また、この子の体験でもあると思うんですね。猿はこの子のなかの野生と言ってもいいのかもしれないけれど、そういう面とそぐわない人の世界に降りてきている孤独な、放り出された感じがこの子のなかにあるんだろうなと感じる。
皆藤　この子、そうか。猿って群れを作って生活してて、勢力争いなんかが起こると、敗れた猿はもう二度と戻れない、放り出されるわけでしょ。ぽーんと。それで出てきたのか。この子はなんか分かってたんちゃうやろか。
川嵜　分かってたというのは？
皆藤「何ゆえ、夕刻、群れを離れて平地へ降りてきたのであろうか」という疑問の説明を求めると、ミホは含みのある笑顔をみせる。「あんたは分かってるやろ、だからこそ私はこうなったんだ」っていうような笑顔に感じるんですよ。
ところで、風景構成法③を見ると、心理療法の可能性をすごく感じる。さっき川嵜さんは、ペアの人物の一方がクライエントのたましいだと言われたけど、転移関係の表現なんだろうという感覚はあるよね。いずれにせよ、関係性の次元のなかで展開していく世界があるっていうところにはすごく可能性を感じますね。
川嵜　そうですね。ああ、それから、山の上に入道雲があるんですね。
皆藤　入道雲って通常は雨の前に出てくるんですかね。

川嵜　そうですよね。雷とかが鳴って。
皆藤　だからやっぱり予期とか予感とか。
川嵜　そうやね、そういう意味じゃ、ひと雨くるんだろうなという覚悟が治療者側にいる。
皆藤　太陽の光が……。
川嵜　右側の山を赤く染めている。
皆藤　ぼくは、照りつけるような強烈な太陽の一方で、川や水田の表現に水の豊かさっていうのを感じる。しかも入道雲だし、思ったら、なんか湿り気があるっていうか。
　このことから連想したんだけど、ぼくの体験では、どうにも関係が繋がらないと思わせる子って表現を変えると湿り気がないのね。この子は大地と繋がってるなあ、まだ。世界の外に放り出されたけど繋がってるなあ。あっ、放り出されたって思ったのはこの子だったっけか？
川嵜　いや、調査官です。
皆藤　ああ、そうか。調査官が放り出されたのか。
川嵜　そうなんじゃないですか。
皆藤　えっ、「世界の外に放り出されたような」体験は誰の？　主語は誰なの？
川嵜　調査官だと思うけど。論文の文章からすると。
皆藤　これはちょっと分からんね。たしかに川嵜さんの説明はその通りなんだけど。でも、調査官が「このときばかりは心が凍りつくような感じを受け」て、それはどういうことかと言うと、「まるで、良好な関係を保っていた仲間から」、この子が、「世界の外に放り出された」と読めなくもないな。
川嵜　ああ、そう言えばそうですね。どっちにも取れますね。少年とだぶって……。
皆藤　だぶってるねえ。

川嵜　そう言われたらたしかにそうやね。
皆藤　でもここ、たしかに「大げさに言えば」ってあるけど、「世界の外に放り出された」っていう表現はやっぱりイニシエーションをすごく連想するなあ。この視点からすると、子どもの世界から放り出されるっていうことと、この不良グループから締め出されるという体験が重なってくる。そういう不良グループの世界から放り出されるっていう感じがしますね。だけどもっと大切な世界がこの子を受け止めようとしている、それが風景構成法③に出てるなあ。
川嵜　志村さんの事例（第2章）の対談コメントのときに出た「コムニタス」の領域ですよね。
皆藤　そうそう。
川嵜　共同体の外側の領域というか。
皆藤　あ、そうだ、戻ってしまうけど、さっきの話にあった権威とかオーソリティとか強い父性は、志村さんの事例（第4章）の対談コメントに出てきたgood enough fatherとはだいぶん資質が違うね。
川嵜　そうですね。good enoughではなく、やはりオーソライズされたファーザーでしょうね。この子の家は父親の存在が弱いですね。
皆藤　そう、弱い。

■非行とイニシエーション

川嵜　非行の子は父性を求めて荒れる場合があるのではないかというのは、まあ、よく言われるし、実際そういう感じがするときがありますね。
しかし、それは生半可な父性ではなくって、説教するとか指導するとか、そんなレベルは超えちゃってるわけです。だから、なまじっかな父性をもってしては対応できない。だから、行き着く先は裁判所とか、警察とかになるとも言える。司法や警察というのはなんだかんだ言って父性というか、強制力っていうか、そういうものを体現してるから。非行の子の話とかを聞いていると、この子はどっかそれを求めてここまできたんかなあ、って気がすることがある。
皆藤　あああ、なるほどね。
川嵜　だからメチャクチャ暴れる奴いるでしょう。何を求めてるんかっていうのは、とことん行くとこまでの父性っていうかね。それがほんとに父性として機能するのかどうかというのはまた別問題ですけど。
皆藤　それは本当にそういう感じがしますね。なるほどと思います。そのときにさあ、裁判官の胸ぐらをつかむ少年ってすごいよね。
川嵜　うん、すごい。
皆藤　どこまでいくんやろという感じやね。
川嵜　イニシエーションって絶対父性がいるわけでしょ。最初の志村さんの事例（第2章）もそうだったけれども。すごい試練があるんだけど、それを絶対やり抜かせる、逃がさないっていうのかな、権威ある父性がいるわけですね。
皆藤　あのときの父性はさ、最初はネガティヴに少年に働いていたでしょ。それがクリエイティヴな方向に変容していった。非行の二面性みたいなことと繋がるね。
川嵜　そうですね。これもよく言われることだけど、暴走族なんかもある種のイニシエーションの装置として機能しているとみることも可能ですよね。暴走族って案外、予後はいい人が多いみたいですね。年を取るとすっと抜けていって、けっこう気のいいあんちゃんとしてまじめに働いてる人が多いみたい。
皆藤　俺は二十歳になったから脱会するとか宣言して。
川嵜　そうそう、いつまでもやってる奴はダサいわけですよね。暴走族って、もちろん誉められた行為ではないけれど、絶対服従しなければならないリーダーがいて、日常から離れた場での死と隣り合わせの危険走行という試練もあって、しかも、それぞれの族の設立神話、闘争神話なんかがある。イニシエーションの要素は全部そろってるんですよね。

皆藤　たぶんね、これ読んだ調査官の方々はみんなそうだそうだって思うんじゃないかな。そういう少年にすごくたくさん出会ってるもの。

川嵜　そうやね。ちょっと話が戻りますけど、この子の生育歴で加藤さんもちょっと注目してるけど、お母さんに溺愛されてる、っていうのかな、母子が密着している。そういうことに関して何かありますか。あるいは風景構成法とからめても。

皆藤　まあ、イニシエーションのことはもちろんだけど、加藤さんが書いてた「大人というものに出会えていない」ということももちろん思う。それから母親についても当然注目してたんだけど、ぼくがすごく思ったのは、川嵜さんの言い方をすると、この子がようやくここまで来たのかなということです。父性に出会えるところまでようやく来た。すごく強い父性です。強いというのは人間としての父性の強さという意味です。父性である限りは人間を超えてはいけない。こういう人間としての強い父性に出会いに来たっていうことは、出会えなかったわけね、これまで。だからイニシエーションのテーマになるわけです。そこでですね、すごく強い父性が機能するところにすごく豊かな母性がなければだめだというのがぼくの考えです。そういう意味では、このお母さんはまったくだめだね。だから父性に出会えなかったとも言える。そういうふうにこのお母さんとのこと捉えてました。

だから、志村さんの事例（第4章）で good enough mother の話が出たときに good enough father という考えを川嵜さんが出されたのは、ぼくはすごく大切な視点だと思いました。

川嵜　good enough father というのは good enough mother との関数ですからね。

皆藤　そうそう。結局このお母さんは、たしかに母親だけど、「あなたのおかげで私は本当の父性に出会えていないのよ」とこの子に言わしめるような状況を、このお母さんが体現しているという言い方ができるかもしれない。そんなことも思いましたね。どうですか。

川嵜　よく分かりますね。お母さんとの融合の度合いが強くなると、ユング的に言うと元型的なお母さんとの関係になっちゃうわけでしょ。それを切るのに要求される父性もなまじっかな父性ではすまなくなる。そういう意味では、描画に描かれている入道雲っていうのは、そういう父性が現われてくる可能性も感じるね。雷のレベルの父性。

皆藤　ああ、なんかこのお母さん、ヌエ（鵺）のようなんだよ。

川嵜　そうね、こういうお母さんおられますけども。

皆藤　逆に言えば、この子がイニシエートされていくこととか、父性に出会っていくこととかは、そのヌエ（鵺）を断ち切っていくことだから、大変なことやね。

川嵜　そうやね。

皆藤　それに守られていたときだってあるわけだよね。

川嵜　そうですね。そこらへんは、志村さんの事例（第4章）の田んぼが描けなかった子のときに議論したことと繋がってきますね。ヌエ（鵺）的なお母さんとの関係というのは、かなり密着した二者関係でしょ。むしろ、二人でひとりというか、一者関係に近いような。そういう状態は「自然」の状態とも言えるわけです。その意味で、風景構成法③の自然なる猿がいかに人間世界に入っていくのかっていうテーマと繋がってくると思います。この人間界への参入には父性が必要になってくる。断ち切るという。

皆藤　そういうふうに思ったら、ぼくらはどうやってそういう父性に出会って、どうやって断ち切ってきたんやろねえ。

川嵜　それは、good enough だったからこそあまり記憶に残ってないんじゃないですか。
皆藤　そうか。それから、断ち切れない歴史性みたいなものもあるでしょう。どうしても断ち切れない歴史性つまり過去の事実、それは消えない。しかし、断ち切れるものなら断ち切りたい。それを断ち切るためには祈るしかない。あるいはもう、ひたすら頭を垂れるしかない。宗教性に近いようなところですね。そうして救われていくという……。なんかそういうようなことも、加藤さんは少年たちに出会うなかで思ってるんやないかなという気がするのね。
川嵜　ええ、ええ。

■第一回審判～第七回面接

皆藤　では第一回審判ですが、この内容なんかはここまで議論してきたことでコメントになってると思います。それから、「社会のなかで、調査官がミホの自我をサポートしながら」っていうのは代理自我の考え方ですよね。たしかにそうなんだけど、ものすごく大変なことやと思う。われわれは事例を聴くときに、もし自分が事例のクライエントに会ってたらということもイメージしながら聴きますが、もしこの子の代理自我にぼくがなっていくことを思うと、それはものすごく大変なことです。下手するとぼくもやられる。ものすごく強大な大いなる力がときに怪獣のようにやってきて、それにぼくも踏み潰されてしまう危険性がある。大いなる力とは、権力・権威のようなものです。その力にこの子は傷つく。この子の自我をサポートすることは、この子の苦しみや悲しみや傷つきに共感することでもあるわけでしょ、極端に言ったら。何も矯正するということだけじゃないわけです。そして、共感の度合いが深まっていけばいくほどものすごいサポートになってしまうわけで、それは二人とも死ぬっていうくらいのところまでいくだろうと思う。だから、その辺りのバランスをどれくらいうまく保てるかということがすごく大切になってくる。調査官はそのことをどれくらい分かっていたのだろうか。しかしまあ、調査官は建物に守られてるなあ。
川嵜　ぼくらはでけへんね。素のままでは。
皆藤　できないと思う。
川嵜　そもそも、来ないでしょうからね。こういう子は。来るっていうのは、法的な強制力があるからということが大きいですよね、入り口として。その強制力というのはさきほど話していた入道雲の雷みたいな力ですよね。
思うに、調査官という職種はそういった雷レベルの父性を背景にしつつ、それを人間的に媒介する役目というのかな、雷的父性をgood enough fatherに変換して犯罪を犯した少年に媒介する役目でもあるのかなとふと思いましたが。
皆藤　風景構成法③で言えば、入道雲も雷も、いわばゼウスの雷であり怒りであるわけですよね。
川嵜　そうそうそう。そういう元型レベルの父性を背景にしつつ、人として少年に会っていく。それはむつかしいことだけど、この事例をみるとともていねいに、うまいことそういうことをやってるように感じますね。
皆藤　なるほど、なるほど。
川嵜　たとえば、三回目の面接なんかもね、ミホはふてくされているんだけど、そこから総崩れにならないように調査官が一緒に対策を考えたり。こういうのはとても大切だなぁと思った。
皆藤　この辺りは、ぼくも非常に心理療法的だなあと思いましたね。「学校にも秘密の調査官との作戦会議」。こういうことって、やっぱりイニシエーションにはとても必要なんだろうなあ。
川嵜　そう思いますね。
皆藤　この子、第二回・第三回と面接が重なるにつれて調査官に甘えてきてる感じしません？
川嵜　する、する。
皆藤　調査官の方は、「そういうときは思い切って休め」とか、親父的に言ってるんだけど、だけど、だんだんとこの子が調査官に甘えてきてる、それはどうも、さっき言ってた強い父性には豊かな母性という、そっちの方の体験もこの子してるなあと感じます。

川嵜　うんうん。この子は、お母さんとあんまりそういう関係になかった感じがしますね。

皆藤　第四回面接のとき、この子の語りのなかに、「お母さんに頼んでもらって、学校を休んでいる」という内容がありますが、ここでお母さんが動くわけです。お母さんが学校に連絡して、ミホは学校を休んでいるということなんでしょう。調査官は、「なんでこんなことになるのかねえ」と少々呆れて呟く。ここでぼくがすごく思うのは、調査官が豊かな母性の体験をこの子とやってるときに、巡り合わせなんだろうけど、なんでヌエ（鵺）みたいなのが出てきて、この子はそれに助けを求めるんだろうということです。世界はけっしてお前を見捨てていないのに、どうしてお前は切り捨てなければいけないものに頼るんだ、という声が聞こえてくるような、そんな感じがありますね。

川嵜　この子が頼るからお母さんがそういう動きをしたというよりは、この母と娘の共同作業みたいな感じもしますけどね。なんで頼るんだろう、という以前に、お母さんがそうしむけているとも言える。あるいは、もっというと、母‐娘の関係性が二人にそういう行動を取らせている。

皆藤　このお母さんは、この子なしでは生きていけないように思いますね。

川嵜　そうでしょうね。だから、この時点で、お母さんが調査官に嫉妬しだすとかね、怒りに来るっていうのはある程度予想されますね。この子が心理療法的に展開して動いていくというのはいいことだけど、お母さんからみたらそれは自分から娘が離れていくわけで、耐えがたいことだから。

皆藤　そうそう。そうそう。

川嵜　五回目の面接では、調査官との小さな約束が守れているということで満足しきってしまっている、という記述がありますが、これなんかは？

皆藤　これは、この子がお母さんとの関係を調査官との関係に置き換えているんだろうと思います。このときの調査官の対応は、ぼくもそうするかなあとも思う。この関係を一歩超えようとしているっていうのかな。何か思いました？

川嵜　この子とお母さんとの関係っていうのはとても密着した関係ですよね。その意味からしたら、そこに調査官というのが入り込んでいって、たしかに小さな約束なんだけども、調査官との関係が母娘の関係と違うものとして入っていくというのは、全体からしたら相当大きいことなんだろうなと思いました。

皆藤　はあはあ、それはまったくそう思いますね。

川嵜　約束っていうのはちょっと父性的なものが入ってますよね。契約ですからね。

皆藤「ミホは柳に風」ってあるけど、この子がこれから生きていく道筋というか視野というか、それがこの子にはまだ見えてない、そのことが調査官には分かっているので、こんなことに満足するんじゃなくって、先の見えない不安に向き合って欲しいという思いもあるのかな。

　それから、第六回面接のところで、「調査官は〈今日は気持ちよく面接ができない。不愉快な気持ちがこみ上げてきて困っている〉と言い、とくに指導をせずに席を立った。ミホもドアを蹴りつけて帰って行った」という場面がありますが、これはどう思われましたか。

川嵜　端的におもしろいなぁ、と思いましたね。調査官は何が不愉快だったんだろう。それが重要だと思う。

皆藤　川嵜さんはさあ、気持ちよく面接ができたときってあるの？

川嵜　面接ってそもそも気持ちよくできるように努力していくもんとは思ってないけど。

皆藤　ここでは「今日は気持ちよく面接ができない」って書いてある。

川嵜　ええ。

皆藤　気持ちよく面接ができるってどういうことだろうと思ってさ。

川嵜　なるほどね。心理療法の面接って、気持ちよくなさとか違和感とか怒りとか、そういうネガティヴなことがらを含めて、そういうことが表現されることがとても意味のあることですよね。だから、スポーツで発散とかそういった類の「気持ちよさ」とは意味合いが違う。加藤さんはもちろんそのくらいのことは分かってるうえで、ここでは「気持ちよく面接ができない」ということを言ってるわけだけど。

皆藤　「不愉快な気持ち」とか「とくに指導をせずに」と書かれてあるところは、最初にわれわれが議論したようなことが調査官の内に少し起こってきてるような気がする。つまり、この子が言うことをきかないことと実際流れている関係が見た目には正反対に映るので、調査官に誤解が起こったように思います。

川嵜　うん。だから、ここでとても大事な「出会い」が二人の間でこういう形で起こっているんだと思います。それにたいして調査官が捉え損なっているのか、誤解しているのかとかは微妙なところで、そう言っていいのかどうか。

こういう展開ってよく起こりますよね。クライエントにたいして、なんか分からんが腹が立ってしかたがないとか。もちろん、それが治療者の個人的な問題から出てきている怒りだったら全然だめなわけだけども、知らず知らずに、そう「させられて」怒ってしまうということはあるわけです。もちろん、そういう流れを読めてて、そういう自身から出てくる怒りさえも自分で分かっていつつ、なおかつ自然に出せたら一番いいんでしょうけど。それはむつかしいことだけど、少なくとも、この事例のようにそういった怒りが調査官のなかから出てくること自体に、治療的にポジティヴな可能性があることは間違いない。だからこそ、調査官は次にミホがやって来るかどうか不安になってるけど、ミホは来るわけです。

皆藤　ぼくは第六回面接を聴いて、次回は絶対に来ると思いました。底流する関係性がありますからね。だけど、「調査官は、今回は出頭しないかもしれないと思っていた（願っていた？）」とある。

川嵜　調査官の不安もよう分かりますけどね。ここはだから、ものすごくこの面接の山場やと思うね。第七回の面接ってすごく大事なことがいっぱい語られてますよね。

皆藤　この辺りはどう思われますか。

川嵜　ユカリのおばさんの動きっていうのもおもしろいですよね。

皆藤　おもしろいねえ。

川嵜　この子は、ユカリのお母さんの動き方をみて、自分のお母さんも同じじゃないかって感じるんですよね。自分の母親、ユカリの母と同じように人のせいにばかりしている。その流れでお母さんに「他人を怒るんじゃなくて、なんで私を怒らないのか」って問いただすところは感激しました。こういうふうに、お母さんにたいして自分の気持ちはっきりぶつけたことは、この子はあまりなかったんでしょうね。

皆藤　山場やね。

川嵜　それでも、お母さんはまたからめ取ろうとするわけです。「調査官はひどいわよねえ」みたいな感じで、「なんであんな言い方するんだろう、ミホちゃんこんなに頑張ってるのに」って。娘はこのときに言い返しますね。「私も悪いんや」って。この辺りからお母さんとの関係がちょっっと変わっていくっていう感じがする。

皆藤　これは怒鳴れたね。「私も悪いのや」と怒鳴れる子ってすごいですね。このときのお母さんの語りは、ヌエ（鵺）特有だなあと思いますね。

川嵜　お母さんなりに危機感を感じてるんやろけどね。お母さんとしたら大変だから。

皆藤　離れていってしまうと感じるんでしょうね。ここでミホが家出するでしょう。そして、「ナンパで遊ぼうかと思ったけれど、お父さんのところへ行った」と語る。この内容を聴いていて、ぼくは調査官との仕事がしっかり進んでいるなあと感じました。このお父さんは弱々しいんだねえ。

川嵜　そうそう。ここの家は女の系列がすごく強い。女が密着してて、男はそこからはじき出されるというか。お父さんはその流れに切り込めなかった人ですよね。無理もないけれど。でも、そういった父親の哀しみをミホもちょっと分かるという感じで、父親に会うわけですよね。「かわいそう」って言ってる。実際このときに、ミホが初めて泣くんですよね。

皆藤　この父親、さっき川嵜さんが言ったように女系に負けた父親じゃないですか。で、弱々しい父親だけど、たしかにそうなんやけど、その姿はある側面から見ればすごく強い父性やと思わへん？

川嵜　と言いますと？

皆藤　父性っていうふうに言っていいのかどうか分かんないけど、つまりこのお父さんに出会ったことを調査官に語ることで初めてこの子が泣くんよね、そのことがすごく大きいなとぼくは思いましたね。お父さんの存在はこの子を泣かせる力をもっている。そういう意味で強い父性と言えるんじゃないかと思ったわけです。父親の生き方そのものを見せることのできる父ということです。

川嵜　なるほどね。父性の質というのもいろいろとあるんでしょうね。でも、ミホはある種強力な父性を求めざるを得ないところはあったんだろうなとは思うんです。それは、さっき話してた司法的な父性自体がそういう強力な父性だし、また、六回目の面接で調査官が「今日は気持ちよく面接ができない」とぱしっと言うのも非常に父性的ですよね。そういう父性に触れた体験が少しできたからこそ、現実の父親の哀しみ、あるいはまた別種の父性を受け入れることがちょっとでき出したとも言えるのかな。

皆藤　親父って、怒るときは怒っていいと思う。

川嵜　そうですね。でも、むつかしいんだけど。

皆藤　だからこそ、ぼくがさかんに使うことばだけど、だからこそ心理療法において心理療法家はコミットをするんだとぼくは思うね。共感とか受容とか言われるけれど、コミットすることだとぼくは思います。そんなことしなくてすむんやったら神様がやったらいいわけで。神様やったらコミットも何もいらなくて、ブスッで終わりでしょ（笑）。そうじゃないからこそ、ぼくらはコミットしてる、そんなふうに思いましたね。

そして、ミホが泣くっていうのは、表現を変えれば、この子の湿り気が世界にたいしてコミットしたとも言えるわけよね、あるいは家族にたいしてコミットしたひとつの姿だとも言えるわけです。

■風景構成法④

川嵜　この回に、描いたのが風景構成法④ですけど、ここらへんはいかがですか。

皆藤　やっぱりね、この子は、風景構成法③に見られる「関係」をテーマとして生きている、あるいは川嵜さんが言ったように、「魂」との関係をテーマとして生きている。それは、魂のアイデンティティのテーマと言ってもいいと思う。そして、調査官との面接は、このテーマを生きるプロセスとしては流れていないなあというふうに思った。大切なことなので強調しておきますが、それは是非・善悪の問題ではない。

風景構成法から言えば、この面接はやはり「猿」が生きるテーマとして流れているんだろうと思う。だから、猿が群れから飛び出してあるいは追われて、ようやくのこと調査官に会いにきた。そして、面接のプロセスを経て、風景構成法④に表現された「稲を植えている人」になっていった。そういう印象があります。そう思うと、風景構成法③の風景が少し右へ流れてきて、そして水田がすーっと出てきたのが風景構成法④だと感じる。

川嵜　あ、右に流れるっていうのはおもしろいね。

皆藤　で、田植えが始まったというような、そんなイメージをもちましたけどね。

川嵜　うーん。

皆藤　だから、眠っている犬がこの子自身だというのは、「どうして眠っているんだね」などと調査官に訊いてもらわなくてもいいような犬になったというか、世界がこの子を受け止めていること、世界のやさしさが分かる状態になったというか、そんな感じで見てましたけどね。

川嵜　皆藤さんがいま言われたことと重なるのかなとも思うんですが、風景構成法③では猿だったでしょ。それは、この子の野性味と言ってもいいかもしれないし、お母さんとの「自然」的な密着した関係と言ってもいいかもしれないけど、そういうものをもっているがゆえに、人間社会となかなか折り合いがつきにくいこの子の姿が示されているような気がしてました。そういった猿が、風景構成法④では犬になった感じがしたわけね。

次にはこれが猫になるわけだけど。だから、動物のラインというのを考えたら、なんと言うのかな、中心からずれてきている、分離というかね。そんな感じがちょっとしたんです。

第3章の角野先生の事例で、太陽の中心からだんだんとずれていって、周回を描くみたいに風景構成法作品がなっていったという話をしましたね。あれと一緒で、動物性みたいなものの中心からはずれていって、動物性の周回を描く、そんなイメージがぼくはちょっとしてました。動物性からずれて周辺に移行していくというのは、ゆうたら人間になってきたということですけどね。

皆藤　同感ですね。また、ある人から見たら、風景構成法③に表現されたこの二人の人物のテーマはどこへ行ったんだと思う人もいなくはないね。

川嵜　そこらへんはさっきの皆藤さんの言い方でいうと、心理療法とイコールではないから猿の方が展開していったという感じですか。

皆藤　うん、うん。そんな感じがしますね。ただ、最期にちょっと出てくるんだけどね。だからこの子の次のテーマと言ってもいいのかもしれない。こっちのテーマをやらずして、この子のイニシエーションはないとも言えるなあ。そのために、まずは「猿」から。

川嵜　これはまったくの印象だけ、それが何と言われると分からないけど、風景構成法③で太陽に照らされて一番右端の山が赤くなってましたが、風景構成法④での犬の背が焦げてるようで、それと似てるなあっていう気がした。いや、それだけなんやけど（笑）。

皆藤　ははあ、なるほど。この子は調査官との面接を通して人間関係が変わっていくわけですよね。お母さんとの関係とか。それから内省も深まっていったりするわけでしょ。そして、調査官との関係でみると、面接間隔がけっこう空いているじゃないですか。われわれは基本的には毎週一回クライエントに会うわけですけど。で、これくらいの間隔で会っていくことで、風景がこれだけ風通しよくなるんだあと思った。風景構成法③では、なんか餅をこねたような作品っていうかな、それが風通しよくなったなあと思います。太陽が風景全体を照らしてるっていう感じです。風景構成法③では一番右の山肌しか照らしていない。さっき川嵜さんが「山が赤くなってる」と言われたとき、この山が全部燃えていって、といったようなことを語るのかなあと思ったんですよ。つまり太陽は一部しか照らしてないように見えるけれども、実は風景全体を照らしている。そしてそのひとつが犬ですよ、こんなふうな照らし方になりましたよっていう感じがしました。川嵜さんと同じことを言ってると思うけど、ことばで繋ぐとこんな感じがするね。

川嵜　いま聞いてて、急に思ったけど、犬というのと猿というのは動物の象徴価として意味合いがかなり違いますよね。犬って主人に忠実というか、父性に繫がれている感じがするね。より、人間に近い。

皆藤　ロイヤリティの象徴ですね。

川嵜　猿－犬－猫、というラインはおもしろいですね。

皆藤　猫は何?

川嵜　ぼくは猫派なんで（笑）、猫の方に思い入れがありますけどね。なんでしょうね。少なくとも犬ほどロイヤリティというか忠実じゃなくて、もうちょっとわがままに振る舞いますよね。気まぐれで。でも猿ほどの野性味はない。エジプトなんかの文化圏でまさしくそうだけど、猫って女性性とか魂のイメージはすごくしますね。

皆藤　はあはあ。猫が魂の象徴化というか象徴性をもってるというのはすごくそう思いますし、そういうふうに言われているんじゃないですかね。

■第八回面接〜第十回面接

皆藤　ちょっと進みましょうか。

川嵜　第八回面接では、終盤に差しかかってきているということもあり、調査官はミホに「そろそろ保護司さんの力を借りて、自力で頑張ってみるかな」と言ってます。でも、彼女は試験観察を「もっと長くして欲しい」と答える。

皆藤　八回から十回辺りでは、洞察というか内省というか、やっぱり安定した関係性に支えられてる感じやね。

川嵜　自分のことを理解しようとしてくれている人がそばにいるというのはすっごく大きいことですね。そういうことに支えられることによって、周囲との関係もまた変わってくる。以前は敵視して嫌っていた学校の生徒指導の先生ともいっしょに文化祭のポスターを作ったり、仲良くなってきてますね。

皆藤　さきほど川嵜さんが角野さんの事例のことで言われた「人間になる」というプロセスが進んでいると思います。「人間になる」というのはもちろん心理的な次元のことですが。

川嵜　ちょっと一般論になりますけど、生徒指導の先生の父性ってこの世的な父性というのかな、そういう場合が多いですよね。

皆藤　そうそう、この世的ですよね。

川嵜　実際、生徒をぶん殴ったり、説教したり。だけど、それがイコール強い父性かっていうと全然違うわけでしょ。こういうのは当初、ミホが求めていた父性とは質が違うんだと思います。こういう子って、そこらへんが的確に分かるから。

■風景構成法⑤

皆藤　そして十回目に風景構成法⑤です。あのね、ぼくが風景構成法③で二人の人物の一方は調査官だってコミットしたのは、風景構成法⑤のイメージが残ってたからとも言えるんです。風景構成法⑤の二人の人物。赤とピンクという同系の彩色で、ひとりはこの子自身だということで、調査官が「片方の人は誰？」と訊くでしょう。するとこの子が言うには、「誰かは分からないけど、二人なの」。照れくさそうに言うんですよ。ぼくはここで、片方の人は調査官に決まってるだろうとすぐに思いました。そのイメージがすごくあったので、風景構成法③でもそうだろうと思ったわけです。でも、風景構成法③ではそれはまだ未知だということができるから、そういう意味では魂という表現の方がぴったりするかなあとも思います。

川嵜　分化してきて形が変わってくるわけだけど、底の方に流れているところからすると、それは調査官でも魂でも同じという気もしますね。

皆藤　そういう脈絡で言うと、青色で彩色された人物も、猫も、お地蔵さんも、鳥も、もうみんな魂だと言っていいように思うね。

川嵜　そうそう。ところで、この人物たちはどっち向きに歩いてるのかなってすごく気になったんだけど。

皆藤　知らない。右へ向かってるんじゃないの。

川嵜　「家から距離をおき、お地蔵さんに見守られながら、自立への出立を暗示しているかのよう」とあるから右方向、つまり家から離れていく方向なのかなと思ったんだけど、はっきりとは書いてない。

皆藤　そうやねえ。「木の近くを歩いている」とあるだけで、分からないね。

川嵜　家の方に向かってるのか、逆なのかでそうとう意味が違ってくると思う。なんか家が黒いでしょう。これ、どう思われますか。

皆藤　あれぼくは家だと思わなかった。
川嵜　あ、そうなんだ。
皆藤　いま言われて初めて、家なのかと気づいた。ずっと思っていたのは、お地蔵さんのいる祠です。もう朽ちはててしまっている祠。黒い彩色だから。くすんでぼろぼろになっている、そんなんかなあと思ってた。家かあ。
川嵜　少なくとも項目として「家」が提示されたときに描いたのがこれなんでしょうね。
皆藤　そうやね。あっ、これはなんですかね？
川嵜　バス停でしょ。
皆藤　バス停ですか。
川嵜　うん。ちょっと前に話に出たけど、調査官という仕事のフィニッシュというか、どこまでやるかというラインがあるのではないかという気がする。ミホは調査官との出会い、関係によってずいぶんと安定して変わりますよね。母親との関係も。そういうものを踏まえて、これから彼女が自分の家の課題に取り組んでいくのかなと感じるんです。やっと取り組めるようにまでなったと言ってもいい。
　さきほどの「家から距離をおき、お地蔵さんに見守られながら、自立への出立を暗示しているかのよう」という調査官の印象が記述されてますよね。これ、調査官の想いなんでしょうね。出立ということにたいしての想い。
皆藤　ああ、出立か。
川嵜　調査官はミホに出立して欲しいと感じてるんだろうな。でもこの子は否定するでしょ。「お父さんもお母さんも放っておいて家を出ることはできないし」と。この子にとって、お母さんとの関係というのは、これからまだまだ課題がいっぱいあるわけでしょ。だからそういうテーマはまだまだ残ってるんだろうと思いました。

皆藤　イニシエーションという、当初から話してきた脈絡からすると、この最後の作品になる風景構成法⑤はどうですか。

川嵜　やっぱり、人物の歩いていく方向が気になるんですよね。それによってイニシエーションのあり方が違うと思う。ミホのことばからすると、どうも左に歩いていってるような気がするんですけどね。黒い家の方向に。

もし、そうならば、ひとりの女の子としてこれから親や家の問題に取り組むようなところまで来たというような意味でのイニシエーションっていうのかな。あるいは、猿が人間になったとするならば、人間になってからやるべき仕事っていっぱいあるわけでしょ。そういう意味でのイニシエーション的な流れかなっていう気がします。

皆藤　まったく同感やね。ぼくはこの最後の風景構成法⑤は、道とその周辺領域がすごく強調されていて、一番強調されていないのが川だなあと思ってました。橋があるから川も見えるけど、別に河原なんかなくても風景ですよね。

川嵜　そうやね、これ、川がなければ風景がすっきり収まるよね。川の収まりがちょっと悪い。

皆藤　やっぱり、風景構成法③で話していた「猿」が生きるテーマをここまでやってきたという感じですね。「関係」のテーマつまり「川」の方はまだ下の方に、向こう側にある、そんな感じがしますね。ただ、風景構成法③と比較すると、風景構成法③に描かれてる二人の人物像が風景構成法⑤では道にきっちり乗った、そういうところまでいったと言うこともできる。そして、イニシエーションでもいろんな次元があるわけだから、現実適応の次元でのイニシエーションが体験されたと言えば、そう言えるかもしれない。そうすると、この面接は、この子の犯してきた行為をイニシエートしたというか、クリエイトしたというふうに言えるかもしれない。

ただ、川嵜さんが言うように、お母さんとの関係を含めて、今後の関係は無限にあると言ってもいいわけで、そういう関係にこの子がいかに取り組んでいけるのかというテーマはありますね。いわゆるアイデンティティのテーマになります。そこをやり抜く力はちょっと未知数だなあという感じがするね。

川嵜　なるほどね。

■第二回審判

川嵜　最後に第二回審判がありますね。ぼく、この裁判官いいなぁと思った。被害状況の写真を見せて「しっかりと見なさい。この現実から目を背けている限り、この事件は終わりません」って言って。

皆藤　ああ、そうそう。この裁判官はすごいよね。いいなあとぼくも思いました。ぼくは、道徳教育と心理療法について書いたことがあるんだけど[1]、知るということ、体験することと言ってもいいですが、知るということの大切さをちゃんと知ってる裁判官だなあと思います。

川嵜　そうですね。

皆藤　心理療法的に言うと、調査官というのは、たとえばこの子と非行少年たち、この子とお母さんといった関係に入ってくる「第三の者」じゃないですか。そのことを通してこの子を巡る人間関係、いわゆるコンステレーションが動いて、この子の行為がクリエイティヴな方向に向かっていく。このようなコンステレーションの動きの最後に出会った人物がこの裁判官だと言えるんじゃないかなあ。

川嵜　いま、皆藤さんが言われたようなコンステレーションが変化していく流れがあるから、その流れのなかでの裁判官との出会いが生きてますよね。そうでなければ、まさしく、裁判官が言うように「この事件は終わらない」。

一連のそういう流れをとてもていねいに調整していったのが調査官なわけですが、もしそういう流れのなかにいなかったら、同じようなことを裁判官が言ってもミホの態度が違ってきてたかもしれない。

皆藤　そうそう。ここまでの調査官とのやりとりの流れがあったからでしょう。もしなかったら、「これを見なさい」と裁判官、「見たらええんやろ」と少年、というようなやりとりになったように思える。
川嵜　学校でもよくありますよね。「ちゃんと見なさい。あんたがこのガラス割ったんだからね」とかね。
皆藤　「そうや、俺がやったんや、これでええんやろ」ってな感じやね。
川嵜　そうそう。裁判官はとっても父性的だなと思いましたが、そういう父性をミホがちゃんと受け止めることができるように、調査官と頑張ってきたとも言えるのではないか。
しかし、この裁判官はいいこと言うなぁ。「人を傷つけるということは自分自身を傷つけることでもあるのです」とか。つまり、写真の被害者の傷は、あなたの傷でもあるんだということを言外に伝えてるわけですよね。こういうことばは父性的だけど、父性というのはやっぱり関係性のなかから出てくるんだなと思いましたね。ミホが受けとめる準備ができているからこそ、こういうことばが父性として生きてくる。そうでなければ、「何クサイこと言ってんの」となってしまう。
皆藤　こういうのは、心理療法家として言うと、たとえば症状なり問題行動が消失したとしても、そういうものを抱えてある時代を生きていたという過去は絶対に消えない、そのことを抱えて生きる強さがクライエントにないと心理療法は終わらない、少なくともある区切りを迎えることはないだろうということとすごく似てるなあと思います。
それでは次の事例にいきましょうか。

■事例二

皆藤　事例二ですが、テーマとしてはやはりイニシエーションだと思いました。事例一と同様に少年事件だからということもありますが、共通するテーマを抱えてるんだなあって思いますね。
父親の弱さ、こっちは酒乱で荒れ狂う強さはあるけれど、父性としては弱いですよね。

川嵜　この子は、お母さんがいないんですよね。

皆藤　そう、行方不明ですねえ。

川嵜　この事例は、お母さんを求めるみたいな動きがありますよね。後で入ったホームの女性指導員にたいしてもすごくべったり甘えたりとか。

皆藤　トシオの生育歴で、小学校六年生のときに親戚でキャンプに行った夜の話がとても印象深いんですけど。「波が押し寄せてくる怖い夢を見て、〈死ぬ！〉と吠えて海の方へ走って行ったことがあった」という話です。これは何か思ったことありますか。

川嵜　さっきの事例でミホが父性を求めてるんだとすれば、この事例のトシオは母性をすごく求めてるところがあると思いました。夢に関していえば、海っていうのもすごく母的なものですよね。母なる海。

　トシオは、現実の、つまり個人的なお母さんとの接触がとても薄い子だと思うのですが、そうであればあるほど、こころのなかでは個人を超えたような強力な母親像がコンステレートされてくる。底の方にある個人を超えたような母になればなるほど、母も海も死も全部同じものというか、ごっちゃになってくるでしょう。だから、さっきの海の方へ「死ぬ」と吠えながら走っていく夢は、この子が置かれている母親像との関係がすごい大変なものであることを示す夢だと思ったのです。

皆藤　あ、それはすごく思いましたね。「波が押し寄せてくる」って、彼岸からの誘いの声と言ってもいいかもしれない。この子は、この世の母性を後に出てくるホームの指導員に求めるんだけど、一方であの世の母性に、元型的な母性に呑み込まれようともするんですよね。「死ぬ！」と叫んで「海の方に走っていく」わけですから。呑み込まれようとする。つまり、あの世の方に行かざるを得ないとも言える。そうしたこの子のテーマは、たとえば「要注意人物」とか「危ない奴」とか「特別扱い」といった表現に窺うことができる。いわゆる目立ってるっていうのは見て欲しいわけでしょ、それはやはり母性を求めてる姿とすごく重なりますね。

川嵜　そうやね。教師の目を引こうと教室の後ろに寝転がって歌うたったりとかね。自分という存在をちゃんと見てくれているという体験がとても薄い子でしょうね。かわいそうに。子どもにとってそういう見守られる体験の基盤はもちろん、お母さんによってですけど、この子のお母さんは男をいっぱい引き込んだりとか、家出したりしてますからね。

■風景構成法⑥

皆藤　さて、風景構成法⑥ですね。これはどうですか。やっぱりちょっと解釈的な記述があるね。
川嵜　花畑が「病理的な退行」「幼児的な万能感」とか。
皆藤　うん。まあ書いてあるような解釈ってあり得るだろうけど、最後にある「いずれにしても、調査官は何よりも、自分自身を素直に表現したいというトシオの根底に潜む欲求そのものを強く感じ取った」というのがもっとも大事なんやろね。
川嵜　実際これ、一時間かけて力作って書いてるけど、ほんまにそうですね。
皆藤　ぼくはね、すごく印象深かったのは、なぜだか分かんないけど、蝶が飛んでるところ。これはなんだろうって。これは動いてる、飛んでるのかな。トンボかなあ。
川嵜　トンボと蝶みたいですね。
皆藤　この辺り何か思ったことあります？
川嵜　構図のことなんだけど、川が下にあってトンボや蝶がその真上を飛んでるわけでしょ。だから、川に関しては画用紙にたいして垂直方向の視線から見ているのが印象的だった。この辺り、何か思われますか。
皆藤　力作ですね。この子はいったいこの風景構成法で、調査官に何を表現したかったのだろうということを思うときに、少なくとも解釈レベルで語られていることじゃなくて、もっと自分に引き付けた何かだろうと感じるんです。伝えたいものがあったはずで、それってなんだろうっていうことをずっと思い続けてました。
最初にふっと思ったのは、さっき言った蝶の動きなんですね。川嵜さんが言われたように、立体的に、空っていうか宙から下の世界を見ているという動きです。この子がシンナーを吸ってるときっていうのは、こういうふうに飛んでるときなのか、とか。
それから今度は下界の人物とか人たちにとってみたら、蝶って上を見ないと気づかないでしょ。一生懸命目立つようにしても、ちっとも気づいてもらえない、そういう感じを伝えたかったのかなあとか、表現してるのかなあとか、そんなことをすごく思ってました。
川嵜　ああ、おもしろいですね。
皆藤　そして、じゃあこの蝶が気づいてもらえるような世界っていうのは、お花畑に止まるとき、ここにお花畑があるのはこの子にとってはもう途方もなく大切なことで、病理的退行、幼児的万能感だろうけど、そうなのかもしれないけれども、この子なりのこの世というか世界との繋がりを求める希求の姿、そんなことをすごく思いましたね。
川に魚がたくさん飛び跳ねて、で、人は魚を釣ろうとしてるのかなあって。こういう魚って目立ちますよね、下を見たらいるわけで。だけどこの子が希求してる世界はそんなんじゃなくて、もっと上を見て欲しいっていうか。そんなことを思ってました。
川嵜　なるほど。垂直軸ですよね。
皆藤　垂直軸で言えば、事例一にたしかにあった山の垂直軸は、この事例の風景構成法⑥ではないんですよね。山がなんか平べったくて。唯一、立体性というか、垂直軸を感じさせるアイテムが蝶なんですね。
川嵜　そうそう。それはすごく思いますね。この子の孤独さというか、寂しがりやだけどってこの子自身が言っているのがすごくよく分かりますね。下の大地から乖離してる感じがあるよね。蝶はたしかに印象深かったですね。

皆藤　印象深いね。
川嵜　何か風景が二層になってる感じやね。画用紙の垂直軸方向に二層。
皆藤　うん。これもすごくおもしろいなって思ったのは、ぼくらがこうして風景構成法作品を見たらみんな見えるわけじゃない、描かれたものを全部見ることができる。だけど、このなかに自分を位置づけるとしたら、ぼくがこの風景にイメージでもって入るとしたら、どこに入ったらこの子の世界が見えるだろうとコミットしたときに、もし道にいるんだったら上を見て蝶を見たいなあと。あるいは花畑の傍で蝶が来るのをじっと待っていたいなあとか、そんな位置にいたいなあと感じるね。
川嵜　トシオがどこにいるのかは訊いてますよね。川に足をつけてサカナと戯れているって書いてある。
皆藤　ああ、「トシオは清水に足をつけて、サカナと戯れている」。願望みたいな感じもするけどね。
川嵜　昔は水に入ろうと呑み込まれそうで叫んでいたんですからね、夢のなかで。
皆藤　津波のようにわあっと襲ってきたんでしょ。
川嵜　そうです。そうです。
皆藤　この子が「学校に行かないと話のなかに入っていけないので、シンナーを吸いながらでも登校しようとしている」というのは、すごいなあと思う。あまりよく知らないけど、シンナーってほんまに吸いたい奴って、学校なんかで吸わないんじゃないか。保健室かどこかでシンナー吸っとったっていうのはあったけど。だけど本当にシンナー吸いたい奴って隠れて吸うんじゃないかなあ。学校では吸わないように思う。でもこの子はシンナー吸っても登校しようとしているんだよね。ぼくが思うに、それはこの世界全体なんだろうね。風景構成法⑥の世界全体をこの子が生きようとしているという感じがする。ほんと全体性を生きようとしている。
　でも多分、風景構成法⑦で川嵜さんが言うと思うけど、全体性は生きれないよね、どっか捨てないと、生きれない。

■母なるものの希求

川嵜　シンナーってこの子にとってオッパイみたいなもんではなかったんかなぁ、とも思う。さきほど、トシオは母親の守りがとても薄い子で、そうすると海や死とか、そういった元型的な母親像がコンステレートされるという話がありましたが、シンナーって元型的な母親のオッパイと等しいのではないか。

皆藤　事例一で、こういう子は大学の心理教育相談室には来ないですよねっていう話があったけど、同じようにこういう子も来ないと思いますね。心理教育相談室の待合室でシンナー吸ってたらカウンセラーはどうするやろね。クライエントが「いまシンナー吸ってるねん」とか言ったらさ、どうするやろうね。

川嵜　それは止めるんではないですか。どう止めるかが心理療法的には重要でしょうけど。シンナーをオッパイと考えたら、この子がそれを希求するのは分かるわけです。心理的には。

皆藤　考えてみたらこの子ってすごい希求の仕方してるわけよね。真っ正直に正面からぶつかっていってるって感じするね。だからたとえば、ホームの女性指導員の人にたいしても正面から対抗していったっていうか。セクシャルな領域は超えているっていうか、この子はそこにいかない。そこがぼくはすごいなって思う。

川嵜　そうそう。

皆藤　たとえばこのホームはトシオと同年の十五歳の少年と、ひとつ年上の十六歳の少年たち。昔の若衆宿みたいなところがあるのかもしらんけど、だいたいこれくらいの男の子が同室にいたら、セクシャルなテーマって確実に出てくる。健康っていうか、出てくるのが自然だと思っても不思議はないじゃない。でもそうじゃないのよね。こういうのは、何かなんとも言えんなあと思う、いま聞いてて思ったわ。

川嵜　これは、女性指導員の人がどういう資質の人かにも関わってるんとちがうかな。

皆藤　ああ、そうか。

川嵜　トシオはお母さん的なものを希求してるんだろうけど、この女性指導員はそういうところを受けることのできる人なんやろね。それを受けそこなうと、セクシャルな感じになってしまうことがある。
　こういう子で、お母ちゃんのオッパイが本当は欲しい子いるでしょ。で、学校なんかで、ちょっと若い女の先生にたいしてそのおっぱい触ろうとするじゃないですか。お母ちゃんのオッパイを求めて。
　もちろん、女性の側にしたらとんでもないことでしょ。だから、嫌がるわけだけど、そのときにセクシャルな感じで嫌がるのね。そうするとセクシャルな回路しかなくなるんだと思うんです。本当はお母ちゃんのオッパイなのに、相手が女として反応するわけでしょ。
皆藤　なるほど。そういう意味ではトシオはこの女性指導員にたいして母なるものを希求していると言うことができますね。
川嵜　第二回面接のところを読むと、結局お母さんの取り合いをしてるみたいですね。寮母さんがユウタのことばっかしひいきするとか。
　こういうところが、むつかしいですね。ほかの子からしたら十五歳なのにべたべた甘えやがってとなるわけで。たしかに、その、常識的にみたら、お前は年いくつなんだみたいなことになるので。でも、心理的にみたら子どもがお母さんを求めているわけで、トシオの気持ちはよく分かるんだけど。
皆藤　この辺りの面接のなかで語られていることや、流れというのはすごく納得できることが多いです。それで、調査官の助言も調査官として適切なんだろうと思います。そして、何よりこの子は正直やね。
川嵜　そうやね。すごく素直に入る子やね。
皆藤　そして、第四回～第六回の後、この子が無断外出して、それから事件が起こりますね。
　この事件についての記載で初めて知ったんだけど、調査官は手錠をかけることができるのね。調査官は「毅然とした態度で手錠をかけた」と書いてある。

川嵜　そうなんですね。ぼくも知らなかった。

皆藤　うん。なんか現実が来たっていうか、すごいなあと思って。で、無断外出の理由をこの子は鑑別所で語るわけだけども、この理由はなんとも言えないよね。調査官が、「やり切れない気持ちになり、沈黙するしかなかった」のも、ほんとそうだろうなあと思います。

ところで、この辺りは心理療法の流れとしてはちょっと落ち着かないなあという感じがぼくはしてるんです。なぜ無断外出が起こるんだろうとかいうことですけど。調査官との関係性のなかで起こっているような感じがちょっとしにくいなあと思います。むしろ、この子は寮母さんやその同室の仲間や、社長さんや、そういう人たちとの関係というところで立ち直っていこうとしているわけでしょ。

川嵜　そうですね。これが調査官のいう「資源」の活用ということだと思いますが、この寮母さんがお母さんで、社長さんがお父さん的な存在ですよね。この子のもともとの家族葛藤みたいなものが再現されてる感じもありますね。

皆藤　ああ、なるほど、なるほど。

川嵜　そういう人たちから見捨てられるんじゃないかという不安かね。それはこの子が家族から見捨てられたこととも繋がってくる。

■風景構成法⑦

皆藤　それから第八回面接の風景構成法⑦に入るんですけど、ここはどう思われました、「描くのはいいが、ひとつだけ聞いてもよいかと調査官に話しかけてきた」というところです。この辺りはちょっと勝負っていう感じですよね。

川嵜　そうそう、そうですね。

皆藤　「調査官はどうしてぼくを少年院に入れようとしなかったんですか」と聞かれるわけですが、「どうしてだと思う？　その答えをあなた自身につかみとって欲しかったからや」という。この辺りはどう思われますか。

川嵜　このことばの中身よりも、このことばを言ったときの雰囲気というか、言う調査官の姿勢みたいなものが大切で、それが少年に伝わったんだろうなと感じました。そういうものが伝わらなければ、少年はごまかされてると思うのではないか。

皆藤　そうですね。ぼくはここでコーディネイトするんやったら、「少年院入れたいと思う奴がどこにいる」とか言ってもよかったんやないかなと思ったりもしました。

川嵜　ああ、それは皆藤さんらしいことばやなぁ。

皆藤　そうかもしれないね（笑）。

川嵜　この風景構成法を描く前回に、調査官が手錠をかけましたよね。このことは、いわゆる普通の心理療法的な動きじゃないですよね。そうせざるを得ないから調査官もやったわけで。そういう動きがあった次に、調査官がまた風景構成法という心理療法的な窓口を提示するわけでしょう。だからこの子にとったら自分のそういう風景を簡単に描いていいのかどうか、心理療法的な流れに乗っていっていいのかどうかを確かめたかったのではないかなと思ったんですが。この「調査官はどうしてぼくを少年院に入れようとしなかったんですか」という少年の問いかけは。

皆藤　ははあ。

川嵜　手錠かけるくらいだったら、始めから少年院入れたらいいわけでしょ。実際、この子もこのときにかなりやけになってるようにそう言ってますよね。「なんで、最初から少年院に入れんかったんや」とか「自分は頑張っても頑張っても失敗するようにできとるんや」とか。

こういう動きを巡りつつ、調査官は風景構成法を提示し、少年もそれをやる前に、自分をなぜ少年院に入れなかったのかを問う。そういうところから、やっぱり調査官は単なるコーディネーターではなく、非常に心理療法的に関わっている面があるんだなと思ったんですけど。

皆藤　その辺りはそう思いますね。で、この風景構成法⑦はどうですか。

川嵜　基本的にははシンメトリーな構図ですよね。で、ちょっと硬い印象がしました。木を描いてもらうバウムテストでもこういうふうに、まったく左右対称のシンメトリーな木が描かれる場合がありますよね。

皆藤　はいはい。

川嵜　幹もまっすぐだし、そこについている枝もまったく左右対称の木。木というのは、普通もっと左右不対称なわけです。木に限らず自然というのはそうですね。蛇行したり、乱雑だったり。

とくに硬い感じのシンメトリーの場合、一般的に言えるかなとも思うのですが、よくも悪くも変わり目というか、いい方向にせよ悪い方向にせよ変動していく時期だからこそ、その動きにたいして補償が働いてシンメトリーな形が現われて安定を図るのではないかと思うんです。マンダラもそうですよね。あれも一種のシンメトリーによる安定化ですね。だから、志村さんの事例（第2章）のときに皆藤さんが言われたように、マンダラが出てきたからよかったよかったなどというものではない。逆に状態が悪化しそうなときに、必死の安定化の構図としてマンダラが出てくることもあるわけです。

ですから、この風景構成法⑦もいずれにせよ、転機というか不安定だからこそ、シンメトリーを作って、がんばって自分を保っている印象がしました。この子にとってどっち行っていいか分からないぎりぎりのところみたいな、なんとか安定を保つべく頑張っているみたいな、そんな感じなのかなあって、ぱっと見て思いましたけど。

皆藤　まったくそうです、まったくそう思いましたね。

川嵜　本人の意識としては、実際のホームのある風景を描いたみたいですけど。

皆藤　うん。これ、動物はなんだろう？
川嵜　なんやろうね。なんか右に向かってる感じやね。
皆藤　しかし大地にはいますよね。川嵜さんが言われたように、ぎりぎりのところをシンメトリー構図で必死に保ってる。
川嵜　ちょっとそんな感じがしましたけどね。
皆藤　ここの道だけ、一番右の道だけ一線路になっている。
川嵜　あ、ほんまやね。それは見落としていた。
皆藤　それで、そこを動物が右へ向かっている。あっ、これは風景構成法⑥で言うと、蝶が花に留まって大地に降りてきたわけだ。ホームに入って現実適応していくプロセスはそういうことか。降りてきたんだ。そこでどういうふうに生きていくのか、あるいは風景を作っていくのかというテーマを背負っていくときに、動物が右に向かって行こうとしているのは何かすごく危ないというか、なんかわけが分かんない。一本の道、一線路で、こっちはそうじゃない。だから非常にこの右の部分がぼくはものすごく気になるなあ。不安な感じがする。シンメトリーだけども、右側の人物が道からはずれてるでしょ、この辺りがものすごく気になるんですよ。
川嵜　ぼくもちょっと思ってたのは、シンメトリーな構図なんだけども、そのシンメトリーを崩しているのは動物でしょ。だからなんにせよそこに動きが少しみられるなという印象はありました。ただ皆藤さんが言われたように、なんて言われたかな、ネガティヴ？　よくないと言われた？
皆藤　危険だって言った。
川嵜　危険っていうのは動きがあるから危険だというのなら分かるのですが、その動きの方向が悪い方向にいってるのかどうかという意味ではぼくは分からないですね。
皆藤　うん、良い悪いというより危険だな。たとえば、具体的なことで言えばバイクを盗んで走り回るということがあったじゃないですか。もし、ここにバイクで走ってる絵を描くんやったら、ぼくはけっこう安心して見ていられる。
川嵜　ああ、なるほど。
皆藤　現状がそのまま表現されるから。だけど、しょぼいでしょ、この動物。しょぼしょぼっとなんか、この世から去っていってしまうような気がして。なんかすごく気になるんですよ。この人物も道から去っていこうとしているのか、田んぼで働こうとしているのか、分かんないなあ。左側の人物が道の上に乗ってること思うと、左側より右側の人物が具象的なんだけども、はずれてる。
川嵜　そうやね、右側みんなはずれる感じやね、動きがあるって言えばあるんだけど。それから、この絵に関して、「ホームから外の世界に飛び出そうというところ」とありましたね。これは調査官の解釈なのかな、本人がそう言ったのかな。
皆藤　多分本人がそう言ったんじゃないのかなあ。
川嵜　そうかもしれませんね。そういう飛び出そうという動きが風景の右側に動きがある感じとして反映されているのかな。でも、たしかに少ししょぼいというか弱い感じがする。
　あと、すごく印象深いのは、風景構成法⑦では花が描かれてないんじゃないかなと思ったんですが。
皆藤　おもしろいねえ。
川嵜　調査官は風景構成法⑧で花がリジェクトされたことにとても注目しているけど、⑦もリジェクトされてんじゃないのかな。花が見当たらないんだけど。
皆藤　これちゃうか。
川嵜　ん？　この手前の？（画面左端中央の緑色に塗られたとげとげの描線の領域）。
皆藤　風景構成法⑥と同じ描線だから、これが花かなあという気がしなくもない。分かんないけど。

川嵜　でもリジェクトされたとある風景構成法⑧の左端部分の領域もこれと似たような描線と色だけどね。
皆藤　ああ、そうだなあ。
川嵜　花らしい色はないよね。最初の風景構成法⑥では色とりどりの花なのに。
皆藤　花はもういらんねん。
川嵜　そう、だからそれがすごく気になる。
皆藤　なるほどね、ああ。
川嵜　なんか甘えの断念というか。無理してるのかなっとも思うし。
皆藤　なるほど、なるほど。ぼくの感じで言うと、蝶がやって来て、風景構成法⑥でそれが降りてきて花に留まって、風景構成法⑦の動物に変容した。で、もう花はいらない、そういう感じかな。
川嵜　調査官の見方としては、構図が安定していて、ホームでの適応レベルのよさが感じられて心強いと思ったって書いてますね。
皆藤　これをぱっと見たときに思い出された歌があるんですよ。あの、「里の秋」っていう歌。静かな静かな里の秋……なんかこう黄昏ていく感じがするな。それなりに穏やかで静かな風景なんだけどもさ。でもこの風景の後には夜のとばりが来るんだ。そんなイメージがして……。
川嵜　それはもう少し説明していただくと……。
皆藤　調査官もこの辺りでのこの子の適応の良さを語っています。そのとおりだと思うんです。この子にとってこの世に適応していくというのはそういうことなんだろうと。風景構成法で言えば、作品⑦の世界を生きるということです。構図の安定、大地性の強調など、いろんなイメージが浮かんできます。でもぼくにもっとも強くイメージされるのは、この子の寂しさです。この子が安定するということはやはり何かを失うことでもある。その失われていくものが、風景構成法⑦で言えば右に向かっている動物たちだと思ったんです。右側の人物は道に乗らずに思わず道を逸れてその動物たちを眺めている。見送っている。うがっていえば、看取っている。そういう寂しさを強烈に感じました。この辺りへの調査官のコミットが語られていますが、それがないと、この子はすごく不安になるのではないかと思ったわけです。このような動物ではなくバイクで走っているような絵を描けば、調査官はいやでもそこに注目します。だから心理的には安心してみていられる。適応を乱す動きにわれわれは敏感ですから。しかし風景構成法⑦の場合、適応を乱す動きはほとんどない。そういうとき、この子のこれまで生きてきた世界は一端死んでゆく。その高い象徴性が動物たちだと思います。「里の秋」で言えば、それは昼が終わるということ、つまり夜のとばりが来るということです。その夜のとばりは人物を道から逸らしてしまうほどに、きわめて魅力的にこの子を誘うのではないかと。ことばにするとそういうことですが、その辺りから危険だなあという印象を抱いたのでしょう。

川嵜　ああ、よく分かりますね。よく分かるというのは、絵の解釈ではなく、そのように動物の動きを読む皆藤さんのこの少年にたいするコミットがよく分かるということです。症状がなくなるときになんとも言えない寂しさを感じられるクライエントがけっこういますが、それと似てますね。社会に適応していく、更正していく。そのとき背後にある寂しさをそばにいる人が捉えそこなうと、少年はとても孤独になるでしょうね。

ところで、風景構成法⑥と比べると、⑦はパースペクティブが変わってますよね。川にたいする視点の位置が変わったというか。そこらへんは何かありますか。

皆藤　ぼくはね、結局、視点は変わったけど、こころの視線は変わってないって感じましたね。つまり視点は変わって、風景構成法⑥だとぼくは蝶の視点、上空から見たっていう視点でしょ。風景構成法⑦は、手前から遠景っていう山が垂直軸になった構図をしてる。だから視点は変わった。だけど、川の此岸がないんだよね、蝶はようやくのこと、この世に降り立った、けれどもまだあの世、彼岸を見ているように思える。蝶は、風景構成法⑥の時代は全体を生きたかった、生きようとした。だからシンナー吸ってでも学校に行こうとした。そして、何かを捨てざるを得ないと、この子はシンナーを捨てることによって大地に降り立った。だけどもそこはまだ彼岸を見る世界だった。シンナー吸っていたときに見ていた世界は、大地に降り立ってもやっぱり見えた。そんなふうに感じるなあ。パースペクティブが変わってもこの子のいる、この子のいまある心性は彼岸を見ているっていうか、さっきの動物の動きのところでも言いましたが、あの世に向かっているような印象がある。その意味でこころの視線は変わってないという表現をしました。調査官が「構図の安定性にホームでの適応レベルのよさが感じられ、心強く思った」というのは、この子がきちっと大地に降りたからですね。

ぼくのコミットは風景構成法⑥の蝶からの発展やから、ちょっと飛躍しすぎている感じもあります。たしかに構図的にみれば、風景として山がきれいに活かされているからね、よい風景になりつつあるとは思う。

川嵜　なるほどね。皆藤さんの言う、此岸がない川の読みを聞くとこの子のあり方が納得できる感じがしますね。こっち岸がなくて、向こうの、つまり彼岸だけをみている状態。その意味では蝶は大地に降り立ったけれど、この子はまだあまり変わってないとも言える。でも、さきに話題になったように、風景構成法⑥では画用紙にたいして垂直に軸があったわけですが、その垂直軸が⑦では山の高さとして画面のなかに収められている。トシオが彼岸を相変わらずずっと見ているとしても、こういう変化はやはり大きい感じがします。

それから、さきほど、全体性を生きるんじゃなくて、何かを捨てざるを得ないと皆藤さんが言われたけれど、それが花なんかなっていう気もした。

皆藤　はあ、なるほど。

川嵜　この花って、調査官は未成熟さとか幼児的万能感と捉えてたけど、たしかにそうとも言えるけど、やっぱりお母ちゃん的なものを求めざるをえないトシオのこころと思うんです。そういうところからトシオは徐々に離れていく。実際この後、トシオはあんまり女性職員に甘えなくなって、男性指導員と協調し始めたりするわけですね。

皆藤　そうですね。

川嵜　甘えの断念というのかな、ちょっと寂しい感じもする。

皆藤　この子は、この風景構成法を描いた後、ホームへ戻ることを頑張り抜きますよね。そして試験観察が続行されて、それから後まあ、調子よく順調に暮らしていくようになるんだけれど。だからこの子自身の意識では、何かを捨てたという感じはあんまりないのかもしれないなあと思う。

それで、お父さんが登場するようになってきますよね。資源の活用という意味ではすごく順調な流れだなあと感じますね。

■風景構成法⑧

皆藤　では、いよいよ最後の風景構成法⑧にいこうと思うんですけどいいですか。

川嵜　はい。

皆藤　さっき川嵜さんが言われた花のリジェクションについての記載がありますが、これはどうですか。

川嵜　調査官は花を病理的な退行の指標とみていて、花がリジェクトされたことはシンナーを断ち切る意志の現われとみていますね。ほとんど同じことを別の表現で言ってるだけかもしれないけれど、ぼくは病理的な退行という表現よりは、元型的なお母さん像をトシオが求めていると表現したいんです。それがこの世に現われるとたしかに、シンナーになったりして病理的になるわけですが。

しかし、なんだろう。ほんとに「断ち切る」っていう印象が絵からしてて、しんどかろうな、無理してんのかなと思ったりもしました。でも、こういうことができるようになったのは、トシオがホームに戻ったら意外とみんなが暖かく迎えてくれたですよね。この子、お母さん的なものに抱きかかえられることにすごく弱かった子で、だから逆に夢レベルでは、海に呑み込まれるみたいな夢みてたと思うんですけど、だからそこらへんでもう元型的なお母ちゃんではなくて、みんなに抱えられるっていう形でちょっとこの世に生きやすくなったのかなと感じました。だから、女性指導員にたいしても以前のようなべたべたした甘えをしなくなる。ちょっと馬鹿ていねいなことば遣いは反動形成みたいで、気になるんだけど。まあ、でも、海に投げ込まれるみたいなところから、ちょっとこの世に降りて来たんだなと思った。そのぶん何かを捨てたとも言えるし、捨てたという点でちょっと無理してがんばったのかなという気がするのね。花のリジェクションというのが。

皆藤　なるほど。だいたいぼくも印象としては同じこと思っています。で、あの、風景構成法⑥と同じ構図になった、初回の構図に戻ったと書かれてますけど、ぼくは初回の構図とは違うと思っています。おもしろいなあと思うのは、ぼくのイメージはずっと蝶からスタートしてるから、やっぱり地面に降りて、大地に降りて世界を眺めてみれば、山は立つんやね。

川嵜　山、立ってますね。

皆藤　そこがもう決定的に違うなあとぼくは思って見てました。だから蝶の世界で見たらああいうふうに見えるけど、ここまで降りてきたと、つまりこの世的になってきたと言ってもいいし、適応的になってきたというふうに言ってもいいと思う。そうすると大地に降り立ったわけだから、川は当然、前より大きく見えるだろうしさ。

川嵜　ああ、なるほど。

皆藤　で、山は向こうの方に見えるだろうし。このようにして、とりあえずここまでは来ましたよという、そういうことをすごく思いましたね。

それから、大地に降り立つと、魚なんかが見えにくくなるのね、変な話だけど。ここでは中央の魚が飛び上がって存在を示しているけど、見えにくくなるってことはシンナー吸ってたときに見えてた世界とちょっと違うということですよね。ちょっと彩りのない世界っていうか、摑みどころのない世界っていうか、そういう世界が花のリジェクションということと繋がってるかなあと感じます。ただ、この子が面接を通して、この世界に根を張ろうとしてるというか、降り立ってここから進んで行こうとしてるというか、そういう印象はすごく受ける作品だなあと思いますね。

川嵜　風景構成法⑥で、川の左手側に石ころと花がありますね。そういうものがたしかにリジェクトされましたね、⑧では。でも、この領域は田んぼというわけでもないのね。

皆藤　ないんだね。

川嵜　結局、この左端の領域は、空白ではないのだけど、なんにも描かれていないっていうか。だからこの絵の右半分を紙ででも隠したらよく分かると思うんですけど、この領域は本当にこれからなんだろうなぁっていう気がしますね。いまのところは何も描かれていない。

皆藤　うん、なるほど。

川嵜　右側はね、まだ畑とか家があるんだけど。

■調査官と心理療法家

皆藤　最後に、「まとめ」で書かれてあるのは、ぼくはまったくそうだなと思いました。なんか今日の議論の最初のころに言ってた、調査官という職業と心理療法家の違いみたいなものが、コメントしていくプロセスのなかでやっぱりクリアに出てきたなあと感じましたね。

川嵜　そうですね。フィニッシュの在り方が当然、違うと言えばいいのかな。調査官も書いてますね。「見届けられないもどかしさを残しながら保護観察に引き継ぐことになった」と。

皆藤　ああ、まったくそうね。それからある意味では限られた時間内でやらなくてはいけないっていうことも大きいよなあと思わされましたよね。

川嵜　そうですね。もちろん、心理療法もそのつどそのつどの状況によって、何をどこまでできるのかにとても注意を払うわけですが。
ミホの事例で言えば、最後の風景構成法⑤で、家が黒いところが今後の課題なのかなと思うし、トシオの事例では、風景構成法⑧の、川の左手の花がなくなった領域にこれから何が現われてくるのかなと見守りたいし。そのような大切な課題に彼らが取り組めるようになる準備をていねいにいっしょに整えてきた事例だと思いますね。

皆藤　これどうなんかね、最後にちょっと思うのは、ここまでやって、たとえば事例一だったら風景構成法⑤、事例二だったら風景構成法⑧までやって、そして心理療法家のもとを訪れるということってあるんだろうか。

川嵜　それは、まったくあり得ますよね。だからといって、調査官と心理療法家とどちらが仕事をしたのかとか、どちらがえらいのかとかそういうことではもちろんないわけです。協力関係ですよね。

皆藤　そう思いますよね。調査官の経験としてはどうなんだろうというのを訊きたいと思います。心理療法家として、ここからやったらやれるっていう感じもします。もちろん危険はあるけど、少なくとも向こうもやろうというふうには思ってくれるだろうと思います。ではこれくらいにしておきましょうか。ありがとうございました。

第6章
「幻聴事例」再考

川嵜克哲

はじめに

本章では、皆藤章著『風景構成法——その基礎と実践』（誠信書房、一九九四）のなかに記載されている事例、「風景構成法からみた心理療法過程——幻聴に苦しむ男性[1]」を通して、心理療法のなかでの風景構成法について考えていきたい。

この事例が前掲書において提示されて現在の時点で数年になるし、さらにはまたそれ以前に、内容的にほぼ同じものが『事例に学ぶ心理療法』（河合隼雄編著、日本評論社、一九九〇[2]）に記載されており、そこでは著名な心理療法家（藤原勝紀、松本雅彦、河合隼雄の三氏）によるコメントがなされている。心理療法という観点からこの事例を語ることを考えるならば、この三者のコメントでそれはほぼ語り尽くされていると思う。

それでは、なぜわざわざ本章を設ける必要があるのか、ということになるが、それは、やはりこの「幻聴事例」がよい事例だからということに尽きるだろう。「よい」というのはいろんな意味においてであるが、まずは本書の性格上、風景構成法に焦点を絞ってこの事例を考える場合、考察する余地がまだかなりあるのではないかというのが理由のひとつである。さらに、筆者が考えている心理療法のなかでの風景構成法のあり方・意味というものが端的にこの事例のなかに現われていると思われることが理由の二つ目であり、さらには、この事例を検討することで、本書で筆者と皆藤との対談を通してコメントしている他の事例の内容が理解しやすくなるのではないかという期待が三つ目の理由である。

そのようなわけで、本章では前掲書で述べられているコメントや本書での他の事例もその都度取り上げながら風景構成法を中心に検討していきたいと思う。なお、いささか変則的ではあるが、前掲書の「幻聴事例」の全文の転記や、別個に要約を設けることをせず、ここでは筆者のコメントに入れこむ形でこの事例を記載していきたい。本章だけを独立して読めるように工夫したつもりではあるが、しかし詳しい治療経過を知りたい方はぜひ原著の論文に当たって読まれることをお勧めする。それだけの手間をかけた意味があったと思われるはずである。

1 事例の概要

最初に事例の概要を前掲書からほぼそのままの形で引用しておく。

クライエントは、来談時二十九歳の男性。家族は、母親（五十三歳）、夫人（二十七歳）、叔母（四十二歳）、妹（二十七歳）、長男（二歳）の六人。クライエントと母親を中心に自営業が営まれている。

主訴は、幻聴があって、それが本当の声なのかどうか判断できないこと。

生育歴および現症歴は次のとおりである。

母親は地方より都会へ嫁いだことから、クライエントを妊娠中、人間関係、慣習の違いで相当苦しんだ。出産時は異常なし。いちばん古い記憶は、三歳半時、両親の仕事の都合で母方実家に預けられ、半年後両親が迎えに来た時、帰るのをいやがり、こたつにしがみついたというもの。小、中学校時代は優等生、いわゆる「良い子」で過ごす。「僕は完全を目指す、神のようなところがあった」。

一流高校入学。父親が外国への憧れを抱きながら、その夢を果たせず、クライエントにそれを託していたこと、一度行った米国が素晴らしく、憧れて、高一が終わると単身渡米。そこで高校、大学と過ごす。大学時代に友人に勧められ、マリファナを体験。大学を中退し、収入のために働くなかで、知り合った友人と魂、神のことについて語り合い、宗教の世界へ入っていこうとしたが、寸前で現実に戻ってくる。そのとき、「僕は精神的に一回死んでしまったんです」と語る（二十二歳時）。父親の病気のため帰国し、家業を継ぐが、激しいカルチャーショックを味わう。

翌、二十三歳で恋愛結婚。挙式先（ある宗教の聖地）で、夫人の首を締めるなどの行動が目立ち始める。帰国後、〈家が燃えてしまうぞ〉との夫人の声が聞こえ（幻聴初発）、夫人に殴りかかろうとし、それを止めに入った母親が殴られ失神する事件を契機に、精神科入院（二十三歳時、八カ月間）。入院中に、父親が脳梗塞で死亡。夫人は実家に帰る。

症状軽快にて退院。離婚。二十七歳時、再婚。再婚相手は妹の知り合いで、結婚前よりクライエントのことで相談し合った仲で、事情をほとんど知ったうえでの恋愛結婚であった。退院後より不定期ながら服薬するも幻聴は消失せず、その内容は被害的なものばかりで、通行人の罵る声（〈あほや〉〈バカの真似しとる〉）や、家族が陰口をたたく声が頻繁に聞こえる。〈警察へ行って自首しろ〉と声が聞こえ、派出所へ出頭する。これが契機となり、夫婦の希望で心理療法が開始された。

2 自我の強さ／弱さ

上記のような事例の概要に先立って、治療者は論文の冒頭に、この治療に際して「クライエントの自我を支えるエゴ・サポーティブ（ego supportive）な治療方針を採り」、「この治療方針が治療経過のなかで適宜施行された風景構成法に反映され、それによってクライエントの自我強化の過程の把握が非常に有効になった」と記している。

クライエントの「自我の強さ」に注目しておくことが心理療法を行なう際にとても重要であることは言うまでもなく、とくにこの事例のような分裂病と診断されうる可能性をもつクライエントの場合はなおさらである。

心理療法はクライエントの内界を掘り下げていく側面をもっている。そのプロセスに伴って、内界から現われ出てくる内容は通常、クライエントにとって受け入れがたいものであることが多い。精神分析の文脈からすると、そもそも自我に受け入れがたいものであるからこそ抑圧されたものが潜む場が無意識なのであるから、このことは当然とも言えよう。無意識から現われ出てくることがらは自我にとって同化しにくいものであるため、しっかりと抱えられないならばそれはクライエントにたいして破壊的に作用する危険性をもっている。これは料理に比すことができるだろう。食材を鍋に入れて、熱を加える。ぐつぐつと煮込むことによって食材が変容し、料理ができあがっていく。しかし、このとき、加えられる熱にたいして鍋の強度が低ければ、鍋が割れてしまったりして惨事が起こる可能性が出てくる。

それゆえ、心理療法を行なうにあたっては、クライエントの無意識から現われてくるものがどのくらいの「熱を発する」のか。言い換えれば、どのくらいのレベルで退行する可能性があるのか。また、それに応じた強度の「鍋」(これは、治療者‐クライエント間の関係性や枠を含む治療構造など、そしてクライエントの「自我の強さ」に関連している)を提供できるのか。こういった見通しを早い段階でもっておくことが大切になってくる。このようなことをきちんと見定めておかないと、治療経過のなかで収集のつかないアクティング・アウトが生じたり、精神病的な症状を発現させるようなことになる場合がある。その意味で、治療者がエゴ・サポーティヴな治療方針をとり、また経過のなかで記載されているが、クライエントに精神科医の受診を勧めたり、服薬にも注意を払っているのは適切であると思われる。

しかし、むずかしいのは、このようなクライエントにたいして自我の強さに気をつけて、その自我（エゴ）をサポートすることがまったく妥当であると同時に、逆にこのようなクライエントだからこそ、治療者がその自我にのみ注目しすぎると、クライエントにとって治療の場は虚しく、意味の感じられないものになりかねないことである。自我という領域とその「外部」の領域。この両者の折り合いがこの事例の中心的なテーマになっているとも考えられる。しかし、まずは「自我の強さ」（あるいは弱さ）に関して先に検討しておこう。

先に述べたように、「自我の強さ／弱さ」に注目することは重要であり、それゆえにこのことばはよく使われるが、しかし、あらたまって「自我の強さ／弱さ」というのはどういうことなのかと考えてみると、その定義は学派によってもさまざまであり、そこにはかなり曖昧な部分もあるように思われる。そもそもその強さを求められている「自我」というものはなんなのか、それをどのように捉えるのか。そこにはさまざまな学派の、またそこに属する治療者の「治療観」が反映されることになる。「治療観」とは煮詰めていけば、人間が生きるということはどのようなことであるのかという地平に行き着くだろう。境界例や分裂病圏の人の治療の際にはことさらこの地平が治療者に鋭く問われることになる。

ここで、筆者はベイトソン[3]による「自我の強さ／弱さ」の考えを導入したい誘惑にかられる。彼の考える「自我の強さ」は精神分析学派などが提唱しているオーソドックスな考えとは若干異なるが、本事例を考えるうえでもとても有益だと思われるのでここに引用しておきたい。彼の定義は「エゴの弱さとは、あるメッセージがいかなる種類のメッセージであるのかを告げるはずの信号を見分け、解釈するうえで、支障をきたすこと[4]」である。

たとえば、ある精神分裂病の患者が病院の食堂に入ったとき、店員が「何にいたしましょうか」と声をかけたとしよう。患者はこれがどのような種類のメッセージであるのか確信がもてない。店員の意図は、自分を殺そうとしているのか、デートに誘っているのか、それともコーヒーはいかがと言っているのか。彼にはこのメッセージの意味を確信をもってつかむことが困難である。

このような患者をもって、「自我が弱い」というわけだが、これに関しては患者の要因だけではなく、そもそもことばが本来的にもっている本質的な曖昧さも関わってこよう。考えてみれば、ことばというのは不思議なものだ。状況によって同じことばでも意味がまったく異なってくる。たとえば、「きれいですね」ということば。これは顔立ちが端正に整った女性にたいして賞賛の意味でも使えるが、泥だらけになった顔の子どもにたいして皮肉や揶揄の意味としても同じように使うことができる。しかし、通常、私たちはさほど混乱することなく、そのときどきの状況に照らしてそのことばの意味を自然に了解している（つもりでいる）。それが可能なのは、そのメッセージの意味を解釈するなんらかの手がかりをわれわれが把握している（つもりでいる）からに他ならない。その手がかりとは、その場の雰囲気や状況、話し手の顔の表情や声のトーンなどなどである。たとえば、相手がにっこりと微笑みながら「好きよ」と言ったときと、眉をひそませ不快そうに「好きよ」と言ったときでは、受け取るべきそのことばの意味は変わってくるだろう。ベイトソンによれば、精神分裂病者はこのメッセージの解読のための手がかりをつかむ力が弱いということになる。そうなると、意味は流動し、不安定なものとなっていく。彼のいう「自我の強さ／弱さ」とはこの意味である。

「自我の強さ／弱さ」をこのようにメッセージの意味を解読する際の手がかりをつかむ力とみなすことによって得られる利点は、分裂病者や境界例の人に特有なコミュニケーションの取りにくさをたんに「病的」なものとみなすのではなく、そこに彼らが必死に生きるための戦略が含まれているとみなせる地平が開かれることである。

あるメッセージがどのようなことを意味しているのかを明確に決定できないという状況は耐えがたいカフカ的な苦痛をもたらすだろう。それゆえ、この苦痛から逃れるために、たとえば分裂病の妄想型の人はすべてのメッセージにたいして一義的な意味づけをなそうとする。たとえば、鉛筆が転がっているのも、新聞の配達が遅れたのも、それらは自分にたいする誰かの殺意を意味しているというように。

このような迫害的な状況に置かれることはもちろん患者にとって苦痛ではあるが、しかしメッセージの意味が定まらない不可解な状況に曝されることに比べれば、「妄想」という意味解釈体系のなかで迫害していくる「対象」を同定することができることで、ある種の安定を図ることが可能となる。こちらの方が、意味そのものが流動している状況よりもまだしも安全保障感は保たれるわけである（妄想の取れにくさはよく指摘されるが、その理由の一端はここにあると考えられる）。

妄想とは別の形の戦略を採ったタイプが破瓜型といえよう。彼らはメッセージをすべて字義通りに受け取ろうとする。たとえば、愛着をこめて相手が「君もばかだねぇ」と言うとき、それを文字通り受け取って「いいえ、私は学校の成績はよかったです」と破瓜型の病者が答えることなどはたしかによくみられる。これも与えられたメッセージが本当はどんな意味なのかということに入り込んでいくと、意味が流動し、迷宮を彷徨することになるので、戦略としてすべてのメッセージを文脈を離れて文字通り受け取ることにしていると考えられる。

さて、すでに少し触れたが、考えてみれば分裂病者に限らず、把握した意味がなぜそのような意味として捉えることができるのかという根拠を私たちははっきりと意識することはできない。たとえば、先に挙げたように「君もばかだねぇ」と友人に言われたとき、それが自分にたいする侮辱なのか愛情が示されているのか、明確な根拠を意識することは不可能である。「それはどういう意味で言ってるの？」などと相手に確認してみても解決にはならない。「ばかにして言ったのではないよ」と仮に相手が答えても、今度はそれが本当かどうなのかを確かめる術はやはりない。意味を明示する根拠は追いかければ追いかけるほど無限に後退していく。

にもかかわらず、われわれは通常、それほど疑り深くならずに日常を生きていっている。相手が言ってることの真の意味はなんなのか、それがそうだという意味をもっているのはなぜなのか、などと言い出すと、たちまちしっかりしていると思っていた足元の基盤もぐらぐらしてきかねないのだが、そのようなことは問わずに日常を送っているのが普通だろう。そのような状態をもって「健康」「ノーマル」、または「適応している」と言ってもいいのかもしれない。あるいは少し皮肉に言えば、そのような状態を「能天気」ということもできるかもしれない。この意味で言えば、この「幻聴事例」のクライエントは、日常世界の背後にある「根拠」を問うてしまった人、あるいは、根拠の側から問われてしまった人と言えるのではないだろうか。

このクライエントの幻聴は、日常的な「この世」の根拠を問うべく、「この世」の外部、いうなれば「あの世」から届けられる声のように感じる。この人のマリファナ体験や神、魂への関心、宗教への入信未遂などはその傍証であろう。これらはすべて、「あの世」からの誘いである。

筆者がここでいう「あの世」とは、「この世」を成り立たせている根拠が存在しているある位相とでもいった意味である。もう少し硬いことばで述べるならば、「この世」は意味で埋め立てられている世界、すなわち言語的に分節されている世界と言えよう。しかし、その分節のされ方は恣意的であり、なぜそのように分節されているのかは「この世」の内部では答えが得られない。たいして「あの世」とは、その分節化の根拠が在ると仮想される場所である。より正確に言うならば、「この世」を「この世」として分節化する際のその生成変化という「運動」そのものをここでは「あの世」と呼んでいる。あるものが生成される運動そのものは、生成された平面の内部では捉えることができない。この捉えられない「運動」を「この世」の地平が成立した後に、事後的に想定した位相が「あの世」である。単純化して言えば、「この世」はことばの世界、「あの世」はことば「以前」の世界と思っていただくとよいだろう。

普通、私たちはそのような「あの世」に想いを寄せないで、「この世」のみが唯一のものであり、安定したものと思い込んで生きていっている。しかし、疑問をもちだすとこの安定感はたちまちぐらぐらと揺らぎ出す。このクライエントはそのような根源的な問いを問われている人であろう。その「問い」の核になっている場が「あの世」ということである。

また、このクライエントにとっての「あの世」とは父親が深く関連していることが「事例の概要」から窺われる。正確に言えば、外国にたいして父親が抱いていたある「憧れ」に深く関連しているということだ。この父親が抱いていた「憧れ」とはどのようなものだったのだろう。それは事例には記載されていない。しかし、この「憧れ」に囚われた父親が夢破れ、それを託されたクライエントも想いがかなわず、途絶するような形で帰国する。クライエントはこのような経緯から父親にたいして裏切った思いやその死にたいして罪悪感をもっているが、これらの気持ちは、現実の父親ではなく親子を超えて連綿と続いているかのような、その「憧れ」にたいしての罪悪感ではなかったろうか。

すなわち、この「憧れ」とは、現実の個人的な父親を超えるレベルにある「何か」である。この事例の風景構成法に関して注目するポイントのひとつは太陽であるが、この太陽こそが、この「何か」の表象であると思われる。

3 風景構成法①(図6-1)

第I期の後半に初めて描かれた風景構成法①からみていこう。項目の「付加物」で太陽、カモメ、田で働く人が描かれる。このクライエントにとってこの太陽がとても重要なものであり、それに惹かれていることは彩色を太陽から始めたことからも窺われるし、また描き終わったあとの「山頂にいるのが自分で、これから山の向こう側に行こうとしている」という彼のことばからも分かる。

民俗学でよく指摘されているように、山は共同体という「この世」という領域を区切る境界のイメージを有している。山の向こうは端的に「他界」すなわち「あの世」である。風景構成法①に描かれているように、山の向こうには大きな太陽が待ち受けている。このことからみても、やはり、この人にとって太陽とは「あの世」の象徴のように思われる。

図6－1　風景構成法①

　山頂の人は太陽の光を浴びてその右半身が赤く染まっている。山頂という境界に立ち、すでに相当太陽からの影響を受けている感があり、筆者にはこの赤く染まっていることが幻聴と重なる想いがする。さらに、この人はその染められた赤色の源泉に誘われるように、これから山を越えて向こう側の世界、太陽のいる世界へ出て行こうとしているのだと語る。治療者が不安を覚えたのも当然であろう。しかし、一方ではこの動きを補償するかのように、画用紙の右手前に描かれた田んぼのなかには、太陽に背を向け（「太陽に背く」ことがこのクライエントのテーマではなかろうか）、腰をかがめて働く人がいる。

山という境界を越えてあの世的な太陽へと向かおうとする人と平地の田んぼで働く人。この両者は一本の道で結ばれている。この道を描けることは、クライエントの強さであろう（田んぼから川を渡る橋までの道が描かれていない絵を想像してみると、山頂の人の孤立感——いや、むしろ孤高感というべきか——が増してその印象が一変するはずである）。道という「意識」的な線によって、あの世へ向かう動きとこの世に住む方向性をとりあえず結びつけることがこの絵ではできている。しかし、意識的であるからこそこの相矛盾する方向性にクライエントは引き裂かれてしまいかねず、この人の苦痛は言いようのないものとなるだろう。実際、第II期の最初に彼は、「僕は太陽に近づいて、太陽の子になりたい」と言いつつ、一方で「僕は店屋のおっさんでいい、それだけで終わりたくないが、でもそれでいい」と語っている。「太陽の子になりたい」。このようなことばを病者特有の万能感を表わすものだと捉えることは易しい。事実、同じころの時期にクライエントは「天から与えられた才能を活かし、社会に還元しなくてはいけない」「僕の親父は太陽です」「神や仏が天上から僕を見ている気がして眠れない」などと語っている。しかし、こういったことを病的な万能感と捉えるのではなく、山の向こうに太陽が存在することを知ってしまったがための、その太陽の光を浴びてしまったがゆえの語りなのではないかと捉える方が治療的ではあると思う。日常を普通に生きているわれわれは太陽を直視することなく、太陽の光によって間接的に照らされた事物を認識して生きていっている。太陽とはそれがなければ、この世の事物を把握することはできないものであるが、その存在を直接に意識することは日常あまりない。太陽を直視することは危険なのである。

このクライエントはこの世の事物が存在するための根源の光を垣間見てしまった人だろう。見てしまったならば、そこに誘われる動きが生じてくるのも当然だ。しかし、そこに行き着いてしまうと「この世」では生きられなくなるだろう。それゆえ、この人はこの世に留まろうとするわけだが、太陽を知ってしまった以上、そこから誘う声が聞こえてくるのももっともだと思われる。たとえば、「死んでしまえ」という幻聴。死とあの世が等号(=)で結ばれることを考えるならば、この幻聴は太陽の世界への誘いに他ならない。あるいは「あほや」という幻聴。根拠を垣間見た者にとっては「この世」が嘘くさく、そのような虚構のなかでの行為やことばは「あほ」らしく感じられるのではなかろうか。その意味ではこの幻聴は「この世」の虚構性を鋭く突いてくる真実の声とも言えるかもしれない。この世に適応している人たちにとってはこの虚構を現実としてのリアリティとみなしているわけであるが。

治療者は、この風景構成法①の川の両岸に石がびっしりと置かれているのを見て、「自我は強化されつつある」とみている。これと矛盾する見解ではないが、私は山頂の人（あの世へ行こうとする人）と田んぼで働く人（この世に住まう人）との間に道が繋がるためには、川をこのような石で守らなければならなかったのだろうと感じる。川がもっと広かったり氾濫したりすれば、道は分断されてしまっていただろう。この意味で、この道はこのクライエントが治療のなかでやっていくべき仕事、ある「ライン」という印象を強く受ける。

この道の田んぼに近い側に紫色の花が咲いているのも印象的である。花を情緒と関連するものと考えるならば、すでに最初の風景構成法①において巨大な太陽、そこへ向かおうとする山頂の人という目を引くアイテムの陰でひっそりと低いところにある田んぼで働く人のそばで人知れず咲く花がこのクライエントにとってとても大切なものになるのだろうという予感がする（紫という花の色も、太陽の赤色にたいして異なる色である青色がそこに含まれていることは意味深いと思われる）。

さて、少し前後するが風景構成法①が描かれるに到る前にクライエントは治療者に「死ぬことをよく考える。自分みたいな情けない人間が生きていたって……。じつは先生に謝らないといけないことがあるんです。幻聴についてはどうも聞こえるふりをしているだけじゃないかと思うんです。せっかくカウンセリングしてもらってるのに……」と語る回がある（第六回）。この辺りの心理療法的な意味については、前掲書で河合隼雄が的確に指摘しているとおりであり、ここではそれを参考にしつつ、考察していこう。

この場面は、幻聴が本当に聞こえるのかどうかという「事実」が問題になっているのではない。クライエントが父親の期待を裏切ってしまったように、偽りの訴えによってせっかくカウンセリングをしてくれている治療者を裏切ってしまったと彼が感じていることがここでは重要なのである。つまり、父親‐クライエントとの関係性が相似な形で治療者‐クライエントとの関係で生じてきているということだ。父親を裏切った自分を受け入れてくれる関係性というものが存在するのか。クライエントが治療者に問うているのはそういうことであろう。

先に触れたが、筆者はこのクライエントが語る「父親」とは現実の父親を超えた、ある「何か」と感じる（この「何か」こそ「太陽」として描かれるものであり、現実の彼の父親もこの「太陽」に呪縛されていたのではないか）。その「何か」とは「この世」を成立させしめる根拠とも言えようが、哀しいかな、われわれ人間はそのような根拠を直視しては生きていけない。われわれは人として生きる限り、太陽を裏切らざるを得ない。いや、むしろ日常のなかにいる人は裏切っていることさえ知らずに生きていってるとも言えよう。端的に言うならば、太陽の存在を知ることを禁止されることによって、「この世」が初めて成立するということだ。それゆえ、このクライエントがこの世に住まうためには、太陽を裏切るというプロセスを経ていかなければならないと思われる。しかし、一度、太陽の存在を知ってしまった者はそれを裏切ることに強い罪悪感を感じるだろう。彼らにとっては太陽の世界の方が「真実」であるからだ。そのように考えると、第六回で起こっていることは、クライエントが太陽を裏切って、なおかつ「この世」に住んでもいいのかどうかを治療者との関係性のなかで問うているのだということが了解されるだろう。

治療者は次のように答えている。「それ話すの、相当決心がいったでしょう」「はい」とクライエント。「そんなしんどいこともってて、ひとりで考えてたら、そりゃ死にたくもなるでしょう」「はい……」「来週も絶対来なさいよ」。

治療者は幻聴が事実であるのかどうかになんら答えてはいない。治療者を裏切ってしまったとするクライエントにたいして、「来週も絶対に来なさい」と関係性をつなぐことでもって応えている。これは非常に的確であると思う。ここでは、治療者は太陽になっているとも言えよう。治療者との関係性に支えられて、クライエントは治療者（太陽）を裏切ることを赦される。

太陽を裏切るということは、地上に住むということである。すなわち、上方から下方への動きである。第六回の後にクライエントは次のような内容の夢を報告するが、この上方から下方への動きがそこに反映されている。

4 クライエントの夢

【夢1】「家に帰ろうと思って自転車に乗って道に迷う。道は曲がりくねり、相当な高さの所で道幅も狭く、オートバイとすれ違って道から落ちそうになり、恐怖と不安でふらふらになる。〈ああ、めまいがするわ、俺〉と叫んでいると、はるか下のビーチで釣りをしていた三、四十歳くらいの男性が〈そりゃ、しんどうてめまいもするで〉と言う。すると自分も釣りをしていて、熱帯魚のような美しい赤の縦の筋が入っているカジキマグロ大の魚を釣る。さっきの男性に針を抜いてくれと頼もうとする」。

さらにしばらくしてから、次の夢が語られる。

【夢2】「ロックバンドのメンバーと会っている。ボーカルの桑田に Never fall in love を歌ってくれと頼み、歌ってくれる」。

【夢1】でもみられるように、クライエントは高みへ、つまりは太陽の方向へと向かおうとして恐怖と不安に曝されている。そのときに現われて、彼を下方の方向へと誘う夢のなかの男性は治療者像を反映しているものであり、またクライエント自身の内界にある治癒力の表象であろう。この男性像はこの後に施行されることになる風景構成法①の田んぼのなかで働く人に引き継がれていくものだと思われる。このような像が現われてきたことの大きな要因として、やはり上に述べた第六回での出来事が大きな意味をもっていたと思う。

太陽の方向へという上方から下方へ向かう方向性が生じてきたときに、夢が「釣り」というイメージを提示しているのは本書の角野善宏の事例（第3章）と照らし合わせると興味深い。その事例で描かれた最初の風景構成法は、富士山のような山の頂上に立つ人がやはり真っ赤な太陽を背にしつつ、下方の湖に釣り糸を垂れている描画であった（図3-1）。この事例に関するコメントで筆者は「元型的なものを釣り上げようとする際に、それを補償するためにはやはり元型的な太陽を背景にもつことが必要だったのではないか」というようなことを述べた。この太陽-釣りという対比がこの事例にも現われている。ただ、この事例ではむしろ太陽への方向を補償する形での釣りという印象が強い。上方の太陽へと移行していくのではなく、下方から釣り上げる、という方向である。このときに釣り上げたのが、赤い筋の入った大きな魚であることは興味深い。この魚には少し元型的な匂いがする。赤色というのは太陽の性質を引くものであろう。縞という形態からその太陽的パワーは半減しているようでもあるがこれは、この魚が下方における太陽だからだろう。上方（あの世）ではなく下方（この世）においてクライエントがこの太陽（赤い魚）を得るときに、治療者もまたその仕事に参入しなければならないことが暗示されているように思われる（針を抜いてくれと頼まれる）。筆者にはこの夢が第III期での治療的に大きな意味をもったと考えられる面接（第四十回）のことを予見しているように思えるのだが、これについては後述しよう。

【夢2】の fall in はやはり高みから落ちるという印象がして、風景構成法①の山頂に立って向こう側の太陽の方へと行こうとする人の姿と印象が重なる。fall in する先の love とは太陽との一体化であろうか。ここでも、そのような方向性を否定する（never）動きが夢のなかに現われている。

以上のような治療の流れをふまえて、風景構成法①が描かれたように思われる。

5　治療者の夢

第II期の前半では幻聴もなく、調子がよかったクライエントであるが、徐々に彼の「自我は大きく揺れ動いて」いき、次第にまた「太陽の方向を向き始め」、調子を崩しだす（「太陽の子になりたい」「僕の親父は太陽です」）。幻聴に関してはクライエントは次のように語っている。「あっ、これは幻聴なんだとホッとできる部分と、本当に聞こえてるんだとものすごく腹が立つ部分とがあって、今は半々。ポイントに立たされてしまう」。

この面接の夜に、治療者は次のような夢をみている。

【治療者の夢】「飲み屋でクライエントと話している。彼はライターを持っているかと私に聞くので、私は〈もちろん〉とポケットから愛用のライターを出そうとする。が、ためらい、止める。彼には何も言わず、肘と肩で彼を押し、分かってくれ、出さないほうがいいんだということを伝える」。

この夢に関しては、前掲書において河合隼雄も指摘しているように、ライターの火が太陽に通じるものであるとみなす視点をもつことが有益であろう。ここでは、ライターの火（＝太陽）を求めるクライエントにたいして治療者はそれを妨げる者、太陽への方向性を遮断する者として現われている。

この「遮断」の提示の仕方も興味深い。治療者は「何も言わず……肘と肩で彼を押し……伝える」。つまり、言語的に分節化されたレベルで伝えるのではなく、身体というそれ以前のレベルでのコミュニケートがここではなされている。この事例における「太陽」が言語的な分節を超えたレベルの象徴と考えてきたことを思い出すならば、夢のなかで治療者がクライエントにコミュニケートしているレベルが、「太陽」の次元でなされている（そのレベルでなされなければならない）ということである。すなわち、第六回で生じたことと同様に、ここでも治療者は「太陽」として立ち、なおかつ「太陽」へとクライエントが進むことを遮断する。これは「私の命令をきくな」という自己言及的なことばにも似て、パラドキシカルな事態である。多くの事例について当てはまると筆者は考えているのだが、治療が進展する際にこのようなパラドキシカルな地点を通っていくことがよくあると思われる。そもそも、本事例のクライエントは「太陽」へ向かうとこの世で生きていけない、しかし、太陽なくしてこの世で生きるのは虚しい、という非常に苦しい堂々巡りのループのなかをさまよっている人である（実際、最初のころに彼は「生きるのか、死ぬのか、どっちかにしてほしい」と語っている）。このようなループそのものが変化するときに、ループがねじれてメビウスの輪のような状態に一瞬なるとでもいうのか、とてもパラドキシカルな事態が起こることが多い。このようなひとつの現われが、第四十回だと思うのだが、これについてはもう少し後で触れよう。

ところで、本書の対談のなかで「コミット」ということばがしばしば出てくるが、それはたとえば、治療者がこのような夢を見る次元でのコミットのことを指している。それは自我のレベルから出てくるたんなる熱意とはまったく異なるものである。つまりは、自我を超えたところでのコミットということである。

この夢にみられるように、クライエントが太陽へと向かおうとする方向性を引き受けつつ、逆方向のベクトルを提示するという治療者のコミットと呼応していると思われるが、クライエントのなかにも「この世」へ向かう動きがだんだんと生じてくる。

しかし、このような動きが出てきたときに治療者は単純に喜びすぎないことが重要である。クライエントがこの世にだんだんと根づいていくことは、この世に生きる者として治療者もたしかにうれしく思って当然であろう。しかし、このころにクライエントが「人生ってこんなもんですね」「店屋のおっさんだけでは終わりたくない、平凡すぎて寂しい」と〈現実の物足りなさ〉を語っているように、太陽の存在を知る人にとってこの世に生きていくことはとても「寂しい」ものであると思われる。この「寂しさ」を治療者がよく了解していることが大切である。そうでなければ、クライエントの「寂しさ」は生きていくのに耐えがたい「孤独」に転じていくだろう。

6 風景構成法②（図6-2）

第II期の終わりに描かれた風景構成法②は、以上のような太陽への方向を拒否する治療者のコミットによって治療プロセスが展開していることをよく示していると思われる。この描画についてクライエントは次のように説明している。

「曲がりくねった道は人生の道。自分は家から出て道を登りだしている。でもひとりでは生きていけないので、山の中腹に年配の人がリラックスして待っていてくれる。山の向こう側まで道があり、越えようとしている。花は、道の両脇に明るく咲いて見守ってくれるが、岩が転がってくるかもしれない。馬が道を駆け降りてきて危ない。人生は苦楽」。

クライエントはやはり山の向こう側、つまり太陽の方向へと進もうとしているけれども、ふもとのところで待っていてくれる人がこの絵のなかには存在している。筆者には、この待っててくれる人が風景構成法①の田んぼで働いていた人のように思えてならない。この人は田んぼから出て川を越えて、山の方に行こうとする人に近づいていってるのではなかろうか。

この絵を見て思い出すのだが、筆者の尊敬するある老練な心理療法家が「クライエントに箱庭をやってもらうというのは、ビルの十階から飛び降りてもいいですよ、とこちらが言ってるようなものです。飛び降りてもちゃんと受け止めますよ、ということです。箱庭をするというのはそれくらいのことです」と話されたことがある。なるほどと感心したものだが、少し後でこれも筆者の尊敬する人が「あれはあの先生だから言えるのであって、ぼくは十階から飛び降りる人を受け止めることなんかできないから、こちらが六、七階まで上っていってそこで受ける」と言う。このことばも筆者にとって印象に残るものであった。

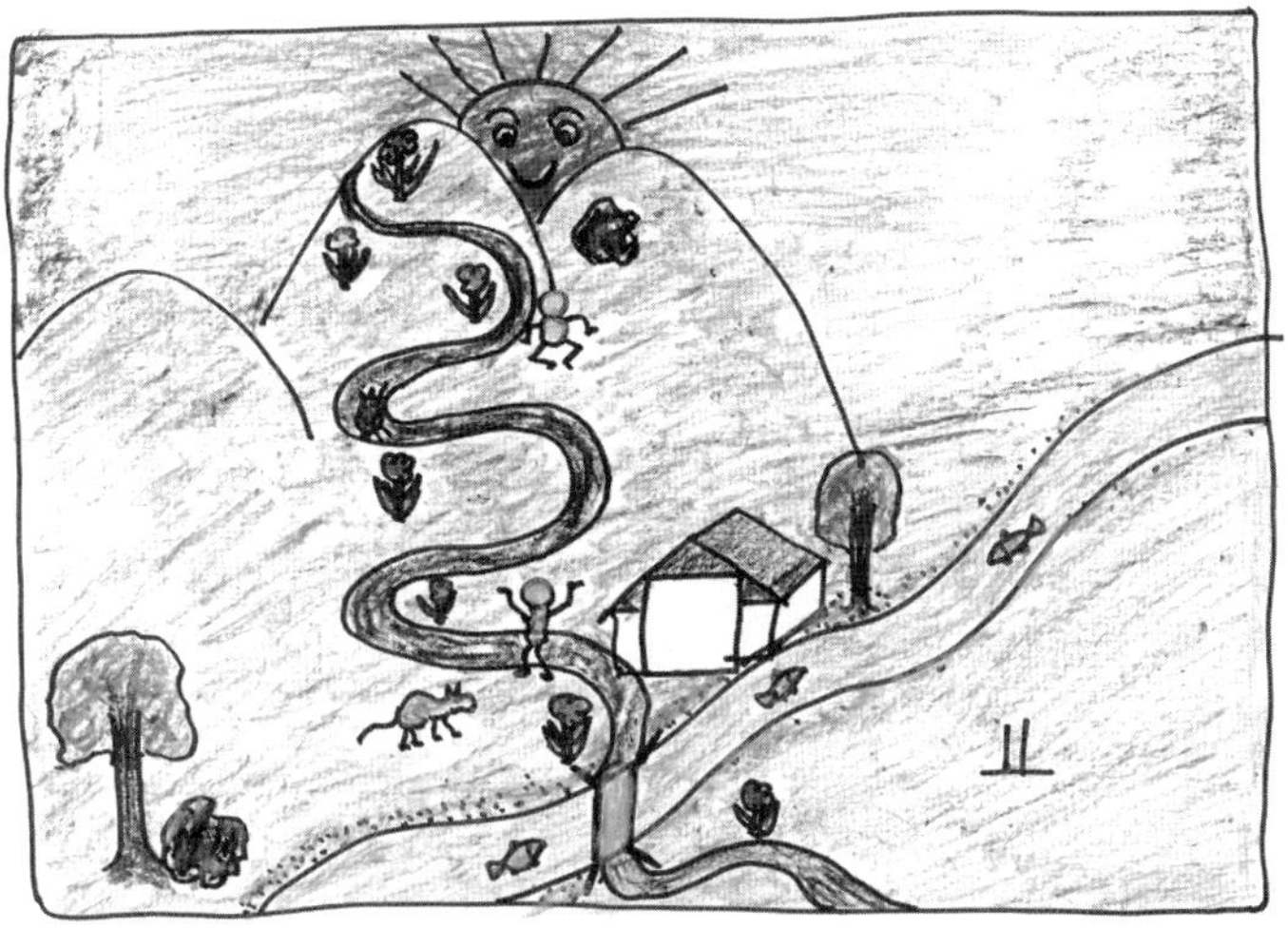

図6－2　風景構成法②

このような連想もあって、風景構成法②のふもとにいる人は、①での田んぼで働いていた人が山を登ろうとしている人に近づいていったように感じたのだが、この人はもちろんクライエントのなかの治療者像を示すものであろう。先の治療者の夢でも示されているような治療者のコミットが、この人物に川を越えさせたとも言えるかもしれない。さらには、この人物がふもとの方で「待つ」という受け皿的な、言い換えれば「母性的」な治療者のコミットを示すものとすれば、山の上から転がってくるかもしれない岩や駆け下りてくる馬は治療者の「父性的」なコミットを示していると思われる。これらは端的に太陽の方へ向かおうとするクライエントの動きを妨害するものである。先の夢では、治療者が「太陽への道」を拒絶する（ライターの火を貸さない）姿勢を示した。このような姿勢を示すことは治療者にとっても非常な労力を必要とするものであるが、しかし、またクライエントにとっても過酷な仕事であることが、描かれた岩や馬をみることでよく了解されるであろう。

風景構成法②は、全体的な構図としては風景構成法①とほとんど変わっていない。変化は、下方にある田んぼと太陽を結びつけている一本道上でおもに生じている。一直線に太陽へと向かうこの道が変わることが、クライエントにとっての課題とも言えようが、この「道の変化」が胎動しているのであろう、この道上でいろんな動きが凝縮して起こっているような印象を受ける。クライエントも述べているように、この道の両脇にはたくさんの花が咲いている。まさしくフラワーロードのようだ。この道が変化するためのメビウス的な「ねじれ」。それが次に示す、第Ⅲ期の四十回目の面接ではなかっただろうか。

7　風景として構成される「治療者 - クライエント」

現実を肯定していこうとする強い姿勢を打ち出し、調子のよさが語られていたクライエントであったが、四十回目の面接で一気に調子が崩れる。

幻聴は明らかに本当の声だとするクライエントであったが、この回、初めて面接中に幻聴が聞こえる。「ちょっと待ってください、いま言われました」と。その内容は〈あほか〉〈一生治らんわ〉というもの。「こんなんはどんな状態なんですか」と必死に問うクライエントに、治療者はもうひとりの自分と戦っているんだと説明する。しかし、クライエントは「でも、もうひとりの自分ではなく、明らかに他人から聞かされているんです」と主張する。治療者は、なかば無意識的に立ち上がり、窓越しに外を見ながら、「自暴自棄になってるね」とつぶやき、ややあって「毎日服薬し、よく休むこと、約束できるか！」と強い口調で言う。対してうなずくクライエント。

ここで生じていることは、「〈父親の期待に沿うように見えながら、それを裏切った息子〉が、みずからは関係を切ろうとしつつ、それでも父親は自分を愛してくれているのか、父親はどこまで強いのか、といった問いかけをしている」(河合)[5]と考えられる。治療者は「太陽」を具現化する者としてクライエントの前に立っている。治療者はとても強い口調で告げているが、これは「太陽」に属する父性であろう。この状況を通してクライエントは治療者という「太陽」に触れることができたのではなかろうか。一方で、治療者が告げている内容は、服薬、休息などといった極めて現実的なことがらである。「太陽」という「あの世」的な器のなかに盛り込まれた「この世」的な内容がパラドキシカルに提示される。ここにおいて、「あの世」への方向性と「この世」への方向性という相異なるものが「太陽」としての治療者を結節点としてクロスして交わる。

ここで、クライエントは「この世」における「太陽」という本来あり得ないパラドキシカルな、それでいて彼が真に求めていたものに触れることができたのではなかろうか。【夢1】で彼は下方のビーチで赤縞の魚を釣り上げている。下方にある赤(=太陽)色の魚。夢のなかでの別の男性(治療者であろう)に針を抜いてくれるようにクライエントは頼もうとするのだが、第四十回で治療者とクライエントがやっているのはまさしくこの夢の内容であろう。治療者自身が地上における「太陽」(赤い魚)となって、クライエントがそれに触れることで「地上の太陽」を手に入れることができているように思われる。

換言すれば、この面接場面自体が風景構成法になっているとも言えよう。風景構成法②の太陽と地上を両端とする一本道の途上にいる二人の人物。地上で待つ人として、また太陽を求めて上方へ向かう人にたいして強力にそれを妨げる岩や馬として、治療者はクライエントの前に立っている。また、その強力さゆえに治療者は「太陽」の性質をも帯びている。この意味で、風景構成法とは画用紙に風景を描くといったことではなく、治療者やクライエントが風景として描かれることである。できあがった絵自体はそのような治療者、クライエントを通して織りなされる「運動」の一断面にすぎないとさえ言えよう。

さて、第四十回の内容をもう少し詳しくみていこう。この回に初めて面接中に幻聴が聞こえるわけだが、一般的に言って、治療場面のなかで症状が現われることは(純粋に精神病レベルの症状を別にして)あまりないと思われる。理由としては、症状が物語的に展開していく場こそが治療場面であるからである。であるから、心理治療が展開していっているときは、問題は症状という形をとらないことが普通であろう。それゆえ、面接場面で症状が現われたときは、まずは治療者が共感不足でクライエントの気持ちとズレていなかったかなどといままでの経過を反省してみることが大切である。しかし、この第四十回で生じていることはそれとはまた違ったことであるような印象がする。

さきに、「物語的に展開」と記したが、われわれは物語をもって日常を生きていっているとも言えよう。それぞれの人は自分の物語を生きている。共同体には共同体の物語がある（いや、むしろその物語をもってして共同体というものが成立しているといった方が正確であろう）。その物語に収まらないような何かが症状だと言えるだろう。心理療法において物語が重視される理由はそこにある。症状の背後にあるものがだんだんと展開していき、最初はその人の物語に組み込めなかったゆえに症状という形になっていたものが、新たに現われてくる物語のなかに統合されていく。心理療法のプロセスをこのように捉えることはそれほど目新しいことではない。

その意味では、この回に現われた幻聴はそういった物語にたいする端的なアンチテーゼであるように思われる。物語は「この世」や「私」を成り立たせることに関わる大切なものだ。「私」は自身の物語に照らして世界の意味を読み、生きていく。「この世」に住まうというのはそういうことであろう。しかるに、この回に現われた幻聴は物語によって境界線を引かれて閉じた「この世」をこじ開けるかのように、物語やこの世の「外部」を指し示す。治療場面に症状が現れてくることは、物語を重視する治療空間のなかに物語にならない「太陽」が侵入してきたとも言えるだろう。

ここで治療者は、幻聴とは「もうひとりの自分と戦っているのだ」とクライエントに告げる。これはつまり、幻聴を「自分」という境界「内部」のものとして位置づけようとしているわけである。しかし、クライエントはやはり「外反論する。「もうひとりの自分ではなくて、明らかに他人から聞かされている」と。クライエントはやはり「外部」、つまり「太陽」が在る領域をみてしまった人だ。その領域は「自分」という物語の「外部」にある。そこからの声であるならば、それは他者の声に他ならない。治療者は意識して言ったのではないだろうが、さらにクライエントにたいして「自暴自棄になってるね」とやはり「自分」という境界を強調しているのは興味深い。

すなわち、ここで治療者が必死になそうとしているのは、クライエントの「私」という境界線を引くことであるように筆者には思われる（これが、治療者の言う「自我強化」であろう）。以前に、「この世」というのは言語的に分節された世界のことであると述べたが、この分節の一番最初の形が「私」という分節である（「私」と「他」がまず分かれ、その後、「他」が細かく分節していく）。クライエントが求めている「太陽」の領域は分節のない世界である（正確には、「分節の仕方」を分節する場、すなわちメタ分節の場と言えようか）。ここでも、治療者はクライエントの「私」という境界を引こうとしていることで、「太陽」へ向かう動きを遮断している。

いま述べていることをもう少し、分かりやすく言うと、クライエントの無意識から漏れ出たものが幻聴として「外部」からの声として聞こえるのがこの人の症状であるが、自我境界をしっかりと引くことでそれを無意識領域に封じこめようと治療者はしている、ということである。この試みがかなり成功したのは、さきほど述べたように、「太陽」を具現化した治療者とのパラドキシカルな接触をクライエントがすることができたからだと思う。「私」という境界線が引かれることで、「私」の内面、つまり無意識の領域も確固としてくる。そうなれば、「太陽」は無意識の領域に徐々に封じこめられていくのだと思われる。「地上の太陽」を得るというのはこのようなことではなかろうか。われわれは、こころの奥底にある無意識に、「私」とはなんであるかという根拠（太陽）を自分でも知らずに封じ込めることで、初めてこの世に住めるのではないか（自我が成立するのではないか）。「私」はどのようにしてできあがったのか。この「私」の始源は無意識という闇のなかになければならない。この意味で、「太陽」は無意識と深い繫がりをもつものである。しかし、このクライエントは「太陽」を直視しようとする人だ。風景構成法①・②において、意識を反映しやすい項目である道が一直線に太陽の方に向かっていることはその傍証であろう。ところが、第四十回の後に描かれた風景構成法③では、むしろ川（これは無意識を反映しやすい項目である）が太陽と繋がる形になってくる。次に、この絵を検討していこう。

8　風景構成法③・④（図6－3、図6－4）

前節でみたように、第四十回の面接で治療者は「太陽」となって治療場面という風景のなかに描かれた。こうしてクライエントは「地上の太陽」と接触したと考えられるが、「地上」においてであるがゆえに、【夢1】での釣り上げた魚が全身赤色ではなく赤縞であるように、「太陽」の力は半減したものになっている印象を受ける（第3章のケースでも、太陽が中心的なテーマになっていたように思われる。そこでも太陽のパワーが最後の方では半減して、金髪〈＝太陽〉の男性をクライエントが地上で背負う絵が描かれた）。治療者が「太陽」になってしまうとへたをすると、妄想的な転移が生じて治療がむずかしくなってくる場合があるが、第四十一回では、「先生は酒を飲んではしゃぐ方ですか」と訊くクライエントにたいして、治療者も「そりゃ、もう滅茶苦茶」と率直に語っている。「あーよかった、それ聞いて安心しました」とクライエント。ここでも、「太陽」となった治療者が等身大の人間に徐々に戻されていっていることが窺われる。こういった展開は、「太陽」が無意識の領域にだんだんと沈み込んでいっているのと並行しているように思われる。実際、だんだんとクライエントから現実の生活を無難にこなしていることが報告されるようになる。第四十三回目に描かれたのが風景構成法③である。

この絵に関してクライエントは次のように語っている。「自分は道（近景の道）の右手から橋を渡ってやって来た。これから右へ道をとり、橋を渡って右へと進む。田では人が働いていて、川の魚はくっついて仲良くしてる」「川がおかしいですね、太陽のすぐ横に川があるなんて」。

図6－3　風景構成法③

図6－4　風景構成法④

風景構成法①・②に比して、風景構成法③で構図は大きく変化をみせる。太陽をめざして一直線に走る道はすでになく、太陽を迂回するかのような道が山中に置かれている。クライエントもこの道を歩むのだと語っている。

太陽という「中心」に向かって突き進むことは人間にとって破壊的で危険なことである。地上に住むわれわれ人間は「中心」の周りを「周回」しなければならない存在である。このようなことをユングも指摘しているが、風景構成法③はそのような地に住む人間としての世界がクライエントに開かれたことを物語っているような気がする。

風景構成法①・②で描かれた太陽に向かう一本道の場所を、風景構成法③では川が代わりに占めているのは興味深い。「私」の始源は無意識と繋がるのがふさわしい。むずかしい問題を抱えた多くのクライエントが結局問いたいのは「私はなぜ生まれてきたのか」「なぜ、私は生きていかねばならないのか」ということであるように思うのだが、この問いの答えは意識のなかからは出てこないであろう。「私」が生まれてきた根拠・始源（＝太陽）は本来、無意識のなかにあるべきものであり、たぶん、われわれは直接にはそれに触れることができないのではなかろうか。クライエント自身、まだぴったりとしていないようだが、「太陽」が（この世に住む人としては）本来あるべき場所（川＝無意識）にだんだんと繋がっていってるように思われる。

この後も一進一退があるが、夫人を中心とした家族の協力に支えられてクライエントは現実に根ざしていく。「話したいことやしんどいことを……自分ひとりでそれができれば、自分のなかに納められればいいと思う」と自立的な動きをみせるクライエントの提案もあり、面接も月一回のペースになっていく。風景構成法③を描いた三カ月後に描かれたのが風景構成法④である。

クライエントは次のように説明している。「川は上方から下方へと流れている。動物は犬。自分は田に寝転がって、太陽を眺めている。これから起き上がって、道を登っていく」。

風景構成法③ではまだ配置がちぐはぐであった。太陽と川だが、ここでは太陽を背景にした山間から川は流れ出ている風景となっている。すでに触れたが、山の向こうは異界（あの世、太陽の世界）であり、こちら側からは直接には見えない場所である。川（＝無意識）はその隠された始源から流れ出てきているようにみえる。その始源は無意識のみが知っている。意識（＝道）がそれを知ることはない。このような形で、太陽に背き、それでも生きていてよいのだと許されることが「この世」に住まうことであるならば、この風景構成法④はそのような人間としての在り方のなかにクライエントも参入したことを示していると感じる。

クライエントは田んぼに寝転がっている（田んぼの意味は、「対談コメント――第4章について」を参照していただくとありがたい）。これから彼は「道を登っていく」のだが、太陽へと直接に向かう道はこの世界にはもうない。三つの山にそれぞれ道があるが、左の山の道は太陽を周回する道のようであり、真ん中の山の道は頂上から向こう側に越えようとする道のようである（この道は風景構成法①・②の道の流れであろう）。おもしろいのは、右の山の道で、螺旋状に山を巻くような道となっている。これは山の向こう側に出てもまたこちら側に戻ってくる道であり、このクライエントのなかから現われてきた大切な三つ目の選択肢という印象を筆者は受ける。その道は、太陽を周回するのでもなく、まっすぐに突き進むのでもなく、山のこちら側の世界とあちら側の世界を行きつ戻りつするフレキシブルな道のように思われる。この道は、このクライエントにとって、今後の「可能性の中心」という印象がする。このような「太陽の存在を知ってしまった人」が「太陽」をまったく無いものとしてこの世に生きることはとても虚しいものになるだろうからである。「太陽」というあの世のものをあの世に送り返した上で、その世界とこちら側の世界を行き来する。そのような形でこのクライエントが生きていけるならば、相当に彼の辛さが軽減されるのだろうなと思われる。

この風景構成法④を描いた以降の事実経過を記しておくと、ほどなく隔月の面接間隔となり、その後の一年数カ月間に渡って幻聴の話題が出ることもなく、また治療者が問うたところ、幻聴はまったく聞こえないということであったとのことである。このことはもちろん喜ばしいことであるが、これはたんに幻聴という症状が消失したということのみでなく、一連の風景構成法を含めた面接の経過に示されているように、このようなクライエントがこの世に住まう喜びと哀しみを深く理解しながらていねいに治療プロセスに沿っていったことによるひとつの結果であり、このようなプロセス自体もまた非常に重要であったと思う。治療者・クライエントにたいしてはもちろん、その治療プロセスそのものにも深い敬意を表わして、この稿を閉じたい。

注

序文

（1）『生きる心理療法と教育――臨床教育学の視座から』誠信書房、一九九八年。

（2）その成果は、次の論文にまとめられている。岩本正男・澁澤敏雄・吉川昌範・河井猛・野村亜紀「風景構成法を通しての非行少年の理解――少年事件調査実務への〈風景構成法〉導入の試み」家庭裁判所調査官研修所監修『調研紀要』第六四号、法曹會、一九九五年、七二-九七頁。

第1章

（1）報告されたのはその翌年、一九七〇年である（中井久夫「精神分裂病者の精神療法における描画の使用」『芸術療法』二、一九七〇年、七七-九〇頁）。

（2）初めてのモノグラフは一九九四年に出た（皆藤章『風景構成法――その基礎と実践』誠信書房）。それ以前の論文集は一九八四年（山中康裕編『H.NAKAI 風景構成法』中井久夫著作集別巻、岩崎学術出版社）、それ以降の論文集は一九九六年（山中康裕編『風景構成法その後の発展』岩崎学術出版社）にそれぞれ出版されている。また、創案者である中井久夫の風景構成法に関する一連の論文のほとんどは、中井久夫著作集一巻『分裂病』（一九八四年）、二巻『治療』（一九八五年、いずれも岩崎学術出版社）に掲載されている。

（3）第2章以降の「対談コメント」でも暗示されているように、筆者は、病理・病態水準の概念を、共通言語として使用することはあっても自身の心理療法にその概念を用いてクライエントの内界を把握する必要性をほとんど感じなくなっている。また、本文中にあるような設定で風景構成法を施行することもない。

（4）河合隼雄「現代と境界」『生と死の接点』岩波書店、一九八九年、三二四頁。

（5）皆藤章『生きる心理療法と教育――臨床教育学の視座から』誠信書房、一九九八年、および次の諸論文参照。「心理療法における非因果性と病理」京都大学大学院教育学研究科臨床教育学講座紀要『臨床教育人間学』第二号、二〇〇〇年、二一-二九頁。「内なるクライエントの語り――クライエントにとっての事例報告」京都大学教育学部心理教育相談室紀要『臨床心理事例研究』第二六号、一九九九年、三〇-三六頁、「物語による転移／逆転移の理解」『精神療法』第二七巻第一号、金剛出版、二〇〇一年、八‐一四頁、「自明性の揺らぎと〈私〉の生成――事例との出会い」京都大学教育学部心理教育相談室紀要『臨床心理事例研究』第二七号、二〇〇一年、二七‐三〇頁。
(6) 前掲『生きる心理療法と教育――臨床教育学の視座から』一二頁。
(7) 同、一二頁。
(8) 同、一二‐一三頁。
(9) 注(5)参照。
(10) Prigogine, I. and Stengers, I., *Order out of Chaos, Man's New Dialogue with Nature*. Bantam Books, New York, 1984.(イリア・プリゴジン/イザベル・スタンジェール『混沌からの秩序』伏見康治・伏見譲・松枝秀明訳、みすず書房、一九八七年、三九‐四〇頁)。
(11) 前掲『生きる心理療法と教育――臨床教育学の視座から』二五八‐二八二頁(初出は、皆藤章「心理療法と風景構成法」前掲『風景構成法その後の発展』四五‐六四頁)。そこにおいて筆者は、ある心理療法場面に風景構成法を導入しようと試みた際にクライエントの拒否に出会った事態を契機に、筆者との関係を通してクライエントの創造性が活性化していった事例を提示し、そうした展開の背景に風景構成法が心理療法として機能していることを論じた。
(12) 「コミット」ということばは、本書ではとくに「対談コメント」において頻繁に使用されている。他の執筆者と微妙なニュアンスの違いはあるかも知れないが、筆者の定義で大きな異同はないと思われる。また、各章の事例研究における心理療法家の姿勢も、そのほとんどが「コミット」ということができる。
(13) 皆藤章「心理療法と道徳教育」河合隼雄編『講座心理療法　第八巻　心理療法と現代社会』岩波書店、二〇〇一年、三六‐三七頁。
(14) 第2章以降の「対談コメント」における筆者の風景構成法(箱庭)作品ひいては事例全体へのコミットはすべてこのような姿勢からもたらされている。
(15) 土門拳『土門拳全集八　日本の風景』小学館、一九八四年、一六三頁。

第2章

(1) 皆藤章『生きる心理療法と教育――臨床教育学の視座から』誠信書房、一九九八年、二六三頁(初出は、皆藤章「心理療法と風景構成法」山中康裕編『風景構成法その後の発展』岩崎学術出版社、一九九六年、四八頁)。

(2) ジェンドリンのGendlin, E. T., *Experiencing and the Creation of Meaning*. Free Press, New York, 1962. p. 78から、村瀬孝雄が翻訳した文章（詫摩武俊編著『性格の理論　第二版』誠信書房、一九八七年、二三五頁）。

(3) Gendlin, E. T., *Focusing-Oriented Psychotherapy, A Manual of the Experiential Method*. The Guilford Press, 1996.（ユージン・T・ジェンドリン『フォーカシング指向心理療法（下）心理療法の統合のために』村瀬孝雄・池見陽・日笠摩子監訳、金剛出版、一九九九年、三七三頁）。

(4) 中井久夫「風景構成法」山中康裕編『風景構成法その後の発展』岩崎学術出版社、一九九六年、二四頁）。

対談コメント——第2章について

(1) 河合隼雄・中村雄二郎『トポスの知』TBSブリタニカ、一九八四年、八一－八二頁。

(2) 岡崎甚幸・柳沢和彦「風景構成法の川による構成分類——幼稚園児・小学生・大学生の作品による空間論的検討」日本箱庭療法学会第一四回大会、二〇〇〇年十月二十二日、東洋英和女学院大学。

(3) Turner, V. W., *The Ritual Process, Structure and Anti-Structure*.（冨倉光雄訳『儀礼の過程』思索社、一九七六年）。

第3章

(1) 本事例は、角野善宏著「風景構成法から観た急性精神病状態からの回復過程の特徴　事例B」『臨床心理学』第一巻第一号、二〇〇一年一月号、および『たましいの臨床学』岩波書店、二〇〇一年、第四章「事例G」一三七－一四八頁でも違った角度から取り上げている。

(2) Laplanche, J. et Pontalis, J. B., *Vocabulaire de la Psychanalyse*. Presses Universitaires de France, Paris, 1976.（ラプランシュ／ポンタリス『精神分析用語辞典』村上仁監訳、みすず書房、一九七七年、七七－七八頁）。

対談コメント——第3章について

(1) 次の夢である。「虹がかかっている。それは本来は橋として利用されるべきものなのであるが、人びとはその上を通るのではなく下を通り抜けなければならない。その上を通る者は墜死する」。この夢について、ユングは次のように語っている。「虹の橋を渡るのに成功するのは神々だけである。死すべき運命にあるもの、すなわち人間は、墜死する。というのも虹は空にかかる美しい仮象にすぎないのであって、肉体存在である人間のための道ではないからである。人間は〈下を通り抜け〉なければならない」。(Jung, C. G., *Psychologie und Alchemie*. Zürich, 1944.：カール・グスタフ・ユング『心理学と錬金術Ⅰ』池田紘一・鎌田道生訳、人文書院、一九七六年、八八 - 八九頁)。

(2) たとえば、プエブロ - インディアンのひとり、オチウェイ・ビアノは、ユングに次のように語っている「そこを行く太陽が我々の父ではないだろうか。そうでないと誰がいえよう。他に神が存在するなどと。太陽がなくて、なにが存在できるだろうか」。(Jung, C. G., *Memories, Dreams, Reflections*. New York, Pantheon Books, 1963.：カール・グスタフ・ユング『ユング自伝二——思い出・夢・思想』河合隼雄・藤縄昭・出井淑子訳、みすず書房、一九七三年、六六 - 七六頁、引用は七二頁)。

対談コメント——第4章について

(1) 川嵜克哲「心理療法における秩序形成とパラドクス——チックの男児のプレイセラピィに頻出する〝3〟の意味を通して」『心理臨床学研究』第一八巻三号、二〇〇〇年、二〇九 - 二二〇頁。

第5章

(1) 本稿では、「非行臨床」とは異なり、司法領域＝家庭裁判所における臨床を念頭においている。また、本稿では触れていないが、司法臨床＝家庭裁判所の活動には、夫婦や親子、親族等の紛争、子どもの福祉を巡る事件を扱う家事係の仕事があり、領域の半分を占める。そこでも風景構成法が活用される事例がある。

(2) 小栗康平「ひそんで、あるもの」『見ること、在ること』平凡社、一九九六年、一〇四頁。

(3) 同、一〇四 - 一〇五頁。

(4) 「自立援助ホーム」とは、児童養護施設などに在籍している少年が学校教育を修了し、就労可能な年齢に達したとき、自活できるようになるまでの間、共同生活を営み、社会的自立に備えるための社会福祉施設である。

(5) 同行の性質上、実務では警察官による執行が多い。調査官が裁判官の執行指揮により執行に当たる場合でも、少年にたいしてねばり強く説得するなどして、任意に同行することが望ましいが、事態の切迫性から、その場の状況や少年の心理状態によっては、少年の安全保護等に責任を持つ立場から、強制力の行使について苦渋の判断を迫られる場合がある。いずれにしても、少年審判規則第一条に示された、「(少年保護事件の取扱に際しては) 常に懇切にして誠意ある態度をもって少年の情操の保護に心がけ、おのずから少年及び保護者等の信頼を受けるように努めなければならない」ことは言うまでもない。

(6) 加藤貴生ほか「女子ぐ犯少年の〈きまじめさ〉に関する研究——その様相と処遇への足掛かりを求めて」『調研所報』第三四

号、家庭裁判所調査官研修所、一九九七年、三〇‐五六頁。
（7）中園武彦調査官による心理テストに関する表現（私信から）。
（8）加藤貴生「一回限りの出会い」『こころの科学［特別企画］家裁調査官』七二号、日本評論社、一九九七年、七二‐七三頁。

対談コメント――第5章について

（1）皆藤章「心理療法と道徳教育」『講座心理療法八　心理療法と現代社会』岩波書店、二〇〇一年、二三‐六四頁。

第6章

（1）皆藤章「風景構成法からみた心理療法過程――幻聴に苦しむ男性」『風景構成法――その基礎と実践』誠信書房、一九九四年、一七四‐一九〇頁。
（2）河合隼雄編著『事例に学ぶ心理療法』日本評論社、一九九〇年。
（3）Bateson, G., *Steps to an Ecology of Mind*. Harper & Row, 1972.（グレゴリー・ベイトソン『精神の生態学』（上・下）佐伯泰樹他訳、思索社、一九八六年）。
（4）前掲『精神の生態学』（上）二八六頁。
（5）前掲『事例に学ぶ心理療法』二八四頁。

参考文献

第3章

角野善宏「精神療法の過程と心理検査――風景構成法」『精神療法』二五巻一号、一九九九年、一六‐二三頁。

皆藤　章『風景構成法――その基礎と実践』誠信書房、一九九四年、八〇‐一〇四頁。

松井律子「風景構成法の読み方」『精神科治療学』七巻三号、一九九二年、二二九‐二三六頁。

松井律子「風景構成法の読み方」山中康裕編著『風景構成法その後の発展』岩崎学術出版社、一九九六年、二七‐四二頁。

中井久夫「精神分裂病者の精神療法における描画の使用――とくに技法の開発によって得られた知見について」『芸術療法』二巻、

一九七〇年、七八‐八九頁。

中井久夫「精神分裂病者への精神療法的接近」『臨床精神医学』三巻、一九七四年、一五‐二四頁。

中井久夫「風景構成法」『精神科治療学』七巻三号、一九九二年、二三七‐二四八頁。

あとがき

本書が世に出るまでにはかなりの紆余曲折を経ている。しかし、さまざまな職業領域で風景構成法を実践しておられる方々に事例を寄稿していただいて、それに編者がコメントするという当初から予定されていた基本的なスタイルが変わることはなかった。本書のコメントが対談形式になった経緯については「序文」に述べたとおりである。

教育臨床における事例は諸般の事情で今回は見送らざるを得ず、残念であったが、この領域でも風景構成法が積極的に実践されていることを付言しておきたい。

事例の掲載にあたっては、とくに倫理面を慎重に配慮した。この点も含めて、事例を寄稿してくださった志村礼子、角野善宏、加藤貴生の三氏に深く感謝申しあげる。三氏の事例からは、職業領域こそ異なるが共通の姿勢を実感することができると思われる。それを一言でいうならば、人間にたいして真摯かつ謙虚に向き合っておられる姿である、ということになろう。学派の違いとか、職種による対象の違いなど枝葉の部分での差異はもちろんあるわけだし、その差異を細やかに検討していくこともちろん大切ではあるが、それにも増して、根幹となる来談者にたいする誠実な姿勢が共有できている、ということを、事例を通して改めて確認できたことが編者の二人にとっては何にも増してよろこばしい。これらの方々とは、今後もともに切磋琢磨してゆきたいと思っている。よろしくお願い申しあげる次第である。

さて、本書は、三氏から事例原稿をいただいて、皆藤と川嵜がそれに目を通し、お互いのモチベーションが整ったころを見計らって皆藤が上京し、対談コメントを行なうという流れで少しずつ形を成していった。第2章の事例は四月二十二日、第3章は六月十七日、第4章は五月二十七日、第5章は六月三日に、それぞれ対談が行なわれた。このように、ひとつの事例について基本的に一回の対談を当て、それぞれ四時間以上に渡って討論された（対談後の夜遅くまでの酒を酌み交わしながらの「対談」まで入れると、その時間はさらに長くなる）。録音された討論はテープ起こしされ、朱筆を入れながら編者たちの間をメールで何度か往復した。元の討論をそのまま掲載すれば一事例について原稿用紙百三十枚を越える量になったので、紙幅の関係もありかなりの部分を割愛せざるを得なかった。この間、テープ起こしをしてくださった方、場の雰囲気作りや事務処理などに心配りをしてくださった方々に御礼申しあげる。

編者の二人は、対談を通して互いの発言に刺激を受けたこともあり、かなり思い切って風景構成法と心理療法について自身の思うところを語っている。想いがこもると地の方言が口をつくようで、改めて対談コメントを読み返すと関西弁のやりとりになっているところもかなり見うけられる。これはまあ、ご愛嬌ということにしても、いくぶん抑制の効いていないところも散見されるし、また議論がいささか飛躍している個所もあるように感じられる。しかし、そうしたことも対談の即興性やその場の臨場感を失わないことの方を優先させて、あえてそのまま掲載することにした。読者のご寛容とご批判を待ちたい。

編集部の松山由理子氏には今回もほんとうにお世話になった。編者のひとり、皆藤にとっては、氏とは三度目の本づくりであり、出版された書物はすべて氏のお世話になっている。面倒な注文にも誠意をもって応じてくださる姿勢には真に頭が下がる思いを抱いている。深く感謝の意を申し述べたい。

このような書物が世に出て、風景構成法はどんな想いであろうか。できうることなら、訊いてみたいものである。風景構成法との対話ということを第1章で述べたが、本書との対話を通して風景構成法について、さらには心理療法について、読者がそれぞれの職業領域で議論を深めていただければ幸いである。編者たちも一心理療法家として、本書と対話しつつ自身の心理療法観についてこれからも思索を深めてゆきたいと切に考えている次第である。

最後になったが、クライエントとクライエントを巡る方々のこれからの人生が意味深く、幸多きものであることを、切に祈りたい。

二〇〇二年一月

皆藤　章
川嵜克哲

執筆者紹介

皆藤　章　（かいとう　あきら）

【序文，第１章，第２章・第３章・第４章・第５章の各対談コメント】

編者紹介参照

志村　礼子　（しむら　れいこ）**【第２章，第４章】**

1979 年　東京女子大学文理学部卒業

現　在　川崎市中央児童相談所心理判定員，臨床心理士

川嵜　克哲　（かわさき　よしあき）

【第２章・第３章・第４章・第５章の各対談コメント，第６章】

編者紹介参照

角野 善宏　（かどの　よしひろ）**【第３章】**

1986 年　愛媛大学医学部卒業，医学博士

現　在　京都大学大学院教育学研究科教授

臨床心理士，精神科医

著　書　『分裂病の心理療法―治療者の内なる体験の軌跡』日本評論社　1998

訳　書　スーザン・バッハ『生命はその生涯を描く――重病の子どもが描く自由画の意味』（共訳）誠信書房　1998，ハナー『アクティブ・イマジネーションの世界――内なるたましいとの出会い』（共訳）創元社　2000

加藤　貴生　（かとう　たかお）**【第５章】**

1988 年　立命館大学法学部卒業

現　在　家庭裁判所調査官

編者紹介

皆藤　章（かいとう　あきら）

1957年　福井県生まれ
1986年　京都大学大学院教育学研究科博士課程単位取得退学
現　在　京都大学大学院教授，博士（文学），臨床心理士
著　書　『風景構成法』誠信書房　1994，『生きる心理療法と教育』誠信書房　1998，『風景構成法のときと語り』（編著）誠信書房　2004，『体験の語りを巡って』誠信書房　2010
共著書　『事例に学ぶ心理療法』日本評論社　1990，『講座心理療法　第8巻　心理療法と現代社会』岩波書店　2001，『臨床心理テスト入門』東山書房　1988，『臨床的知の探求』下巻　創元社　1988
共訳書　『プラクティカル・ユング　上・下』鳥影社　1993，『サリバン入門』岩崎学術出版社　1994，『エセンシャル・ユング』創元社　1997，『子どもの夢Ⅰ・Ⅱ』人文書院　1992

川嵜　克哲（かわさき　よしあき）

1959年　大阪府生まれ
1989年　京都大学大学院教育学研究科博士課程単位取得退学
現　在　学習院大学教授，臨床心理士
著　書　『夢の読み方 夢の文法』講談社　2000，『夢の分析——生成する〈私〉の根源』講談社　2005，『セラピストは夢をどうとらえるか』（編著）誠信書房　2007
共著書　『講座心理療法 第7巻 心理療法と因果的思考』岩波書店 2001，『ユング』講談社　2001，『不登校』金剛出版　1999，『現代精神分析学』放送大学教育振興会　2000，『キーワードで学ぶカウセリング』世界思想社　1999
共訳書　『エセンシャル・ユング』創元社　1997

風景構成法の事例と展開――心理臨床の体験知

2002年2月15日　第1刷発行
2011年1月15日　第4刷発行

編　者　皆藤　章
　　　　川嵜克哲
発行者　柴田敏樹
印刷者　西澤道祐

発行所　株式会社　誠信書房
〒112-0012 東京都文京区大塚3-20-6
電話　03 (3946) 5666
http://www.seishinshobo.co.jp/

あづま堂印刷　協栄製本　落丁・乱丁本はお取り替えいたします

ISBN4-414-40002-3 C3011

風景構成法

ISBN978-4-414-40169-1

皆藤　章著

その基礎と実践　風景構成法は，従来医療の実際場面との関連が主であったが，本書は臨床心理学の立場からアプローチして，数量的測定的な研究によってこの技法の存在価値を明らかにした。風景構成法の考え，施行法，分析法などについて平易に述べ，初心者に対する手引きとしても役立つ。

目　次

第Ⅰ部　風景構成法の概説
第 1 章　風景構成法とは
第 2 章　風景構成法の理論的背景
第Ⅱ部　風景構成法の読みとりに関する研究
第 3 章　風景構成法における構成プロセス
第 4 章　風景構成法における人物像と風景の中の自己像
第 5 章　風景構成法における誘副生
第 6 章　心理臨床のなかの風景構成法
第 7 章　心の成長と描画の変容
第 8 章　風景構成法からみた心理療法過程
第 9 章　事例研究の中の風景構成法
第Ⅲ部　数量的研究
第 10 章　風景構成法と他技法との比較
第 11 章　風景構成法の再検査信頼性
第 12 章　風景構成法における項目提示順序
第 13 章　数量的研究のための読みとり指標

A5判上製　定価(本体3850円＋税)

風景構成法のときと語り

ISBN978-4-414-40017-5

皆藤　章編著

本書は心理臨床の側から、風景構成法の側から「語る」という視点で、「対話」というスタイルを随所に取り入れている。臨床家が実践のトポスに身を置き風景構成法と対話する中で語りがもたらされる。科学的実証主義と臨床的真実との間で葛藤し続ける著者が、関係性に基盤をおいた心理臨床学を提示。

目　次

1　風景構成法の〈方法〉に向けて
2　心理臨床において風景構成法がもたらされるとき
3　風景構成法の具体と心理臨床
4　風景構成法体験の語り
5　私の風景構成法体験
6　あるうつの青年との心理療法のプロセスのなかで風景構成法を用いた事例
7　事例のなかの風景構成法

A5判上製　定価(本体3000円＋税)

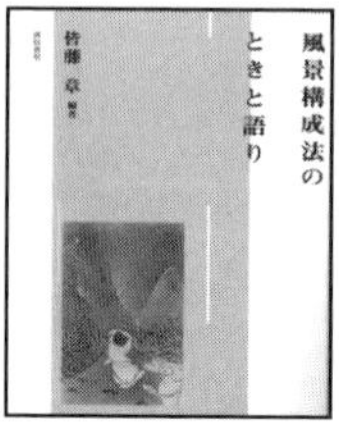

バウムテスト［第３版］

心理的見立ての補助手段としてのバウム画研究

ISBN978-4-414-41440-0

カール・コッホ著
岸本寛史・中島ナオミ・宮崎忠男訳

本書はバウムテストを体系化したカール・コッホのドイツ語原著『バウムテスト第３版』（1957 年）の本邦初訳である。これまでコッホのテキストの邦訳版は初版の英訳版からの重訳しか存在しなかったが，分量が３倍となった第３版にはコッホのバウムテストに対する考え方が詳細に記されている。これまで断片的にしか紹介されることのなかったコッホの思想の全貌がはじめて明らかにされる。

目　次

第1章　木の文化史から
第2章　バウムテストの理論的基礎
第3章　バウムテストの発達的基礎
第4章　図的表現に関する実験
第5章　指標の理解
第6章　臨床事例
付録：バウム統計表

A5判上製　定価(本体4800円+税)

S-HTP法

統合型ＨＴＰ法による臨床的・発達的アプローチ

ISBN978-4-414-40178-3

三上直子著

S-HTP 法（統合型 HTP 法）の成立過程，実施と評価の仕方，統合失調症・うつ病・境界例などの臨床的研究，幼児から大学生までの発達的研究について，200 枚以上の絵と統計データを使いながら詳細に論じている。

目　次

第１章　S-HTP の成立過程
第２章　S-HTP の評価
第３章　S-HTP の研究
第４章　S-HTP についての総括的考察

A5判上製　定価(本体3500円+税)

箱庭療法入門

ISBN978-4-414-40117-2

河合隼雄編

子どものための心理療法として考案された箱庭療法は，成人にも効果のある治療法として発展し，現在では箱庭療法を用いる臨床家が急激に増加しつつある。本書は技法，理論的背景，箱庭表現の諸相を，豊富な図版を挿入し，事例を多数取り上げ懇切に説く。

目　次

理論篇
　第１章　技法とその発展過程
　第２章　理論的背景
　第３章　箱庭表現の諸相
事例篇
　事例１　学校恐怖症，小学４年生男子
　事例２　夜尿症，小学３年生男子
　事例３　チック症，小学６年生男子
　事例４　攻撃性の強い幼稚園女児
　事例５　学校恐怖症，中学２年生女子
　事例６　緘黙症，小学３年生女子
　事例７　学習場面不適応，小学５年生男子
　事例８　攻撃的で情緒不安定，幼稚園女児
　事例９　精神分裂病，32 歳男子

A5判上製　定価(本体2000円＋税)

カルフ箱庭療法［新版］

ISBN978-4-414-40275-9

ドラ・M. カルフ著　山中康裕監訳

箱庭療法はカルフ女史によって，ユング分析心理学を基盤として児童のみならず広く成人の精神障害の治療にも使えることでその完成をみた。日常の言語では表されにくいクライエントの奥深い精神世界が生き生きと，しかも可視的に表現されるという特徴をもっている。このたび原著の第３版にともない新版として刊行した。

目　次

1　はじめに
2　クリストフ――不安神経症の克服
3　キム――学習困難からの回復
4　ダニーラ――強すぎた母親結合からの解放
5　クリスチァン――夜尿症の治癒
6　ジェームス――極度に外向的な母親との同一化による本能の喪失
7　デデ――言語障害の克服
8　マリーナ――ある養女の読字障害の背景
9　23 歳の娘――あまりにも弱い自我の再建
10　青年――赤面恐怖の一事例の宗教的背景

A5判上製　定価(本体2800円+税)

子どもの心理臨床［全9巻／18冊］

マーゴット・サンダーランド 著　ニッキー・アームストロング 絵
解説書：関口進一郎監訳　絵本：森さち子訳
発行所：誠信書房
■ B5判 18冊函入り
■ 揃定価 31,500円［揃本体 30,000円＋税］
■ ISBN 978-4-414-41350-2

◎ このシリーズの特徴と使い方

☆ 本シリーズは［絵本］と［解説書］がセットになっていて、全9巻18冊の構成になっています。
☆ 各巻は子どもが抱える心理的な問題をテーマ別に取り扱っています。
☆ まず［絵本］を子どもに読み聞かせます（あるいは、子ども自身に［絵本］を読んでもらいます）。
☆ 絵本を子どもに読み聞かせたあとで、親や教師、専門の心理職の方は、解説書で紹介されている課題やゲームを、子どもの年齢や状況に合わせて、行わせてみましょう。これらの課題は、子どもの創造性に訴えかける作りになっていて、子ども自身が自分の気持ちを表現しやすいように工夫されています。
☆ 課題やゲームに取り組むことで、子どもは自分の抱えているこころの問題に気づき、それと向き合うことができるようになります。また子どもの本音を知ることができるので、援助しようとする大人は、子どものこころの問題がどこにあり、いかに対処すればよいか理解できます。
☆［絵本］を読むだけでも、子どものこころに変化が生まれます。子ども自身が自分のこころの問題を正面から捉え、変わろうとする気持ちが芽生えます。
☆ 本シリーズが焦点を当てているのは、「いじめ」「恐怖」「不安」「自信喪失」「感情の抑圧」「怒り」「憎しみ」など、現代を生きる子どもたちの誰もが直面するこころの問題です。
☆ 子どもの発達段階やこころの問題に合わせて、各巻を活用されることをお薦めします。

◎ このシリーズの対象読者

○ 臨床心理士（スクールカウンセラー・児童相談所カウンセラー）
○ 教師・養護教諭
○ 小児科医・精神科医
○ 社会福祉関係者
○ 保護者

（株）誠信書房
〒112-0012 東京都文京区大塚 3-20-6／TEL.03-3946-5666／FAX.03-3945-8880
http://www.seishinshobo.co.jp/

3 巻 《解説書》「感情を抑圧した子どものために」
《絵　本》「へっちゃら君」

●『へっちゃら君』のあらすじ

「へっちゃら君」は、いつも何かを我慢して、ひとりで頑張って、自分の気持ちをしまいこんでしまう少年です。彼はどんなに嫌なことや悲しいこと、つらいことや寂しいことがあっても、いつも勇敢にふるまって「へっちゃらさ！」と周りに言います。でも本当は感情を自分のなかで押し殺していたのです。ある日のこと、封じ込めていた感情でがんじがらめになって、動けなくなった「へっちゃら君」を救ってくれたのは、自分の感情を大切にしなさい、という「かしこどり」の言葉でした。

● この物語が教えてくれる心理学的なメッセージ

☆ 不快な感情をいくら封じこめても、それがなくなってしまうわけではない。むしろ、自分の中に抑え込むことで、かえって強大なものになってしまう。
☆ 感情が封じこめられることで、人生の喜びや楽しみを損なってしまうことがある。
☆ 感情を人と分かち合えないことは、とても寂しく、恐ろしいことである。自分の気持ちを誰とも分かち合うことなくすごしていると、つらいという感情はさらに増すばかりである。

● この本は次のような子どもを助けるのに役立ちます

☆ とてもつらい気持ちを、自分ひとりだけで、なんとかしようとしてしまう子ども
☆ 泣いたり怒ったり、怖いと口にしたり、相手に自分の気持ちを訴えようとしない子ども
☆ 過去のつらい感情を解決できないまま、それをたくさん抱えている子ども
☆ 妨害や混乱だらけの生活を送っていても、そのことを考えたり、きちんと感じたりできないままでいる子ども
☆ 自分では手に負えないことでも、なんとか自分で解決しようともがき苦しんでいる子ども
☆ 表には出せない悲しみで、いっぱいになっている子ども

1巻　《解説書》「不安や強迫観念を抱く子どものために」
　　　《絵　本》「ゆらゆら君とまっすぐ君」

●『ゆらゆら君とまっすぐ君』のあらすじ

少年「ゆらゆら君」は、いつでもどこでも、いつも“ゆらゆら”していて、不安な気持ちでいっぱい。反対に、となりの家の少年「まっすぐ君」は、いつでもどこでも、“まっすぐ”きっちりしていることに、窮屈な気持ちでいっぱいです。“まっすぐ”安定した世界に憧れる「ゆらゆら君」と“ゆらゆら”な不安定の世界に憧れる「まっすぐ君」の二人は、ある素敵な体験をして、人生が変わります。

● この物語が教えてくれる心理学的なメッセージ

☆ 自分らしくあることが不安定なら、世の中で体験することも不安定になってしまう。
☆ 手助けがあれば「狭い生活」から抜け出して、世界のなかでのびのびと生きることができる。
☆ 人とふれ合う経験は、あなたが夢にも思わないほど、あなたの生き方を広げてくれる。
☆ 人は、ある生き方を始めると、それしか存在しないと感じてしまいがちだ。

● この本は次のような子どもを助けるのに役立ちます

□「ゆらゆら君」タイプ

☆ 内面に強い不安を抱えた子ども
☆ 心配しすぎる子ども
☆ 冷静になれない子ども
☆ 集中するのが難しいと感じている子ども
☆ 心の傷に苦しむ子ども

□「まっすぐ君」タイプ

☆ 退屈を感じている子ども
☆ 周りから見ても心配になるほど「いい子」にしている子ども
☆ 空想の世界に住んでいる子ども
☆ 思い切り楽しむことが苦手な子ども

絵本と解説で子どものこころの問題に対処

子どもの心理臨床 全9巻/18冊

マーゴット・サンダーランド 著　ニッキー・アームストロング 絵

解説書：関口進一郎監訳　絵本：森さち子訳　B5判18冊函入り・揃定価31,500円（税込）

ISBN978-4-414-41350-2

本シリーズでは、いじめ、喪失、恐怖、不安、怒りなど、現代の子どもが抱える心の問題をテーマ別に取り上げ、その対処法を紹介していきます。最新の心理学・精神医学の研究に基づいた技法をお伝えし、また、「物語」を通して子どもの問題を理解し、働きかける方法を紹介します。教師やスクールカウンセラーなどの子どもにかかわる専門職だけではなく、大切な子どもの健やかな成長を願う親にも役立つ内容となっています。

巻	解説書タイトル	絵本タイトル
1	不安や強迫観念を抱く子どものために 96頁　1890円　ISBN978-4-414-41351-9	ゆらゆら君とまっすぐ君 36頁　1470円　ISBN978-4-414-41361-8
2	恐怖を抱えた子どものために 176頁　2520円　ISBN978-4-414-41352-6	大きな世界のおちびのウィーニー 40頁　1470円　ISBN978-4-414-41362-5
3	感情を抑圧した子どものために 72頁　1785円　ISBN978-4-414-41353-3	へっちゃら君 40頁　1470円　ISBN978-4-414-41363-2
4	思いやりをなくし，弱いものいじめをする子どものために 104頁　1995円　ISBN978-4-414-41354-0	ふわふわころりんのプーミン（と、えっへん3兄弟） 48頁　1470円　ISBN978-4-414-41364-9
5	大切なものを失った子どものために 112頁　2100円　ISBN978-4-414-41355-7	海が戻ってこなくなった日 48頁　1470円　ISBN978-4-414-41365-6
6	自信を失っている子どものために 128頁　2100円　ISBN978-4-414-41356-4	私ってごみくず、かな？！ 40頁　1470円　ISBN978-4-414-41366-3
7	怒りや憎しみにとらわれた子どものために 256頁　2940円　ISBN978-4-414-41357-1	ハティは、親切大きらい 40頁　1470円　ISBN978-4-414-41367-0
8	愛する人を待ちわびる子どものために 64頁　1470円　ISBN978-4-414-41358-8	お月さまにっこりを待ちこがれたカエル君 36頁　1470円　ISBN978-4-414-41368-7
9	夢や希望をもてない子どものために 64頁　1470円　ISBN978-4-414-41359-5	お豆のニュービー 32頁　1470円　ISBN978-4-414-41369-4

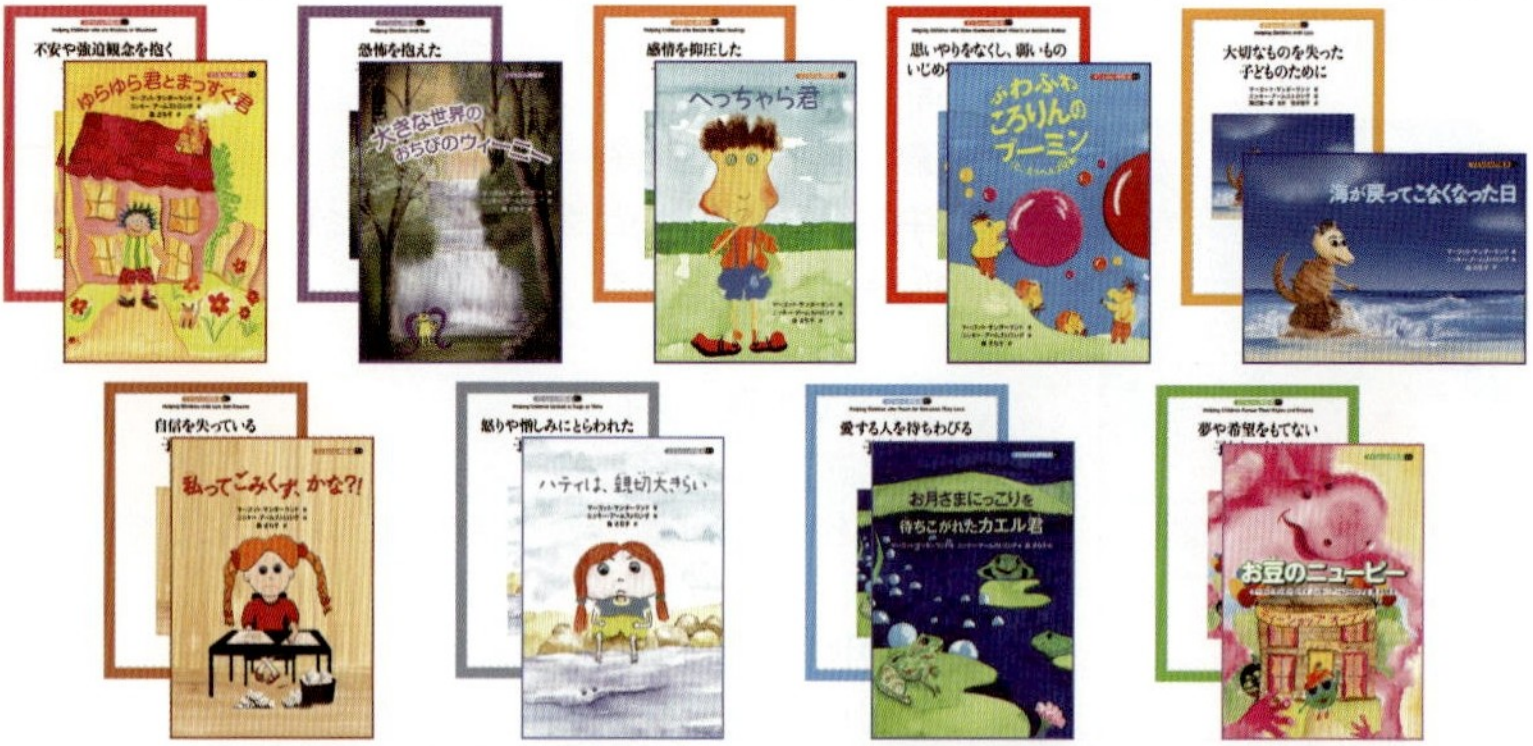

誠信書房 SEISHIN SHOBO
〒112-0012 東京都文京区大塚3-20-6 TEL.03-3946-5666／FAX.03-3945-8880［税込］